TAPARELLI D'AZEGLIO

DE LA COMPAGNIE DE JÉSUS

DE

L'ORIGINE DU POUVOIR

Traduit de l'italien
PAR LE R. P. PICHOT, S. J.

> UNITÉ SOCIALE — SUFFRAGE UNIVERSEL
> ORIGINE DU POUVOIR
> ÉMANCIPATION DES PEUPLES ADULTES

PARIS

P. LETHIELLEUX, LIBRAIRE-ÉDITEUR
10, RUE CASSETTE, 10

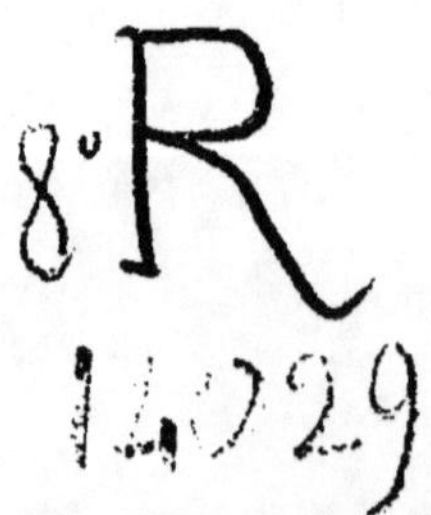

DE

L'ORIGINE DU POUVOIR

TAPARELLI D'AZEGLIO

DE LA COMPAGNIE DE JÉSUS

DE

L'ORIGINE DU POUVOIR

Traduit de l'italien
PAR LE R. P. PICHOT, S. J.

UNITÉ SOCIALE — SUFFRAGE UNIVERSEL
ORIGINE DU POUVOIR
ÉMANCIPATION DES PEUPLES ADULTES

PARIS

P. LETHIELLEUX, LIBRAIRE-ÉDITEUR
10, RUE CASSETTE, 10

AVANT-PROPOS

Le P. Taparelli d'Azeglio, S. J., s'est fait un nom dans la
« Science Sociale » par son *Essai théorique de droit naturel*.

Il a composé un autre ouvrage : *l'Examen critique des
gouvernements représentatifs dans la Société moderne*. Et
il y traite *ex professo* :

1° De l'unité sociale ;

2° Du suffrage universel ;

3° De l'origine du pouvoir ;

4° De l'émancipation des peuples adultes.

Ces quatre chapitres peuvent s'intituler :

De l'origine du pouvoir ; parce que si l'auteur étudie
spécialement cette question dans le 3ᵉ, il en prépare et en complète la solution dans les autres.

La publication de ces pages est-elle opportune? Nous le
croyons : et voici pourquoi :

— « Qu'en France, la société soit aujourd'hui désorganisée
jusqu'à l'émiettement ; — qu'il y ait division presque partout :
entre les membres, dans la famille ; entre les familles, dans la
commune ; entre les communes, dans le département et dans la
province ; — qu'il y ait désorganisation de l'ordre civil, où les
droits naturels des familles, professions, métiers, etc., ne sont
plus défendus, auprès du pouvoir politique, par leurs représentants légitimes, mais sacrifiés le plus souvent par des poli-
ticiens de parti ; — qu'il y ait désorganisation de l'ordre politique
où les partis vieux, jeunes et naissants, se disputent la puissance gouvernementale à la cour de cette majesté presque ido-
lâtrique : le *peuple Souverain ;* — enfin que dans la meilleure
partie de la nation, dans celle qui garde seule des germes de
résurrection sociale, bon nombre de catholiques soient eux-
mêmes, en plus d'une question capitale, atteints plus ou moins
de cet esprit de séparatisme, voilà un spectacle que tout le
monde constate et déplore chaque jour.

— Mais historiquement quelle en est la cause première et philosophiquement la cause fondamentale ?

C'est l'indépendance protestante et rationaliste. En effet, l'idée protestante et rationaliste est un ferment de division non seulement dans l'ordre religieux, mais encore dans l'ordre temporel ; elle est, comme l'établit admirablement Taparelli (c. 1), la négation du droit et par conséquent de l'unité nationale... Une fois entrée chez un peuple, elle le pousse à substituer, dans son gouvernement, l'*opinion* à la Foi et à la vérité, et la *légalité* à la loi. La seule force matérielle devient, chez ce peuple, la dernière digue de l'ordre contre les assauts du communisme et de l'anarchie.

— N'est-ce pas notre histoire d'aujourd'hui — et sur tous les points de la France... ?

Qu'est-ce donc qui maintient, chez nous, après tant de révolutions sanglantes, après tant de déceptions et tant de hontes, le règne de l'Opinion et de la Légalité ? C'est le respect aveugle, mensonger et cupide de cette majesté qu'on appelle le *Peuple souverain*, et de son incarnation politique : « le suffrage universel...» Croyant ou feignant de croire que le pouvoir vient essentiellement du peuple, et, dans le peuple, des individus, les Français ne remontent plus jusqu'à la cause véritable de l'autorité, jusqu'à Dieu... Indépendants dans leur pensée, ils deviennent athées dans leurs lois et dans leur gouvernement.

— Y a-t-il des remèdes à une décomposition si avancée ? Oui, nous ont répété maintes fois les voyants d'Israël, les souverains Pontifes. Il y a d'abord la prière, la pénitence, l'union, la soumission entière à la direction du Saint-Siège. Sur ce dernier point, on sera frappé de trouver dans le P. Taparelli, écrivant en 1854, la doctrine politique de Léon XIII (voir ch. 3).

— Mais cela ne suffit pas : la grâce suppose toujours la nature... D'où il suit que, dans une société, lorsque les institutions naturelles, familles, etc..., sont plus ou moins ruinées, il faut avant tout les reconstituer...

La première chose à faire chez nous est donc celle-ci : « En revenir, dans l'ordre civil, à la constitution naturelle de la société, c'est-à-dire à la vraie et pleine liberté des organismes sociaux : famille, commune, province, associations, corporations, etc..., et cela dans toutes les parties de la vie nationale : religion, enseignement, agriculture, industrie, commerce, etc...

Il faut ensuite réorganiser, non pas le *suffrage universel direct* (celui-ci est réfractaire à toute organisation), mais la représentation légitime de la famille dans la commune, de la commune dans la province, de la province auprès du *pouvoir politique*.

Enfin, il faut, et toujours d'après le même principe, distinguer de l'ordre civil l'ordre politique, c'est-à-dire le *gouvernement national*.

Car, s'il appartient au gouvernement de faire des lois générales, de promouvoir le bien commun, de défendre les droits de tous, etc..., il ne doit point, d'ordinaire, agir directement dans les sphères propres et respectives des organismes inférieurs de la société ; pas plus que, dans le corps humain, le cerveau ne doit revendiquer pour lui les fonctions propres des yeux, de la poitrine, du cœur, etc... Sans doute les organes du corps social doivent être subordonnés au pouvoir supérieur, au gouvernement politique... Mais non point en ce sens que celui-ci, par des monopoles et par une centralisation indéfinie, vienne introduire des rouages embarrassants ou plutôt projeter ses multiples suçoirs dans la famille, dans la commune, dans l'enseignement, dans le commerce, etc..., etc..., et par là les épuiser et les dénaturer. Quel être repoussant, dit Taparelli, qu'un homme qui ne serait, pour ainsi dire, *qu'en tête*, les autres membres ayant été épuisés et atrophiés au profit du cerveau !

Décentralisation, économie (et quelle économie !..) liberté, unité, grandeur nationale, tels seraient les résultats de ce travail accompli avec l'aide de Dieu et sous la garde de l'Église.

Il y en aurait un autre dont on parle beaucoup de nos jours : ce serait l'existence d'une véritable et naturelle démocratie, tout aussi indispensable du reste en monarchie qu'en république. Car, bien que subordonnées dans la mesure nécessaire au pouvoir central, les familles, les communes, les provinces, les associations, les corporations, etc..., seraient autonomes dans leur propre sphère : et jouissant de tous ses droits civils (en fait, il n'en réclame guère d'autre), le peuple exercerait une réelle influence sur les affaires de la commune par les chefs de famille et indirectement sur les affaires publiques par ses vrais délégués, les représentants des communes et des provinces (v. ch. 4).

Eh bien! pour pousser à ce travail de réorganisation les hommes de bonne volonté, il faut leur montrer que toute nation, et par conséquent la France, est ingouvernable avec l'infatuation de l'idée rationaliste du suffrage universel (au moins tel qu'il fonctionne maintenant), et de la souveraineté du peuple, — mais qu'elle peut, au contraire, revenir à l'ordre, à l'union et à la force, par le respect de Dieu et du droit à tous ses degrés, et par le rétablissement des institutions sociales *naturelles et chrétiennes.* C'est la conclusion du volume que nous publions.

— Les pages du grand philosophe et publiciste italien sont-elles de nature à éclairer et à réunir les esprits droits et calmes qui auront le courage non seulement de lire mais d'approfondir sa doctrine? Nous osons le croire. Et c'est cette unique espérance qui nous a portés à en donner la traduction.

Si imparfaite qu'elle soit, elle ne laissera pas de dissiper beaucoup d'erreurs et de mettre en lumière beaucoup de vérités fondamentales touchant le droit social et politique.

—Taparelli s'appuie sur les faits, mais pour remonter jusqu'aux principes métaphysiques.

Et voici, à ce propos, l'avis qu'il donne à ses lecteurs : « Persuadez-vous bien que les idées morales reposent nécessairement sur les idées métaphysiques... et que traiter celles-ci en romancier ou même en simple historien, cela peut bien être le fait d'un charlatan, mais jamais d'un philosophe. Nous avons tous deux besoin de patience; moi, pour m'exprimer le plus clairement possible; vous, pour me suivre avec toute l'application de votre esprit. »

Nous pouvons ajouter : « Le lecteur sera largement récompensé de sa patience. »

X...

DE
L'ORIGINE DU POUVOIR

PREMIÈRE PARTIE
UNITÉ SOCIALE

CHAPITRE PREMIER

Le principe protestant et rationaliste est l'abolition du Droit et de l'Unité sociale

SOMMAIRE : 1. Objet de ce chapitre. — 2. Son opportunité. — 3. Question. Division.

1. — On n'a peut-être jamais autant discouru qu'à notre époque sur le droit et sur l'unité sociale. Aucune discorde civile ne s'allume, si ce n'est au nom de l'unité sociale ; aucune violence, si exagérée qu'elle soit, ne se produit, sinon sous le couvert de droits inviolables. Pour nous restreindre à l'Italie, tous ne savent-ils pas ce qu'a valu à notre malheureuse patrie la défense du droit d'indépendance nationale et l'amour aveugle de la

fraternité? Tous ne savent-ils pas comment on a traité
l'inviolabilité de juges inamovibles et combien de milliers de rétrogrades ont été arrachés à l'unité sociale
par un ostracisme sans entrailles? Or, lorsque leurs
paroles emphatiques retentissaient à nos oreilles et
nous brisaient le tympan, quel esprit animait les orateurs et les poussait à discourir? *L'homme est libre*,
s'écriaient-ils; et, pour ces prétendus sauveurs, *libre*
voulait dire *indépendant*; et cet esprit d'*indépendance*
est précisément celui que, du fond de sa tombe, un
moine apostat ne cesse de souffler sur toute l'Europe,
afin de l'empoisonner par le désir d'une fausse liberté.
Si donc nous voulons étudier ce *principe de réforme
et de régénération*, il faut avant tout l'examiner en lui-
même et dans les effets qu'il produit infailliblement,
dès qu'il a pénétré dans une société. Les effets sont
tout le contraire de ce que promettent les réformateurs : ils annoncent bien haut que, si on les écoute,
l'unité sociale sera le fruit du règne inviolable du droit,
et leur principe (nous le démontrerons) détruit finalement l'idée même du droit et, par suite, brise tous les
liens de la société !

La démonstration du reste est facile, surtout en notre
temps. Car chez tous les peuples où l'idée luthérienne
s'est développée sans entraves, elle a totalement désagrégé la société. A la vue des discordes que le protestantisme allume partout où il a d'abord émancipé les
esprits, il est facile de comprendre qu'il est impossible,
sous son influence, d'arriver à l'union de tous les
hommes (ce qui serait l'idéal de l'unité sociale) et

même que cette union ne peut subsister dans les nations les plus petites. On ne pourra donc pas taxer notre démonstration de spéculation stérile et d'utopie philosophique ; elle ne sera que l'explication raisonnée d'un fait dont tous sont témoins, que tous déplorent, parce que tous en ressentent les conséquences cruelles.

Répétons-le donc nettement : Toute unité sociale doit crouler et faire place à la confusion, aussitôt que s'implante et règne dans un pays l'idée protestante ; et toutes les raisons de cette ruine se réduisent à celle-ci : *Impossible que l'idée véritable du droit subsiste avec le principe luthérien...* Sans doute, quelques protestants, soit inconséquence, soit heureux accident, pourront encore admettre un principe *tel quel* du droit dans la société. Ce sera chez eux l'effet de l'habitude, d'une cause particulière, d'un manque de logique ou d'autres circonstances personnelles et fortuites. Mais par essence le principe protestant porte tôt ou tard ses fruits, et rend absolument impossible l'idée du droit et par conséquent de l'unité sociale.

2. — En effet, quelle est la première cause de cette unité? Personne ne l'ignore, c'est le droit : lequel joint ensemble les organes et les membres de la société. « Une assemblée d'hommes unis par le droit, voilà, dit le grand orateur et philosophe romain, ce que c'est que la société. » Si donc je vous démontre que dans le protestantisme l'idée du droit fait défaut, que le droit est impossible, le catholicisme triomphe! Et tout Italien de bon sens devra confesser que le moyen proposé par l'apostat, pour former l'unité sociale, produira pré-

cisément le contraire de ce qu'il promet : c'est-à-dire la dissolution absolue de l'Unité Italienne et la guerre civile entre tous les peuples de la péninsule.

Cette démonstration doit être manifeste, évidente. Et pour cela, il est nécessaire que l'on ait la pleine intelligence de deux termes que Mazzini veut unir, mais qui pour nous ne peuvent jamais s'associer.

3. — Selon Mazzini, l'unité sociale (et conséquemment le droit, principe de cette unité), régnera dans toute l'Italie, si elle embrasse le rationalisme protestant. Selon nous, cette apostasie rendrait impossible l'idée même du droit et par conséquent toute unité sociale. — Entre ces deux propositions contradictoires, il faut choisir. Mais, pour cela, il faut d'abord se faire une *idée claire du droit*, principe de l'unité, et ensuite une idée du rationalisme, qui en serait le père. — Je développerai ces deux idées dans les deux chapitres suivants. J'en ferai l'application dans le chapitre IV.

Mais comment vous donner une idée juste du droit, sans vous jeter dans « ce buisson d'épines » qu'on appelle « *des abstractions* »; surtout si nous voulons développer largement ces explications afin de nous frayer la voie pour d'autres questions sociales qui ont ici une grande étendue et un intérêt particulier? Je ferai de mon côté tous mes efforts pour être parfaitement intelligible. De votre côté, cher lecteur, persuadez-vous bien que les idées morales reposent nécessairement sur les idées métaphysiques...; persuadez-vous bien que traiter les idées métaphysiques en romancier ou même simplement en historien, cela peut bien être le fait d'un charlatan, mais jamais celui d'un philosophe... Rappeler certaines idées universelles, certains sentiments d'équité qu'on trouve dans tous les esprits et dans tous les cœurs..., puis bâtir là dessus ma démonstration, rien de plus facile. Mais comment, avec ces éléments, produire cette évidence rigoureuse qui enlève la conviction et donne sa plus haute valeur à une doctrine philosophique?

Nous avons donc tous deux besoin de patience, moi pour m'exprimer avec le plus de clarté possible; vous pour me suivre avec toute l'application de votre esprit.

Dans les autres parties, les difficultés seront moins grandes, et votre patience moins laborieuse.

CHAPITRE II

Idée du Droit

4. — En premier lieu, comment ferons-nous pour concevoir une juste idée, une idée métaphysique du droit? — Il est nécessaire de rentrer en nous-mêmes et de nous expliquer comment cette idée s'est formée peu à peu dans notre esprit, en d'autres termes quelle est

la chose exprimée par ce mot : *le droit*. Plus vraie, plus exacte, plus universelle sera l'idée que nous nous en formerons, et plus irréprochable sera notre recherche philosophique. — Eh bien ! que signifie ce langage populaire d'un homme qui vient vous dire : « J'ai le droit, respectez mon droit ? » Il a pour but de vous rappeler une loi, de vous remettre en mémoire un Être Tout-Puissant, une Majesté suprême qui commande à tout être intelligent, à laquelle nul ne peut résister sans renier sa propre raison, et par conséquent sans transgresser la règle première et souveraine de la raison elle-même. Le droit est donc une force; mais une force morale. — La violence brutale peut l'attaquer et chercher à le détruire : le droit subsiste toujours; il vit, il parle au fond de l'âme, en dépit de toute violation matérielle.

5. — Et si quelqu'un d'aventure veut se soustraire à l'empire et à l'action de cette force, comment procède-t-il ? A vos raisons, il oppose des raisons contraires; aux faits allégués par vous, d'autres faits : il espère obtenir, et quelquefois il obtient que vous cédiez et reconnaissiez la supériorité de ses raisons. — Voyez-vous de quel suc s'alimente cette plante, quel feu caché met en jeu cette force ? *La vérité* est toujours la base du droit : parce que, seule, la vérité est capable de dominer la raison d'autrui, et de donner à un homme la puissance merveilleuse de mouvoir sans violence la volonté de son semblable. Si c'est par la vérité de vos raisons que vous avez convaincu l'intelligence de votre adversaire, du même coup vous en-

chaînez si fortement sa volonté par le droit que désormais il ne pourra plus vous résister sans remords. Mais si vos raisons sont impuissantes à le persuader, les liens par lesquels vous voudriez vous rendre maître de sa volonté ne sont point irrésistibles. En effet, tentez-vous de le persuader par le motif de l'*intérêt?* La volonté peut renoncer à l'intérêt; de le mouvoir par l'*affection ?* L'affection séparée du devoir et du droit peut être repoussée, sans que la conscience éprouve le moindre remords, sans que l'honnêteté ait à rougir. En somme, la volonté reste libre, tant que la vérité ne parle pas. Mais à peine a-t-elle fait entendre sa voix qu'un homme de sens et de volonté ne peut lui résister que sous peine de perdre à ses propres yeux et la raison et l'honneur. Vous voyez par là quel est le principe et la racine première du droit !

6. — Avançons! A quel ordre de vérités appartient celle qui doit être la base essentielle du droit? Suffirait-il d'une vérité spéculative pour mouvoir la volonté d'autrui? Non. Votre droit doit porter votre semblable à agir, et cette parole « J'ai droit » ne peut justement tomber de vos lèvres que quand vous sentez en vous une force capable d'obtenir de lui des actes conformes à vos désirs. Donc la vérité, base du droit, est nécessairement une vérité pratique, et non simplement une vérité spéculative. — Si vous dites à votre prochain : le tout est plus grand que la partie, 2 et 2 font 4, le zodiaque coupe obliquement l'équateur, ou toute autre chose qui soit purement spéculative, jamais vous ne le porterez à faire quoi que ce soit pour vous:

il contemplera ces vérités, si elles lui plaisent; puis il s'en ira à ses affaires. Il faut donc chercher une vérité pratique, et une vérité pratique qui ait sur la volonté de l'homme une force irrésistible.

7. — Or, ici, je vous le demande à vous-même : « Quelle vérité dans le monde est capable d'imprimer à l'homme un mouvement irrésistible ? » — Il n'y en a point, me répondra peut-être quelqu'un; je ne céderai jamais qu'à la force d'un bras plus nerveux que le mien. — Répondre ainsi, ce serait confondre l'homme, je ne dis pas avec la brute, mais bien avec le tronc d'arbre ou avec le rocher qui ne se meuvent que par l'action d'une force physique supérieure à leur résistance. — Au contraire, si l'on considère l'homme, en tant qu'il est homme, c'est-à-dire doué de raison, on voit qu'il peut être enchaîné et mu par la vérité, aussitôt que cette vérité lui démontre qu'agir est raisonnable, et s'abstenir, déraisonnable. Si en face de cette vérité il osait résister, aussitôt sa conscience lui ferait d'amers reproches. « Tu n'agis pas en homme raisonnable, » lui dirait-elle intérieurement... Et à ce reproche il serait aussi impossible d'opposer un démenti qu'il est impossible de dire que deux et deux ne font pas quatre.

Ainsi donc trouver une vérité qui soit la base du droit, c'est, en d'autres termes, trouver une vérité à la vue de laquelle tout homme se dise nécessairement : « Si je n'agis pas conformément à ce qu'elle réclame de moi, j'agis en insensé. » — D'où ce principe manifeste : le fondement de tout droit n'est pas autre en dernière analyse que le fondement des actions raisonnables elles-mêmes dans tous les hommes.

Ce fondement quel est-il ?

8. — Vous n'en doutez pas : le motif qui fait agir l'homme raisonnablement, c'est toujours le bonheur. En cela tous sont d'accord et tous trouvent ce mobile souverainement sage. — Mais cette réponse est-elle une conclusion ? — Non : car après avoir confessé que, pour l'homme, rechercher le bonheur c'est raison, il faut résoudre une question subséquente; il faut se demander en quoi repose ce bonheur. Je parle à un catholique; et je n'ai pas à craindre qu'il proclame heureux celui qui, cherchant à se récréer au sein des prairies émaillées de fleurs, emporté par ses caprices et ses appétits, vit plus en bête qu'en homme, et court, tête baissée, vers l'abîme de l'enfer. Tout catholique sait qu'il n'y a de bonheur ici-bas qu'à tendre vers le ciel.

9. — Ce sentiment si raisonnable puisé dans le caté-chisme, on le trouve encore, Dieu merci, dans d'autres hommes. Ils ne sont pas catholiques, c'est vrai; mais ils ont gardé quelques principes d'honnêteté... Plusieurs même parmi eux sont prêts à sacrifier argent et plaisir, et n'espèrent de bonheur que dans l'ordre et la régula-rité de leur conduite... Mais, hélas! en attendant, ces hommes n'ont pas même de catéchisme, qui détermine ce que c'est qu'ordre et probité, désordre et malversa-tion; et nous voici de nouveau mis en demeure de rendre raison de ce que nous appelons *l'ordre*, et du motif pour lequel il nous commande l'obéissance et le

respect. Cherchons donc en quoi consiste cet ordre dont tous les hommes honnêtes font dériver leur respect du droit.

10. — Ici le lecteur aura mille fois déploré l'obscurité des idées qui sont le fonds même des discours du peuple. Continuellement on entend parler d'*ordre* et de *désordre*. Mais ce qui est ordre pour les uns est désordre pour les autres et réciproquement. Thiers, au nom de l'ordre, défend la propriété; et Proudhon invoque l'ordre pour prendre la fortune du riche, dont la possession est, à son avis, un outrage aux lois de la nature. Demandez à ces deux écrivains les raisons respectives de leur doctrine : le premier vous répondra que le respect de la propriété est une loi nécessaire de la nature; le second, au contraire, que la nature bien ordonnée exige l'égalité entre tous les hommes. Suivez-les dans tous leurs raisonnements, et vous verrez toujours que l'un appelle axiôme ce qui pour l'autre est une absurdité; que chacun d'eux taxe son adversaire d'entêtement, par cette raison qu'il nie ce que tout le monde accorde et qu'ainsi il leur est impossible d'arriver à une solution dernière des problèmes sociaux.

Et pourquoi? Parce qu'ils n'ont pas de principe commun sur lequel ils s'appuyent comme sur un roc inébranlable.

11. — Cependant, observez-le, ces auteurs présupposent tous deux un principe commun : celui-ci : « que l'ordre invoqué par eux n'est en définitive que ce qui est conforme à la nature. » Notion si profondément

gravée dans le cœur de tous les hommes, qu'en dernier lieu c'est toujours à la nature, comme à un juge
suprême, qu'on recourt pour convaincre un obstiné. Par
exemple : Un débiteur refuse de vous rendre, en son
temps, l'argent que vous lui avez prêté. A quel moyen
recourrez-vous pour fléchir sa volonté ? D'abord à un
texte de loi contenu dans le code ; oui. Mais si, par hypothèse, le code se taisait sur le titre de votre droit, ou
même si la loi était injuste, vers quelle autorité vous
retourneriez-vous pour convaincre votre adversaire ?
Vous commenceriez, j'imagine, par lui montrer que le
commerce n'est point possible entre les hommes sans
loyauté. D'ailleurs qui prêtera, si on ne veut pas rendre ? Et quel titre ose-t-il alléguer pour s'arroger le
bien d'autrui ? Ainsi, par ces raisons et par d'autres
tirées de la nature de l'homme, de la société, et au
nom des intérêts les plus graves, vous vous efforcerez
de rendre irrécusable votre principe. Cette conformité
d'un acte avec la *nature des êtres* qui concourent à le
produire, c'est ce que nous avons coutume d'appeler *la
loi de la nature, le droit naturel, l'ordre naturel.*

12. — L'ordre naturel, base de tout droit, n'est donc
pas autre chose qu'une certaine convenance que nous
reconnaissons comme une propriété de nos actes. Mais
cette convenance, vous le comprenez, est un terme
relatif. Quand je dis : telle action convient ou ne convient pas, je dois avoir présent à l'esprit un modèle
auquel cette action s'adapte pour ainsi dire ou ne s'a-
dapte pas. Et c'est pourquoi, selon des vues différentes,
une même action sera dite convenable ou non.

Porter des armes est bien séant au soldat, et ne convient pas au prêtre ; le soldat, mais non le prêtre, est destiné à soutenir le droit par la force. Prendre de l'émétique convient au malade qu'on veut guérir, mais non à celui qui est plein de santé. — Si donc vous n'avez pas déterminé *le but vers lequel tend la nature dans ses opérations*, il vous est impossible de dire bonne ou mauvaise, ordonnée ou déréglée, une action quelconque. Et c'est là précisément la cause du profond dissentiment des hommes qui discourent de l'ordre et du désordre. Tous sont unanimes pour avouer que la nature doit avoir une fin vers laquelle soient dirigées ses actions et par conséquent celles de l'homme. Mais ils diffèrent dans la détermination de ce but nécessaire: et voilà pourquoi ils ne s'entendent pas davantage sur les moyens qu'il conviendrait de prendre afin de l'atteindre.

Pour déterminer clairement en quoi consiste l'ordre naturel ou ce qui est conforme à la nature, il nous faut donc, faisant un pas de plus, *rechercher vers quelle fin* doit *tendre toute notre activité naturelle*. Ce point fixé, il sera facile de nous accorder sur ce qui est convenable, c'est-à-dire sur l'ordre de nos actions ; enfin, *l'ordre* une fois connu, nous verrons aussi en quoi consiste le *droit*.

13. — Or, entre vous et moi, cher lecteur, sera-t-il bien difficile de déterminer la fin des opérations de la nature? Je ne le crois pas; car nous tomberons vite d'accord sur le sens de ce mot : Nature. Admettez-vous avec moi que la nature, dont nous parlons ici, n'est

pas autre chose que le principe même du mouvement imprimé à tout être par le Créateur, dans l'acte de la création? Oui. — Eh bien! il y a, dans la manière d'agir, cette différence entre la nature et l'art : qu'une opération attribuée à la nature est le produit d'un principe intime inséparable de l'être créé, tandis qu'une opération dite artificielle vient se surajouter à la première par le fait de l'invention humaine. Le ressort en acier d'une montre est naturellement élastique; et étendu, il se relâcherait en un instant. Mais l'art de l'horloger, en contrebalançant ici des forces contraires, comprime le mouvement naturel de ce ressort et produit le mouvement artificiel de la montre. Qui a donné à l'acier ce principe du mouvement, cette force d'élasticité? Le Créateur. — Et qui lui a donné cette lenteur relative et cette régularité avec laquelle il mesure le temps? L'horloger. — L'action, en tant que naturelle, vient donc de Dieu; elle est modifiée par l'art.

Si vous admettez cette distinction essentielle entre ces deux modes d'agir propres à la nature et à l'art, je le répète, nous serons vite d'accord sur la véritable fin de l'activité *naturelle* des êtres. Car cette activité n'étant pas autre chose, comme vous le voyez, qu'une force communiquée immédiatement par Dieu à la créature dans l'acte même qui l'a tirée du néant, cette activité ou tendance ne peut être dirigée que vers la fin que s'est proposée le Créateur lui-même. Ce divin auteur de toutes choses a mis dans les corps inorganiques la gravitation pour les relier ensemble et former ce vaste univers : c'est la fin de la gravitation naturelle. Il a répandu dans

les végétaux une force d'expansion, d'assimilation et
de reproduction pour en propager et en multiplier les
espèces : c'est la fin de la végétation. Il a donné aux
animaux la sensation pour qu'ils puissent se mouvoir
spontanément : c'est la fin de la sensibilité. Dites la
même chose de tout principe naturel d'opération : il
vient toujours du Créateur dans sa formation première
et tend à la fin qui est celle du Créateur lui-même. Dès
lors, vous le voyez, nous voici ramenés au suprême et
dernier principe de tout ordre : le but de l'Ordonnateur
lui-même. Ce but une fois bien connu, nous détermine-
rons facilement l'ordre universel et tout ordre particulier, et par suite celui même des actes humains. Enfin
ce dernier point acquis, nous n'aurons aucune peine à
concevoir une juste idée du droit.

14. — Quel est la fin voulue par le Créateur en formant l'Univers? Cette fin est manifeste surtout depuis
que la révélation a parlé; et tout esprit honnête la
trouvera sans peine. — Que pouvait désirer, que pouvait rechercher Dieu en créant? Le navigateur ne s'é-
loigne pas d'un rivage sans avoir en vue une plage
vers laquelle il se dirige; le négociant fait le commerce pour gagner l'argent qu'il n'a pas; le soldat sur
un champ de bataille sent son cœur battre p ur la
patrie et veut la sauver; en un mot, tout homme qui
agit ici-bas a, en dehors de lui-même, un objet qu'il
veut atteindre. Mais Dieu, quel *objet* voyait-il, en dehors
de lui-même, comme fin de sa première création ? Parfaitement indépendant dans son être et dans sa volonté,
il n'en voyait aucun; il n'en désirait aucun. Il trouvait

tout en lui-même, le réel et le possible. Il était donc Lui-même son propre objet en faisant le dessein de tout cet univers! En lui seul se trouvait la raison finale non moins que l'idée de ce monde et la force pour l'exécuter.

15. — Or quel motif Dieu pouvait-il trouver en Lui-même, qui le portât à créer? Quel profit pouvait lui revenir de l'existence de cet univers? — Nul autre, assurément, que celui d'associer à son propre bonheur les créatures intelligentes et d'obtenir leur service en leur communiquant la connaissance et l'amour. Et puisque l'une de ces créatures intelligentes fut destinée par la souveraine Majesté à vivifier l'organisme matériel d'un corps, il a dû fournir à ce corps une habitation et des secours matériels pour subsister et pour agir. Voilà quelle fin s'est proposée le Créateur en formant l'univers ; fin qui nous est clairement manifestée par la révélation, mais dont la raison elle-même peut connaître et la sagesse et l'évidence. Aussi, serai-je bref dans l'exposé de cette démonstration; car, d'ordinaire, elle ne rencontre pas d'opposition sérieuse auprès des hommes judicieux, fussent-ils hétérodoxes et incrédules. Elle en rencontrerait une acharnée dans ce panthéisme, semblable à un délire, qui, faisant de ce monde l'évolution nécessaire d'un germe divin, rejette toute idée de création libre et de cause finale. Mais comme, d'après ce système absurde autant qu'impie, le *droit* serait impossible et inconcevable, je ne dois pas en tenir compte; et je suis le premier à concéder que tout droit ferait naufrage dans l'abîme de pareilles erreurs!

16. — Nous avons établi que la base du droit, c'est l'ordre même des actes de la nature ; que l'activité de la nature tend à accomplir l'intention de Celui qui l'a créée ; que cette intention a été de se faire connaître et aimer des esprits et des cœurs ; enfin, que le monde matériel a été fait et disposé pour procurer aux hommes une demeure et des secours.

Voilà en quatre propositions toute l'idée de ce que j'appelle *l'ordre universel*. Comme vous le voyez, l'intelligence est *par nature* ordonnée à la connaissance et à l'amour du Créateur, et ce monde visible destiné, comme une hôtellerie, au soutien de l'intelligence unie à un corps, c'est-à-dire de l'homme. De cet ordre universel, il est facile de déduire l'idée de l'ordre moral, c'est-à-dire de celui qui doit constamment régler les actes libres et par conséquent les mœurs de l'homme raisonnable. Évidemment il consiste en ce que l'homme use des créatures matérielles de façon à faciliter à lui-même et à ses semblables la connaissance et l'amour de son Créateur, fin dernière de la création. Qui admet ces principes comprend de suite ce que signifie *le droit* et pourquoi il a une force irrésistible pour persuader toute âme honnête. En effet, donnez-moi un homme vraiment raisonnable : je lui dirai qu'une action exigée de lui est conforme à la volonté du Créateur et nécessaire pour le faire révérer et aimer ; que refuser cette action serait résister à celui-là même qui est son absolu et souverain Seigneur, son unique espoir. Aussitôt j'aurai tellement enchaîné sa volonté que, pour rejeter ma demande, il sera obligé de nier sa propre nature et de déclarer la guerre à Dieu lui-même.

Donnons des exemples : vous, créancier, vous me réclamez une dette. Je nie votre droit, en disant que je ne suis point obligé de vous payer. — Comment faites-vous pour me persuader de votre droit et de mon obligation? Vous faites comme Thiers et Bastiat avec les communistes : « Eh! direz-vous, est-il juste qu'en ce monde, tous ayant la même nature, les uns se fatiguent pour les autres ? Et que les privations et les sueurs, au prix desquelles un homme actif thésaurise pour ses vieux jours les fruits de ses longs travaux, tournent finalement au profit d'un paresseux et d'un prodigue qui n'a connu dans la vie que deux choses : le vol et les grossières jouissances ?

Or, savez-vous d'où vient toute la force logique de ce raisonnement? Elle vient de la valeur d'un autre argument que voici : « S'il était *naturellement* licite à qui emprunte de retenir le capital du riche, *l'ordre naturel lui-même* serait l'image vivante d'un Dieu injuste : et l'intelligence humaine, loin de le respecter et de l'aimer, conclurait avec Proudhon : *Dieu! c'est le mal!* — Or, l'ordre naturel nous dit que Dieu est le bien suprême; donc, l'ordre naturel veut que celui qui a emprunté restitue. »

17. — Telle est la raison de ce caractère religieux qui fait du droit une *chose sacrée*. A peine a-t-il parlé, que vous voyez se dresser auprès de lui l'auguste et terrible Majesté du Créateur, vous parlant et vous commandant Lui-même. Cette Majesté, elle s'est montrée même à Kant, cet impie sophiste de Kœnigsberg. Car,

après avoir essayé d'emprisonner dans les limites de ce monde l'immensité de l'Être infini, il comprit que l'ordre moral n'a pas de garantie sans le sentiment de l'obligation. Et alors il pensa à placer à côté du fantôme de son *Impératif catégorique* le Dieu dont il doutait et qu'il avait combattu, le Dieu en dehors duquel toute idée de droit et d'ordre s'évanouit, puisqu'elle ne repose sur aucun fondement. Encore, son raisonnement à rebours laisse-t-il désarmé le Dieu qu'il invoque, comme protecteur de sa prétendue théorie du droit. En effet, nous qui sommes sûrs par ailleurs de l'existence de Dieu, nous pouvons faire ce raisonnement sans réplique! *Dieu commande :* donc obéissez, vous qui êtes sa créature. — Mais l'argument du sophiste de Kœnigsberg a une tout autre forme; et, d'après lui, tout créancier qui veut faire valoir ses droits doit parler ainsi à son débiteur : « Je ne sais si Dieu existe ; mais si Dieu n'existait pas, je ne pourrais revendiquer tel droit et vous ne seriez point mon obligé; donc Dieu doit exister pour protéger mon droit. »

Que dites-vous de cet argument ? Si Kant, ce cerveau malade, l'eût inventé pour défendre l'autorité humaine, il eût fait éclater de rire les poules elles-mêmes. En effet, supposez que vous êtes tout à coup assailli par un brigand, au milieu d'une forêt : « Si les gendarmes étaient ici, lui diriez-vous, vous n'oseriez pas me dépouiller; donc vous devez croire que les gendarmes sont ici, afin que mon argent ne me soit point ravi ! » — Croyez-vous qu'à cette représentation le voleur se désisterait aussitôt de sa tentative ?

18. — Vous le comprendrez maintenant : « *le droit* que nous avons appelé plus haut *cette force* de l'homme par laquelle il peut persuader son semblable devrait, à vrai dire, s'appeler *la force même du Créateur*; force qu'un homme oppose aux idées désastreuses qu'un autre homme veut répandre pour corrompre et bouleverser le monde moral. Et en cela non seulement il n'y a point de préjudice, mais il y a le plus grand avantage pour autrui, puisque le plus grand bien de l'homme et le moyen le plus assuré pour lui d'obtenir le vrai bonheur, c'est de suivre la voie tracée par la main paternelle du Créateur. Ainsi apparaît l'erreur de Romagnosi et de plusieurs autres qui n'ont su découvrir *dans le droit et le devoir* qu'un perpétuel antagonisme et un ferment de guerre incessante entre les humains. Si ces auteurs font consister la nature de l'homme dans ces passions furieuses, qui mettent notre sang en ébullition, et soulèvent la partie animale de notre être (cette partie qui nous rapproche de la bête), oh! alors, oui; débiteurs et créanciers, nous sommes tous autant de chiens voraces, dont chacun, quand il a pu s'emparer d'un os, s'en va grognant et regardant de travers tous ses pareils avides de la même proie. Mais si nous sommes des hommes, c'est-à-dire des êtres intelligents, et si l'intelligence appelle l'ordre, quiconque me représente l'ordre me place pour ainsi dire dans mon atmosphère et me rend la vie. De fait, quel est l'homme honnête et vraiment droit qui ne se déclare l'obligé de quiconque l'empêche de commettre une injustice, même au prix d'un grand sacrifice?

Quand donc vous rappelez à un homme raisonnable l'ordre voulu par le Créateur en ce monde, vous lui offrez son propre bien et vous enchaînez d'une certaine façon sa volonté, avec cette force qu'on appelle *le droit*.

19. — Je vois cependant que vous pourriez m'opposer une difficulté dont la solution sera d'un grand secours pour vous faire mieux concevoir l'idée juste et adéquate du droit. « Si l'ordre voulu de Dieu, pourriez-vous me dire, était un lien pour les volontés humaines, en sa présence toujours ces volontés seraient enchaînées ! Et néanmoins, que de fois l'ordre se montre évident, sans que la volonté se sente nécessitée à le suivre ! — Vous écrivez, et vos caractères présenteraient un ordre beaucoup plus parfait, s'ils étaient tracés avec l'art d'un habile calligraphe. Vous croyez-vous obligé à cet ordre? — Votre chambre ne serait-elle pas mieux ordonnée, si les meubles, les manuscrits, les livres, tout en un mot y était disposé selon les règles d'une parfaite symétrie? Et pourtant, vous ne vous croyez pas obligé à cette symétrie. — Bien plus, pour rester dans notre sujet, dans la direction morale des actions, plus celles-ci seraient héroïques et plus l'ordre en serait admirable ? Obligerez-vous, par là même, tous les hommes à être des héros? »

20. — L'objection est sérieuse ! Et parce qu'ils n'en ont point senti la force, certains philosophes sont devenus ces Stoïciens, qui, faisant sortir de la seule beauté de la vertu toute idée d'obligation, ont cru possible de séparer entièrement la science de l'honnête de la science

du bonheur (Déontologie et Eudémonologie). Pour éviter cet écueil, j'ai présenté Dieu comme la source première de tout ordre et de tout droit, me gardant bien de le considérer seulement comme Celui dont nous tenons notre être et notre nature, mais l'envisageant surtout comme le terme et l'objet d'une pleine et absolue félicité. Niez cette fin dernière, et je vous défie de concevoir justement ce que c'est qu'*ordre, obligation, droit...* En effet, tous ces noms expriment la direction de nos actes vers tel ou tel but. Or, comment concevoir l'idée de direction avec un seul point? Toute direction est une ligne droite, et toute ligne droite qui n'est pas infinie se termine nécessairement à deux points. La nature humaine, principe de ce mouvement dont nous cherchons la direction, a été lancée par la main du Créateur d'un point déterminé de l'espace et du temps; mais vers quel autre point? Toutes les autres créatures, agissant avec une spontanéité nécessaire, se dirigent, sans le connaître, vers le but que Dieu leur a marqué. Mais la volonté de l'homme est libre; il convient qu'il connaisse son terme, afin d'y diriger lui-même ses pas. — Eh! quoi? Ne le connaît-il point? Bien plus, il le sent, pour ainsi parler; car pour peu qu'il réfléchisse sur lui-même, il voit en lui une tendance vers la félicité, qui ne peut lui venir que de l'infini, et il reconnaît qu'en dehors de l'infini il ne pourra ni s'arrêter ni se rassasier jamais. Il n'y a donc pour lui de repos que dans le souverain Bien, qu'en Dieu. Et c'est précisément vers cet objet que l'entraîne, non la nécessité spontanée propre aux animaux, mais la nécessité de mille raisons évidentes auxquelles la volonté ne peut raisonnablement résister.

Telle est la raison dernière de l'ordre, de l'obligation, du droit. Jugez-vous qu'une action est nécessaire pour atteindre la fin suprême, vous ne pouvez raisonnablement l'omettre; jugez-vous qu'elle est opposée à cette fin, vous ne pouvez la faire; jugez-vous qu'elle y est indifférente, vous restez libre d'agir ou de ne pas agir. Cette propriété d'indifférence qui convient à beaucoup d'actions ou de relations, pourtant approuvées par l'intelligence, explique comment cette complaisance de l'esprit n'enchaine pas la volonté : elle voit que cette action n'est pas si nécessaire moralement à l'ordre de l'univers que, sans elle, ni le monde ne pourrait apparaître comme l'œuvre d'un Dieu sage et bon, ni l'homme ne saurait trouver sa félicité en glorifiant le Créateur. — Renfermons en quelques mots cette analyse de l'idée d'obligation. Elle est basée sur notre désir immuable et irrésistible d'une félicité sans bornes : ce désir pousse l'homme raisonnable à rechercher le Bien infini qui seul pourra le rassasier. Ce Bien infini ne se trouve qu'en Dieu ! Et pour l'atteindre l'homme doit suivre la voie que Dieu lui a tracée dans ce monde. Donc si l'homme veut écouter la raison, c'est pour lui *un devoir* et une nécessité morale de suivre cette voie, et cette nécessité est aussi impérieuse qu'est brûlante, en son cœur, la soif de la félicité.

21. — Nous avons maintenant l'analyse complète de l'idée fondamentale du droit. Tout droit est une *force morale* qu'un homme fait sentir à un autre homme, en

lui manifestant une certaine vérité; cette vérité doit être pratique, c'est-à-dire telle qu'elle porte à agir. Et elle doit y porter irrésistiblement quiconque ne veut point nier la raison elle-même. Le principe irrésistible d'action, c'est la nature, c'est-à-dire ce principe de mouvement communiqué à chaque être par le Créateur; les opérations qui tendent au but de la nature ou du Créateur sont nécessairement dans l'ordre et cet ordre nous conduit de lui-même au bonheur. Voilà pourquoi celui qui, en me manifestant une des applications de cet ordre, me montre un devoir à accomplir, loin d'être mon ennemi, m'offre le moyen d'obtenir ma félicité, mon unique et véritable bien.

22. — Cette idée fondamentale du droit demande d'autres développements et d'autres applications. Mais je voudrais avant de les donner prévenir une difficulté qui, pour plus d'un, voile peut-être le plein jour de l'évidence. « D'après votre doctrine, dira-t-on, le respect du droit n'est pas autre chose, en définitive, que ce sentiment religieux par lequel nous nous soumettons à Dieu lui-même : d'où il suivrait que, pour respecter le droit, il faudrait connaître Dieu et se soumettre à lui. » Et pourtant, ne voyons-nous pas que le sentiment de la justice est instinctif même chez ceux qui nient un Être suprême? C'est que, dans l'ordre seul, resplendit je ne sais quelle sublime autorité qui commande aux intelligences et les force à la soumission !

23. — Sans discourir longuement sur la question de l'athéisme, sans rechercher s'il est réellement possible, au sens ordinaire de cette horrible doctrine, je répondrai

franchement qu'il est impossible, qu'il est contradictoire
au sens rigoureusement philosophique. Aussi n'est-ce
point merveille que *le droit* commande et fasse sentir
l'autorité de ses lois, même à ceux qui s'efforcent, mais
en vain, de nier Dieu. Nier Dieu ! qu'est-ce que cela
veut dire en bonne philosophie? Cela veut dire : « Nier
l'Être Suprême ; nier la cause première de tout ce qui
existe. Cet Être, cause première de tout, nous catholiques, nous le connaissons comme réel, distinct, personnel; nous lisons le récit de ses œuvres dans la
Genèse, ses révélations dans les Prophètes, son Incarnation et sa mort dans l'Évangile, de façon qu'il est
pour nous, qu'on me permette ce mot, un personnage
historique. Or, l'histoire, même avec toute l'évidence de
ses documents, ne saurait amener l'esprit à cet irrésistible assentiment produit en nous par les vérités métaphysiques ou mathématiques. Et cela me fait comprendre comment il a pu se faire que le Dieu historique
des chrétiens ait été nié par certaines têtes mal organi-
sées et par des cœurs corrompus : mais trouvez-moi
un homme sain d'esprit qui ose vous dire que ce monde
n'a point de cause, et que, dans cet univers, il n'y a
point d'Être Suprême ? Le panthéiste vous dira qu'il
n'y a qu'un seul Être : et celui-là sera suprême. Un
polythéiste proclamera des milliers de dieux ! Et alors,
que l'un d'eux soit le plus grand, ou que la souveraineté se trouve dans leur réunion, ou enfin qu'ils commandent à tour de rôle, toujours faudra-t-il reconnaître
que ce monde a une cause? Toujours, par conséquent,
surnagera dans l'esprit des hommes un reste de l'idée

de Dieu, tant que, dans leur langue, restera ce mot : *être*, ce mot sans lequel s'éteindrait l'intelligence. Quoi d'étonnant, après cela, si, avec un reste de l'idée de Dieu, subsiste également dans les esprits un reste du respect du droit? Les affections de la volonté, on le sait, vont de concert avec les idées : autant celles-ci éclairent l'esprit, autant celles-là échauffent le cœur. Et voilà précisément ce qui explique comment des hommes sincèrement catholiques et pieux perdent parfois la claire notion du *Dieu révélateur*, sans perdre pour cela le respect religieux du droit. Ils gardent toujours, moins vive sans doute, mais ils gardent une idée confuse du Maître de qui émane toute loi.

24. — La source réelle de tout droit, c'est donc l'*Être* suprême de Dieu; le principe de la connaissance du droit, c'est la connaissance de Dieu lui-même. Et plus celle-ci se répand dans les individus et dans la société, plus le droit est connu, plus il est respecté. Par là devient manifeste une vérité pratique de la plus haute importance (je ne puis la développer ici comme elle le mériterait, mais je n'ai point le courage de la taire entièrement) : c'est que l'Église catholique, donnant aux hommes une connaissance très parfaite de Dieu, et les portant efficacement à l'aimer, cette société, par une conséquence nécessaire, se distinguera, plus que toute autre, par son généreux attachement aux principes et aux maximes du droit. Par contre, à mesure que dans la société s'affaiblissent l'idée et le sentiment catholiques, la connaissance et le respect du droit s'affaiblissent en proportion, puisque c'est la connaissance et le respect

de Dieu même qui diminue dans les âmes. Inutile de
dire que les faits viennent confirmer cette remarque :
rappelons seulement que les deux droits les plus *conformes* à la nature de l'homme et qui sont la base même
de toute société, le droit de la famille et le droit de
propriété, ont été niés par tous ceux qui ont sapé le
fondement de toute religion, mais surtout de la religion chrétienne, Dieu et son Christ.

25. — La croyance catholique est le plus solide appui
du droit : de là une conséquence nécessaire et évidente
que je me contenterai d'indiquer. L'autorité sociale est
la protectrice née de tout droit : si donc les lois, qui
doivent tendre à se perfectionner toujours davantage,
ne peuvent le faire qu'en donnant une sécurité et un
développement toujours plus grands à tous les droits,
quiconque reconnaît, dans le catholicisme, une idée
plus complète de Dieu, doit confesser aussi que l'autorité sociale est obligée de promouvoir, de toutes ses
forces, le progrès du catholicisme : car de ce progrès
dépend dans la société la connaissance plus parfaite
et l'observation plus religieuse du droit. Mais cela soit
dit en passant, car mon intention est ici d'expliquer
pleinement une idée fondamentale, et non point d'entrer dans le vaste champ de ses applications.

26. — L'analyse que nous avons faite des idées d'ordre et de droit peut suggérer une grave objection.
« L'ordre de l'univers, dira-t-on, est universel et constant. Donc, si de l'ordre universel naissait l'idée du
droit, tous les hommes devraient avoir les mêmes droits
et des droits immuables, inaliénables. Et pourtant qui

ne voit l'immense variété, et les perpétuelles mutations
de droits dans la société humaine? A cela il est facile de
répondre : En effet, l'homme étant composé d'une âme
et d'un corps, de raison et de sens, le droit qui le régit
est également constitué de deux éléments, l'un immuable et nécessaire, l'autre variable et contingent. Considérez-vous le droit dans sa cause et dans sa source
éternelle? vous le trouvez nécessaire; le rappor-
tez-vous aux sujets contingents dans lesquels il se
réalise? vous le trouvez variable. Vous ne pouvez,
sans la combinaison de ces deux extrèmes opposés,
concevoir le droit tel qu'il existe dans la société humaine. Vous, par exemple, vous avez droit d'être obéi
par vos fils, servi par l'artisan que vous avez engagé,
payé par votre débiteur. Or, chacun de ces droits,
si vous y faites attention, naît d'une idée d'ordre éternel et immuable et s'incarne dans un fait variable et
contingent. Tout fils doit dépendre de son père, tout ouvrier de celui qui le paie, tout emprunt doit retourner à
celui qui l'a fourni : voilà trois idées et trois principes
universels d'ordre qui ont leur racine dans la nature
même des choses, c'est-à-dire ici *de père, de fils, d'artisan.* Voilà des principes qui sont vrais absolument,
partout et toujours. Mais qu'un tel soit votre fils, un tel
votre ouvrier, un tel votre débiteur parce que vous lui
avez prêté de l'argent, ce sont des faits purement acci-
dentels et hypothétiques; il en pourrait être tout autrement. Et, pourtant, sans ces trois faits, les trois idées
d'ordre énoncées plus haut subsisteraient inébranlables, parce qu'elles sont nécessaires et essentielles;

mais vos trois droits de père, de maître, de créancier n'existeraient point. Quand donc un homme veut revendiquer un droit quelconque parmi ses semblables, il est nécessaire qu'il l'appuie sur deux ordres de vérités, c'est-à-dire : la vérité idéale ou absolue et la vérité historique : je dis toujours, parce que, l'homme étant essentiellement contingent dans son existence personnelle, cette existence avec tout ce qui en découle dépend nécessairement d'un fait qui aurait pu ne pas arriver. Sans la vérité absolue, le droit n'existe pas; sans la vérité historique, il n'est pas vôtre. Si le fils n'est pas obligé d'obéir, aucun fils n'y sera obligé; si cet enfant n'est pas votre fils, il ne sera point obligé à votre égard.

27. — Je le sais : certaines vérités de fait sont si connues et si claires que personne ne s'avise de les démontrer. Par exemple, qui s'est jamais avisé de démontrer qu'il était homme ?

Aussi quand vous avez prouvé que certains droits appartiennent à l'homme en raison de sa nature propre, aussitôt, présupposant le fait, vous appliquez à chacun des individus de l'humanité tous les droits qui appartiennent à la nature même. Mais quand un droit peut être révoqué en doute, il est toujours nécessaire que vous fassiez valoir en votre faveur deux vérités, si vous voulez obtenir l'assentiment d'autrui : la vérité tirée de l'essence des choses, qui manifeste l'ordre, et la vérité historique du fait, qui *incarne* cet ordre dans la réalité. L'accord de ces deux vérités est-il clair? La démonstration que vous donnez de cet accord est-elle évidente ? Votre prochain, s'il a la force intellectuelle de voir vos raisons, se trouve moralement contraint de céder; ou, comme nous disons d'ordinaire, il se sent *obligé* par votre droit.

28. — De là une remarque importante : c'est qu'*obligation et droit* supposent dans leur sujet l'intelligence ou la raison : sans raison, point de droit, point d'obligation. Et il faudrait vraiment une singulière puissance d'imagination ou d'ignorance (je devrais dire de bêtise, si la politesse le permettait), pour attribuer des droits aux animaux et pour former une société philanthropique chargée de les faire valoir et de les revendiquer. S'il est mal de traiter cruellement les animaux, cela vient, non de leurs droits, mais de notre besoin ou des droits de nos semblables. — Mais terminons ici cette remarque, et continuons de développer les conséquences de l'idée fondamentale que nous avons établie, en donnant un aperçu sur la graduation ou sur la force relative de différents droits.

29. — Tout droit, avons-nous dit, puise dans la volonté du Créateur la force de nous imposer une obligation. Or, comment se fait-il que cette volonté toujours infiniment puissante et appuyée sur des raisons irrésistibles, soit par nous accommodée à certaines règles, selon lesquelles nous disons qu'un droit est plus fort, un autre plus faible, et que nous devons faire céder le second au premier? — Il est facile de voir que la suprême volonté, qui dispose toutes choses, n'influe pourtant point avec une force égale dans les ordres particuliers et dans l'ordre universel. Nul doute : Dieu veut l'ordre des forces matérielles, physiques, chimiques et

végétatives : il veut l'ordre des saisons, les alternatives
de température, ces vicissitudes de froid, de chaud, qui
font naître les plantes et mûrir les moissons. Mais pour
quelle fin? Pour qu'elles servent d'aliment aux animaux et spécialement à l'homme. Voilà donc les moissons et les plantes subordonnées au bien de l'homme et
des animaux. — Pour l'homme même, Dieu veut le
corps; et à ce corps il a destiné les aliments et les remèdes; mais tout est soumis à l'intelligence qui seule
accomplit le devoir absolu de l'homme à l'égard de son
Créateur, celui de le glorifier.

Conséquemment, ces lois diverses, qui nous ordon-
nent de soutenir notre corps, seront aussi soumises au
bien de l'âme; et les devoirs, les droits qui résulteront
de l'ordre inférieur ne pourront égaler en force les devoirs et les droits de l'ordre supérieur. — Que si deux
droits d'ordre différent viennent à se heurter, vous
voyez déjà d'après quels principes vous déterminerez
lequel doit céder, lequel doit prévaloir... Par avance
vous pourrez réduire à certaines formules générales la
graduation des devoirs et des droits, objet de la science
morale. Vous direz par exemple : le droit de posséder
doit céder au droit d'exister; puisque les aliments sont
pour la vie et non la vie pour les aliments; le droit de
la vie doit céder à l'*honnêteté*, puisque l'ordre de la vie
consiste à vivre honnêtement, non à vivre longuement.
Avec le même principe, vous pourrez considérer les relations de l'individu avec la société; d'une société inférieure avec une société supérieure, d'une société libre
avec une société naturelle... Et cela est de la plus haute

importance dans les sciences morales, comme nous le ferons voir en son lieu par de nombreux exemples. Pour le moment, il n'est pas besoin d'entrer dans les détails : il nous suffit d'avoir expliqué le principe général, afin de donner l'*idée du droit naturel*, de sa genèse objective, propre, de sa force d'obligation ; cette idée, j'ai promis de la comparer avec la *cause* que donnent du droit les *nouveaux utilitaristes* et les apôtres du rationalisme protestant.

30. — Mais qu'on me permette d'expliquer auparavant, avec toute la clarté possible, cette épithète : *naturel*, ajoutée au mot *droit*. On a tant abusé de ce mot *naturel*, que, peu à peu, des esprits, même remarquables par leur savoir, en ont corrompu la vraie signification, et se sont imaginé qu'on doit appeler naturel dans l'homme, seulement ce qu'il apporte avec soi en naissant, ou ce qui est le fruit d'un instinct spontané. Aussi, pour découvrir les lois de la nature, ils n'ont point de meilleur oracle à consulter que leurs propensions natives. Si la colère les pousse à la vengeance, ils disent ouvertement que la vengeance est une loi de nature ; si leur cœur est lascif, le libertinage est pour eux un droit de nature. Belle nature que celle qui s'exprimerait justement par des instincts aussi furieux ! Ainsi parut la comprendre Bentham, lorsqu'il commença à invectiver contre toutes les lois naturelles. Il avait sans doute en vue l'École Écossaise, sa voisine. Car elle semble mettre toute la force des lois naturelles dans ces inclinations d'instinct ; et elle les décore du nom de *sens moral*. Elles peuvent parfois

nous servir d'indices pour retrouver, au moyen du raisonnement, la loi de la nature ; mais par elles-mêmes elles n'auront jamais la vertu d'obliger un homme raisonnable. Si le père sent de la tendresse pour ses enfants, est-ce cette tendresse qui l'oblige à les élever et à faire leur éducation ? Non : car si la *tendresse* suffisait pour l'obliger, si toujours elle représentait une loi de *nature*, toute affection, toute tendresse, bien qu'illégitime, aurait la même valeur et produirait la même obligation. La loi naturelle ne se confond donc point avec l'inclination instinctive : c'est un devoir qui résulte de la convenance essentielle de certaines actions pour atteindre un but déterminé par la nature. L'instinct vous stimule, les passions vous électrisent ; mais la loi proprement dite ne commence à vous obliger qu'à ce moment où la raison reconnaît la convenance nécessaire d'une action avec l'ordre établi par Dieu.

31. — Une autre idée fausse a fasciné et troublé beaucoup d'esprits : ils appellent naturelles les seules lois que l'homme est capable de découvrir dans sa conscience ; mais, disent-ils, l'homme laissé à lui-même, sans le secours d'aucune société, sans la direction d'aucun maître. Cette opinion fut très commune parmi les philosophes mécréants du siècle dernier : quelques philosophes catholiques leur donnèrent la main, espérant qu'ils convaincraient plus sûrement leurs adversaires, s'ils admettaient avec eux que chaque homme se trouvait muni d'une force d'intelligence assez grande pour trouver tout entier par lui-même le *code moral* de la nature humaine. Cette théorie est fausse jusqu'à l'absurde ;

et vous pouvez vous en convaincre de suite. En effet, les conséquences d'une proposition universelle sont indéfinies, puisqu'on peut toujours, à la série des propositions qui en découlent, ajouter une autre proposition et de nouvelles conséquences. Cela est vrai dans la science de la morale comme en toute autre. D'où il suit que la science naturelle de la morale est indéfinie. Si donc tout homme devait, par les seules forces de son intelligence, connaître toute la loi naturelle, il devrait ou avoir en vue actuellement et jusqu'à son dernier anneau la série infinie des propositions, qu'on peut déduire des principes naturels, ou au moins avoir une puissance et une sûreté de logique telles qu'il fût capable d'en former toute la chaîne, sans se tromper jamais. Or, quel Socrate, quel Platon ou quel Aristote oserait s'arroger une pareille force d'esprit ?

32. — Le mot *naturel* appliqué à l'intelligence et à la volonté n'a donc pas le même sens que lorsqu'il se dit des fonctions vitales. Dans ce dernier cas, nous appelons loi *naturelle*, bien que, par métaphore, celle par laquelle l'organisme opère spontanément, comme dans la circulation du sang, la formation du chyle, le mouvement péristaltique, opération que chaque homme accomplit par lui-même, sans l'aide de la société et l'enseignement d'un maître. Mais quand il s'agit de ces connaissances et de ces sentiments moraux qui engendrent obligation, la spontanéité ne suffit plus ; comme elle ne suffit pas, en général, à diriger la conduite de l'homme raisonnable, bien qu'elle puisse parfois l'initier à la vérité en l'excitant à user de sa raison.

33. — Mais s'il en est ainsi, pourquoi appeler *natu-relle* la loi dont nous parlons ; puisque par les forces de sa nature l'homme n'est ni nécessité, ni induit infailliblement à la connaître ? Pour plusieurs motifs. — En premier lieu, parce que, quand l'enseignement vous a fait connaître une loi, vous pouvez toujours raisonner sur la nature des choses et observer dans l'ordre naturel certaines relations de fait qui, aux yeux de la raison, justifient telle manière d'agir et condamnent celle qui lui est opposée. Ainsi, lorque vous étiez encore enfant, on vous imposait le devoir de la tempérance, et vous obéissiez à vos parents par un instinct naturel ; mais s'il vous était venu à l'esprit d'en demander le motif, votre père aurait pu vous répondre que « telle est la volonté du Créateur », volonté qu'il a manifestée dans la constitution même du corps humain ; puisque, si l'estomac est surchargé, notre corps souffre et nous ne pouvons nous livrer aux opérations de l'esprit. C'était nous montrer du même coup que la tempérance est un *devoir naturel*. Vous voyez donc par là que la nature objective des choses porte comme écrite en elle-même et promulgue pour ainsi dire cette loi. Et cela, abstraction faite de la manière dont les individus sont venus à la connaître, soit par l'enseignement, soit par leurs observations personnelles. Sachez ou ignorez que l'excès de nourriture nuit au corps et à l'esprit, ce fait n'en est pas moins vrai, ni moins certaine en soi la loi de tempérance qui en découle.

34. — De là il résulte qu'on peut encore appeler *naturelle* la loi de la tempérance en un autre sens,

c'est-à-dire en ce sens que la raison humaine *peut arriver à la connaître,* quand elle raisonne avec justesse et sans se tromper. Sans doute cette infaillibilité logique n'est pas naturelle à l'individu, puisque tout individu peut errer dans ses déductions ; mais elle est naturelle à la raison humaine considérée abstractivement, car la raison par elle-même ne peut errer, bien que souvent l'homme se trompe en se servant de sa raison particulière. En d'autres termes, dans l'homme, la raison, qui est sa nature spécifique, est droite bien que les individus disent parfois des sottises : de même que l'homme a naturellement deux yeux et deux mains, bien que certains individus naissent aveugles ou manchots.

35. — Voilà donc deux raisons qui nous font appeler *naturel* le droit, encore que tout homme ne naisse pas, son code à la main : 1° parce que le *droit naturel* ordonne les actions honnêtes d'après les relations naturelles des créatures; 2° parce que la raison humaine considérée en elle-même peut, par ses forces naturelles, connaître cette honnêteté et cette convenance; bien que les individus n'aient pas cette fermeté de jugement qui les préserve toujours de l'erreur.

Mais voici une troisième raison plus propre encore à confondre l'arrogance de ces hommes qui ne voudraient admettre comme naturelle aucune loi, à moins qu'ils ne l'aient découverte et trouvée par eux-mêmes, et qui refusent le titre de *naturelles* à toutes les lois que l'homme ne connaît pas par les forces natives de son intelligence isolée et indépendante de toute autre.

Cette raison, c'est qu'un tel isolement, une pareille indépendance est tout autre chose que la nature de l'homme. Or, quoi de plus étrange que d'appeler *naturel* ce qui n'est pas conforme à la nature? Ça été là le songe ou le roman du Philosophe de Genève : il ne comprit rien à l'admirable développement des intelligences par la voie de l'éducation paternelle. Mais ce n'a jamais été la nature de l'homme : la nature de l'homme est de naître dans la société, de recevoir par elle, avec le langage, les premiers rayons des vérités intellectuelles; par elle, avec l'éducation, l'enseignement qui développe ses facultés encore incultes ; par elle, avec la tradition, l'héritage de la sagesse ancienne; par elle enfin, cent autres secours matériels, dans lesquels l'idée s'incorpore et au moyen desquels se multiplient les forces de l'esprit. C'est au sein de cet héritage social, dans cette sorte de paradis terrestre, planté par la main du Créateur, qu'est introduit tout homme venant en ce monde, afin que, par son travail, il le conserve, l'embellisse et l'étende toujours. Voilà la vraie nature de l'homme : Il est destiné à agir non seulement avec ses forces individuelles, mais encore avec des forces sociales.

36. — Cependant, il faut ici faire une observation : en montrant que chaque individu de l'humanité ne peut par ses seules forces isolées connaître le droit naturel, je ne prétends point imiter certains auteurs qui veulent s'éloigner des sophistes du dix-huitième siècle, mais se jettent aujourd'hui dans un excès contraire. Je n'enseigne point que toutes les connaissances morales sont en nous *totalement* et *uniquement* l'effet de la tradition

sociale et de la religion révélée. — Autre chose est de
dire que, sans ces secours, nos connaissances n'arriveraient pas à maturité, sinon *tardivement*, incomplète-
ment, resteraient sans consistance, et par conséquent
nous seraient d'une très mince utilité; et autre chose
est de priver absolument l'intelligence de toute intuition
de la vérité et des principes premiers. Supposez en
effet qu'aucun objet interne ne soit présent à mon esprit, quand je raisonne sous la direction d'un maître,
il me trouvera alors aussi prompt à accepter le faux
que le vrai. « Qu'il m'affirme ou que la justice ou que
l'égoïsme est une vertu, son enseignement me paraîtra
également raisonnable; je trouverai également vraies
ces deux propositions : que deux parallèles, en se pro-
longeant, ou se coupent, ou ne se rencontrent jamais;
aussi mystérieuse que l'Unité et la Trinité divine, cette
vérité : trois et trois font six. — Si tout, dans l'ordre
intellectuel, me vient de la parole, il n'y a en moi aucune lumière intime; je n'ai plus aucun motif de dire
que telle proposition me semble vraie et évidente et
telle autre obscure et fausse. Et c'est ainsi que, nous
laissant emporter aux élans d'un zèle inconsidéré, nous
pouvons tomber dans de graves erreurs contre cette
Foi que nous voulons défendre.

37. — D'où je conclus que, dans l'intelligence humaine, outre sa propension essentielle à embrasser le
vrai par son assentiment, il y a encore l'intuition *intime*
de certaines vérités premières auxquelles elle parvient
par ses propres opérations, en les dégageant naturellement de la perception sensible des objets matériels.

Ainsi, quand un petit enfant voit sa mère diviser une pomme, et lui en donner la moitié, il se forme, bien que sans réflexion, cette idée universelle « que la *partie est moindre que le tout* » et il en fait son trésor. La même chose doit se dire des autres principes universels. Comparant ensuite ces principes avec ses autres connaissances, l'esprit voit celles-ci ou vraies ou fausses, embrasse les premières et rejette les secondes par une certaine propension qui lui est naturelle; sans toutefois être toujours si sûr dans ses jugements que l'erreur ne puisse jamais s'y glisser. Quant à ces jugements où la raison voit avec évidence la connexion nécessaire des deux termes qui les composent, ils constituent, dans l'ordre pratique, la *loi naturelle* : et cette loi, l'homme *en général* peut, avec ses forces, la connaître d'après la convenance naturelle de certaines actions; bien que chaque individu de l'humanité puisse aussi, à cause de la faiblesse particulière de son esprit, l'ignorer ou la fausser, au moins dans ses conséquences secondaires.

38. — Voilà pourquoi il est si utile et même si nécessaire au genre humain que les lois naturelles lui soient encore manifestées par voie d'autorité, comme elles le furent, au commencement du monde, à nos premiers parents et dans la suite des âges à tout enfant qui ouvrit les yeux à la lumière du jour et son esprit aux rayons de la vérité! Comment, en effet, durant sa longue course, l'homme se guiderait-il dans ses opérations, s'il lui fallait recourir à un raisonnement rigoureux pour étudier la convenance ou le désordre

de ses actes, et s'il ne trouvait pas en naissant, déjà promulguée par le Créateur et conservée par la société, une règle sûre de la vie humaine? Lorsque Descartes, par un saut plus que périlleux, se jeta ou crut se jeter dans cette sorte de néant intellectuel d'où « *son fiat* » devait, pensait-il, faire jaillir tout vivant le monde des esprits, il fut assez avisé pour se garder une morale et une religion provisoire. Et il le pouvait, car il en avait reçu le trésor de cette tradition même qu'il décriait et abjurait comme trompeuse et insuffisante. Mais l'enfant est-il en possession de cette règle? Quant aux premiers hommes, comment se seraient-ils dirigés dans cette étude si longue et si glissante des lois de l'ordre physique et de l'ordre moral (1)? Puis lorsque, arrivés à une extrême vieillesse et la tête blanchie par l'âge : « *Candidior postquam tondenti barba cadebat,* » ils se seraient retournés pour considérer leur immense carrière, auraient-ils osé affirmer qu'ils n'avaient jamais

---

(1) Ici se trouve une longue note du Père Taparelli pour réfuter *l'Opinione* (15 juin 1850, n. 162, appendice).— En voici la substance : « Un écrivain, dans ce journal, admettait que la raison seule et isolée ne pouvait, au début du genre humain, distinguer les poisons des substances utiles à la vie, ni se préserver d'une multitude de dangers. Mais au lieu de recourir à un enseignement primitif donné par Dieu aux premiers hommes et transmis ensuite de génération en génération, l'auteur de l'article préférait l'hypothèse *d'un sixième sens,* la claire-vue magnétique... avec laquelle il espérait franchir cette impasse... !

Le Père Taparelli ne veut pas entrer dans la question du magnétisme; — mais il montre qu'attribuer à l'homme isolé, comme moyen de se diriger dans ses actions, la claire-vue magnétique, c'est soutenir une thèse pleine de contradictions; contradiction avec les faits du magnétisme : Seul, par qui l'homme eût-il été magnétisé? — Contradiction au point de vue psychologique; le magnétisé, sorti de son sommeil, oublie tout ce qu'il a vu et dit ; la mémoire est indispensable au développement de l'esprit humain ; contradiction avec les faits quotidiens et universels : n'est-ce pas dans la famille et dans la société que l'homme s'instruit et acquiert la vérité ?

fait fausse route? Et si une seule conséquence erronée se fût mêlée à la série de leurs raisonnements, celle-ci, aux mains d'un logicien capable de remonter aux premiers principes, n'aurait-elle pas suffi pour mettre en doute ces principes eux-mêmes, malgré l'évidence avec laquelle ils se présentent à l'esprit?

39. — Répétons-le donc : les *lois naturelles* sont naturellement évidentes aux hommes, et ceux qui raisonnent bien en voient clairement la justice et l'utilité. Sous ce rapport, la connaissance de ces lois est naturelle à l'homme... Mais suit-il de là que tout homme est capable de raisonner toujours juste, et d'embrasser par lui-même toutes ces lois dans leur plénitude et leurs dernières conséquences? Pas le moins du monde... Et c'est précisément pour cela que la connaissance en est plus *naturelle* à l'homme; puisque sa *nature* est de former un seul tout avec la société et avec le genre humain, dont l'individualisme protestant voudrait au contraire le séparer avec violence. Si, en effet, ce nœud qui tient unis tous les individus de l'humanité fait partie de la nature de l'homme, il est manifeste que les connaissances marquées au coin de cette solidarité lui sont *plus naturelles* que les lumières qu'il acquerrait *seul;* car il est naturel à chaque être d'agir selon ses propriétés essentielles : à un esprit d'agir avec intelligence, à la matière d'agir comme une force brute. Donc, un *être solidaire* agit selon sa nature lorsqu'il agit solidairement.

Donc aussi, vous qui prétendez qu'il n'y a de connaissance naturelle à l'homme que celle qui est le fruit de ses forces individuelles, avouez-le simplement et franchement, vous regardez l'homme comme un être isolé dans l'univers, comme un être séparé de tous ses semblables : car s'il était pour vous naturellement social, sa *connaissance naturelle* serait aussi, à votre jugement, une connaissance sociale. Par toutes ces explications j'ai voulu rendre claire la signification de ce mot *naturel* que nous avons coutume d'attribuer « au droit, à l'obligation, à la loi », etc. En considérant la nature de tous les êtres, par rapport à ce que l'homme peut ou doit faire, nous avons coutume d'en inférer que certaines actions sont pour nous obligatoires, d'autres *licites*, d'autres prohibées *naturellement*, c'est-à-dire en *vertu même de la nature de l'homme et des choses*. Cette obligation, cette licéité, cette prohibition déduites de la nature constituent la loi naturelle, parce qu'elles dérivent de cet ordre que le Créateur a établi dans la nature même de l'univers et expriment par conséquent la volonté souveraine de Dieu.

Cette volonté oblige tout homme qui la connaît… Mais elle ne s'impose pas à celui qui l'ignore, quoique l'obligation subsiste toujours en elle-même.

40. — Voilà donc en dernière analyse la vérité fondamentale sur laquelle doit nécessairement reposer l'*idée* de l'ordre et du droit, pour que cette idée puisse unir entre eux les membres de l'humanité : « S'ils sont *unanimes* à reconnaître un seul Créateur manifestant à tous la même volonté, ils pourront être unis par l'idée du droit ; mais si les uns appellent *ordre* ce que les autres appellent *désordre*, leur union sera aussi

irréalisable que l'identification de deux idées contradictoires.

Si donc le rationalisme doit former *une seule société*,
non seulement de l'Italie, mais encore du genre humain,
il est nécessaire qu'il infuse, pour ainsi dire, à tous les
hommes la même idée et du Créateur et de l'intention
qu'il a eue en établissant l'ordre dans le monde. Le rationalisme est-il capable d'un si grand œuvre?

Pour répondre à cette question, il nous faut maintenant examiner ce que c'est que le *rationalisme*, et de
quelle puissance il est doué pour unir par une seule
idée toutes les intelligences.

CHAPITRE III

Idée rationnelle du protestantisme

41. — Or sus que prétendez-vous, grands partisans de l'Unité Italienne ? Avoir une Italie Une.

Et comment ? — En la rendant protestante. — Protestante !... Mais alors il faudra donc que moi, comme un autre Pulci, je vous replonge dans la théologie. Il faudra que nous reprenions la controverse avec Œcolampade et Mélanchthon et que nous ressuscitions Eckius et Gretser. Non, non, cher lecteur, ce serait un spectacle ridicule en ce dix-neuvième siècle. Et les vivants ne doivent pas faire la guerre aux morts.

Laissons ceux-ci se reposer ou hurler de désespoir là où la bonne ou la mauvaise fortune les a conduits... J'ai promis de ne pas entrer dans la sacristie. Loin donc de suivre un frère apostat dans le lieu saint où il nous appelle, invitons-le plutôt lui-même (et il nous

en saura bon gré), invitons-le à sortir et à se produire
en plein air et à la lumière du jour; invitons-le à nous
expliquer par la bouche de ses prosélytes, et sans l'i-
diome théologique, ces principes qui, au jugement de
certains hommes, sont l'espoir de l'Italie et du monde.

42. — Le grand mal de l'Italie, le germe de toutes
ses divisions n'est autre, selon les Unitaristes, que l'*asservissement de sa raison*. Que l'Italie comprenne et
reconnaisse une bonne fois la suprématie de cette reine
du monde, alors son unité sera assurée, et son bonheur
au-dessus de toute conception.

Philosophiquement le problème se pose donc ainsi :
« La suprématie de la raison est-elle un principe
dont on peut faire sortir l'idée juste du droit, et avec
l'idée du droit l'unité sociale, et avec l'unité sociale le
bonheur ? »

43. — Eh ! dira peut-être en lui-même quelqu'un de
mes lecteurs, comment douter que si on accorde universellement à la raison la *suprématie*, il n'en résulte
chez tous une même idée du droit et, par une suite nécessaire, une union parfaite des esprits ? — Si le droit
sort de la *vérité*, si la vérité est une, comme tous l'accordent, et si la raison est une participation de l'esprit
à la vérité, qui ne voit que quand la raison gouverne,
c'est la vérité qui gouverne, et que quand la vérité
gouverne, une idée unique du droit se forme naturellement ?

44. — Et pourtant, que voulez-vous ? J'ose affirmer
précisément le contraire : et vous-même toucherez bientôt du doigt cette vérité, à savoir : *que la souverai-*

neté de la raison une fois établie, c'est tout espoir de l'*unité* qui s'évanouit absolument. Pour vous en donner une première preuve, permettez-moi de vous demander pourquoi vous avez un *Code* de lois dans la société ! — Pour qu'il soit, me dites-vous, la règle des actions des citoyens. — Mais quoi ! Est-ce qu'un citoyen ne doit pas se régler d'après sa propre raison ? Évidemment; puisque s'il n'agissait pas avec les lumières de sa raison, il n'agirait plus en homme. — Vous en convenez... Mais vous ajoutez : quel acte plus raisonnable que de lire le Code ? Et l'homme pourrait-il seulement lire s'il n'avait la raison ?

A merveille : vous convenez donc avec moi que l'homme peut avoir la raison, agir d'après sa raison, et cependant *se régler aussi d'après les lois du Code.* Donc la raison de l'homme n'est pas toujours sa règle et l'on peut donner à la raison de l'homme une règle sans le priver de sa raison.

45. — Pour mieux entendre cela, observez que toute la querelle roule sur ces deux termes équivoques : *Raison* et *règle,* dont il est nécessaire de déterminer le sens précis. — *La règle,* chacun le comprend, peut être multiple, et par suite une règle peut être soumise à une autre. Prenons un exemple : Si l'on demande quelle est *la règle* du maçon dans l'arrangement de ses pierres et de son ciment? On peut répondre que le maçon a pour règle ses yeux, son art, son niveau, son équerre, le plan de l'architecte, l'entrepreneur qui lui explique ce plan et enfin l'architecte lui-même par ses ordres et par sa science. De même, *les règles* que

l'homme devra suivre dans ses actions peuvent être très nombreuses... Et par ces règles on peut entendre : le Créateur du monde, le plan du monde, ceux à qui Dieu en a confié l'exécution, les prescriptions qu'ils doivent suivre pour faire observer les ordres de Dieu, et jusqu'aux instruments matériels ou moyens nécessaires pour l'accomplissement de ces ordres : car l'homme ne pouvant changer la nature de ces moyens, ils s'imposent à lui, s'il veut réussir dans ses desseins. Mais pour revenir à notre comparaison, *toutes ces règles auxquelles il est soumis, le maçon pourrait-il les suivre,* s'il n'avait au moins une dose suffisante de bon sens? Non, cela lui serait impossible. Donc finalement il a encore *besoin de sa raison,* non pas pour disposer ses matériaux selon ses idées, mais pour comprendre la règle qui lui a été tracée et par l'entrepreneur et par l'architecte... Eh bien! dites-en autant de toute action humaine : car dans toute action, l'homme a finalement pour *règle* sa raison qui connaît et exécute les lois, et les plans de l'architecte souverain, ou de ses supérieurs immédiats. — Si tous et chacun de ces principes de direction peuvent s'appeler *règle,* vous voyez combien d'équivoques peuvent se cacher à l'ombre de ce mot. Dites-en autant du mot *raison,* dont le sens est également équivoque, et dont il nous faut nécessairement déterminer la signification, si nous voulons connaître le point précis de notre discussion.

Pour le déterminer, il suffit que vous réfléchissiez un peu à ce que nous faisons actuellement. En effet, que faisons-nous dans cet entretien familier? Nous discu-

tons. — Et pourquoi? Pour savoir qui de nous a raison : ou le *triumvir* qui annonce que l'unité sortira
de l'apostasie, ou moi qui prédis la discorde comme un
fruit nécessaire de l'apostasie. — Oui, j'en conviens,
c'est là la question précise que nous agitons, nous voulons savoir qui de nous *a raison.*— Eh bien! je vous
le demande, cher lecteur, pouvez-vous, aussi poli que
vous l'êtes, me dénier la *raison?* L'homme est un animal raisonnable; me dénier la *raison* serait me traiter
en brute... Et cela vous ne le ferez jamais, ni avec moi,
ni avec aucun adversaire; vous êtes trop bien élevé.
Alors il faudra donc dire que nous avons *raison* tous
les deux? Mais quoi de plus absurde, puisque l'un de
nous affirme ce que l'autre nie et qu'il est tout à fait
impossible que sur le même point le oui et le non soient
vrais en même temps.

46. — Vous voyez donc que nous avons tous les deux
la raison, et que, néanmoins, il est absolument impossible que, dans le cas présent, nous ayons raison tous
les deux. Par quoi nous apparaît manifeste l'équivoque
renfermée dans ce mot terrible : *souveraineté de la
raison.*

47. — Ainsi, *raison* signifie ou la *faculté* que l'homme
a de connaître, ou la *règle* suprême qu'il doit suivre
dans les opérations de cette faculté. — Quand vous
dites que tous deux nous avons la raison, vous parlez
de la faculté, laquelle se trouve réellement dans tous
les hommes; quand vous affirmez que de nous deux l'un
a raison et non pas l'autre, vous nommez la *règle suprême* qui doit nous guider dans nos discours; et si

cette règle guide véritablement celui qui affirme, elle ne peut guider celui qui nie.

Mais cette règle ou loi suprême, pourquoi l'appelez-vous *raison*, comme la faculté humaine ? — Parce qu'elle connaît elle aussi la vérité comme notre raison, et même infiniment mieux. Aussi sa connaissance infinie est-elle la loi de la nôtre, et la *Raison divine* la règle de la raison humaine.

48. — Après ces éclaircissements préliminaires, nous pouvons maintenant préciser le sens du problème, en substituant une expression déterminée à une expression équivoque. — Le problème était celui-ci : « Pouvons-nous attendre l'unité sociale de la souveraineté de la raison ? » — Vous, vous dites « *oui* », parce que vous entendez par raison *la règle* de la vérité ; moi, au contraire, je dis « *non* » parce que j'entends par raison la *faculté* qui se trouve en chacun des hommes ; et nous avons raison tous deux, mais vous dans votre sens et moi dans le mien. — Il est incontestable en effet que si tous obéissaient toujours à la loi suprême du vrai, nous aurions l'unité ; mais il est également hors de doute que si chacun des hommes veut agir à *sa propre tête*, l'unité devient impossible ; et j'espère que vous ne me contredirez pas ; car y a-t-il au monde un homme assez complaisant pour vivre longtemps avec quelqu'un qui ne suivrait que sa volonté propre ?

49. — Reste donc à voir ce que prétendent ceux qui voudraient l'Italie *une*, *une* toute la famille humaine, en les rendant protestantes.

Ici ni érudition, ni théologie ne nous est nécessaire :

car s'ils entendent que l'unité sociale sera faite le jour où la société sera gouvernée par la *loi suprême de la vérité*, nous sommes d'accord, et il restera seulement à décider qui devra être l'interprète de cette loi. Mais faites attention : lorsque les partisans de l'unité nous parlent de la *souveraineté de la raison*, ils veulent dire précisément que l'interprète de la vérité est la raison de chaque individu, la vôtre, la mienne, et que chaque homme doit se régler d'après sa propre raison. Or, décidez vous-même, cher lecteur; vous êtes assez avisé pour cela, décidez si c'est là une bonne recette pour remédier à la division, et pour donner à la société cette unité tant désirée? « Que chacun pense comme il « lui plaira, que chacun fasse ce qu'il voudra, et tous « nous serons d'accord! »

50. — Voulez-vous accepter cette formule et en faire de suite l'expérience? Vous le pouvez : supposez que le carnaval est proche, et décidez-vous à régler, d'après ce principe, le premier bal et le premier concert que vous donnerez. Alors, je vous le promets, vous aurez un petit échantillon de la future unité italienne et de la future société humanitaire. Publiez donc le programme suivant : « Grand bal demain au théâtre! Mais afin que « tout procède en bon ordre, chacun exécutera, en dan- « sant, les figures qui lui paraîtront les plus élégantes; « et pour la musique, afin que l'harmonie en soit par- « faite, chaque virtuose fera entendre sur son instru- « ment le morceau qui lui semble devoir être de meil- « leur effet. » Oh! quelle musique que celle-là! Et n'est-ce pas celle que firent entendre les *énergumènes*

de la Montagne : « La musique éclate comme un coup de tonnerre ; chaque musicien joue un air différent ; la grosse caisse, le chapeau chinois, les cymbales et les ophicléides font merveille. Tous les Montagnards qui n'ont point d'instruments entonnent à tue-tête des chants divers. La voix puissante de Pornin domine ; elle atteint des notes jusqu'alors inconnues ; tout en lui est action, il bat la mesure avec sa canne, le pavé résonne sous sa jambe de bois ; les torches s'agitent et répandent de sinistres clartés, éclairant les atroces figures des Montagnards. » (Chenu, *les Conspirateurs*, ch. XIII.) Telle serait une musique où chacun ferait valoir son talent à sa fantaisie, et c'est en même temps la juste idée d'une société gouvernée d'après le principe protestant. — Vous paraissez scandalisé, ami lecteur, que dans une matière aussi grave j'introduise une badinerie si étrange ; et qui sait si vous ne voudriez pas m'enlever la plume des mains, parce que, selon vous, c'est perdre le temps que de répondre à de pareils délires... Mais si ces délires nous sont tous les jours débités sur un ton d'oracle..., si l'on publie audacieusement qu'en donnant à chacun la liberté de penser on fera l'unité de l'Italie..., si des centaines d'Italiens écoutent ces insanités avec respect, les croient avec bonhomie, et les propagent avec ardeur, vous voulez que je ne parle pas ? Et si j'en parle, vous voulez que je n'en montre pas le ridicule ? C'est impossible.

51. — D'ailleurs et à dire vrai, l'extravagance de mon discours n'est pas si grande qu'elle paraît à pre-

mière vue; ou mieux, l'extravagance n'est pas dans
cette proposition qui excite l'indignation et le rire, mais
dans une autre beaucoup plus ridicule et plus impie,
d'où découle logiquement la précédente. Pour comprendre ma pensée, rappelez-vous le double sens de
cette parole : *souveraineté de la raison*. Cette parole, avons-nous dit, exprime un dogme incontestable,
si elle signifie que *la loi suprême* de vérité doit gouverner tous les hommes. Or, pourquoi cette loi suprême
s'appelle-t-elle *raison*? Et quelle est la *raison* qui
mérite d'être tenue pour la loi suprême du vrai? Nous
l'avons dit : c'est la seule *Raison divine,* puisque seule
elle est infaillible, puisque seule elle est la cause dernière de tout ce qui est vrai. Et en effet si je présente
deux pièces de métal à un orfèvre pour savoir si toutes
deux sont bien de l'or, et s'il me répond que l'une est
de l'or vrai et que l'autre est de l'or faux, qu'entend-il
par l'or vrai, sinon celui qui a gardé et possède la nature propre de ce métal? Et cette nature n'est pas autre
que celle qui lui a été assignée par la Raison divine.
Et par l'or faux, il entend le métal qui n'est pas conforme
à l'idée ou à la Raison divine.

52. — Voilà donc qui est bien convenu : la loi suprême de la vérité, c'est la connaissance divine; d'où
il suit que si vous étiez Dieu, vous devriez non seulement *penser par votre raison*, mais encore vous diriger d'après votre raison, puisqu'elle serait la loi suprême de la Vérité.

Or, vous le savez bien, Mazzini, ce dévot sectateur du
panthéisme tudesque, a divinisé le peuple et par consé-

quent tous les individus qui le composent. Dès lors quoi d'étonnant que chacun de ces individus divins dicte, par sa raison, la loi à la vérité? N'est-ce pas là, comme nous l'avons vu, le grand privilège de la raison divine sur la raison humaine? Que ce soit un homme qui pense, la vérité des choses est, dans ce cas, le principe et la règle de la pensée, et la pensée est vraie, si elle est conforme à son objet. Mais que ce soit un Dieu qui pense, le principe incontesté du vrai est alors le *jugement divin*, et les choses sont vraies si elles sont conformes à ce jugement. Si donc tout homme est Dieu, selon la doctrine du panthéisme, comment pouvez-vous traiter d'absurde cette assertion protestante, à savoir *que la raison de chacun est la règle de la vérité des choses?* L'extravagance est donc moins dans cette doctrine qui attribue la souveraineté à la raison, que dans cette apothéose de la raison individuelle et dans cette déification de l'homme. Oui, voilà ce qui serait profondément ridicule, si ce n'était impie, c'est-à-dire de persuader à chacun des Italiens qu'il est proprement un Dieu ou au moins une parcelle de la divinité. Et pourtant, vous le voyez, par une conséquence inévitable, les Italiens arriveraient au même point que les Allemands. Une fois persuadés que chacun doit prendre pour loi sa propre raison, qu'auraient-ils à répondre, si quelqu'un ajoutait : « Or, la loi suprême de la Vérité n'est pas autre que Dieu; » donc votre raison est Dieu? Ici, pas de milieu; il faut nier les prémisses ou accepter la conséquence.

53. — Résumons ce que nous avons dit : Affirmer

que l'homme doit agir *selon la raison* peut avoir deux sens ; premièrement, « qu'il doit agir *selon la raison divine* et par suite selon la vérité objective des choses, » et cela est vrai ; secondement, qu'il doit agir selon *sa raison personnelle*, à sa tête ; et cela est faux, puisque la raison individuelle de chaque homme doit se conformer à la vérité ; puisque la raison humaine, loin d'être sa règle suprême, a besoin d'être réglée, et n'est par conséquent qu'une *règle secondaire*. — Sans doute, notre raison peut nous servir à connaître d'une certaine façon l'honnêteté naturelle, lorsqu'elle sait lire la volonté de Dieu dans l'ordre essentiel de l'univers, de même qu'elle nous guide dans nos actions de citoyen, lorsqu'elle comprend les prescriptions du Code civil. — Mais voyez la conséquence : sans l'aide du Code, et par elle seule, la raison ne suffit pas à établir entre les citoyens cette unité qu'on appelle l'ordre civil. Cela est évident ; et voilà pourquoi la société a besoin d'un Code. Et, ce qu'aucune nation n'a jamais cru pouvoir obtenir dans l'ordre civil, en laissant ses membres se guider par leur raison individuelle, on pourrait, chose incomparablement plus difficile, le réaliser dans l'ordre moral et pour l'univers tout entier ?

Voilà pourtant ce que prétendent tous ceux qui nous poussent à l'émancipation de notre raison par l'indépendance protestante : ils nous promettent en retour l'unité de l'Italie et du genre humain ; ils affirment que, quand les individus se conduiront chacun selon son sens particulier, nous serons tous d'accord. En vérité, la promesse est plus que surprenante !

54. — Il nous faut maintenant comparer ce principe avec l'idée du droit, analysée dans le paragraphe précédent, et voir si le principe protestant, appliqué à la société, pourra jamais lui donner une vraie et constante unité.

CHAPITRE IV

Le droit aboli par le protestantisme

55. — Le principe protestant, avons-nous dit, se réduit en définitive à cette brève formule : « Tout homme est juge suprême de la vérité et a pour règle infaillible sa raison individuelle ! — Or, de ce principe, et c'est ce que j'affirme maintenant, sort nécessairement la destruction et même l'impossibilité radicale du droit, c'est-à-dire de cette *force unifiante* sans laquelle la société elle-même n'est plus qu'une chimère.

En effet, qui ne voit que le droit est impossible, si l'on admet que chaque individu trouve dans sa raison particulière la règle de la vérité ? Tout droit, avons-nous dit, présuppose comme conditions de son existence une double vérité *d'idée et de fait...*, *idée et fait* dont l'accord rend possible l'association des volontés. Si vous brisez l'unité de ces deux conditions, vous brisez par là même l'unité du droit. — L'unité catholique avait formé dans les esprits, en Europe, une habitude si ancienne et si solide d'idées justes et raisonnables, qu'il sembla longtemps impossible de la ruiner tout à fait; et voilà pourquoi on vanta si fort, dans le siècle dernier, la puissance de la raison; on regardait comme une qualité et une force natives de l'humanité ce qui était l'effet du seul esprit catholique. Aussi qu'arriva-t-il : l'influence de celui-ci diminuant peu à peu, l'unité alla se détruisant du même pas ; et cela devait être ; car il est impossible que la *multitude* des intelligences individuelles devienne seule et par elle-même le principe de l'unité.

56. — En effet, si la multitude contenait un principe d'unité, il serait ou dans la substance ou dans les facultés des intelligences. Or, la substance, considérée ici concrètement, est autant de fois répétée qu'il y a d'individus ; et *plusieurs ne sont pas un, pas plus qu'un n'est plusieurs*. Quant aux facultés, elles ne peuvent produire l'unité qu'en joignant leur tendance et leur action. Une armée, une flotte ne sont pas un *seul être*, une seule substance, mais plusieurs... Cependant tous ces êtres, toutes ces substances deviennent *une même chose* en tendant de conserve à un seul but, la victoire ; et cela par un moyen unique, l'ordre et la discipline stratégique. L'unité dans une multitude d'intelligences peut donc s'obtenir, à la condition rigoureuse qu'il y ait en elles une seule direction vers un seul but.

Or, dans notre cas, remarquez-le bien, nous ne pouvons pas recourir à une autorité directrice; c'est elle que rejette avant tout le rationalisme. Cela étant, nous ne pouvons plus demander *l'unité de tendance* dans une multitude d'esprits qu'à la nature même de ces esprits; et parce qu'ils acquièrent l'idée du droit par la connaissance « d'une vérité, d'un ordre, d'une idée incarnée dans un fait », si l'unité doit résulter en eux de leur *tendance naturelle* à la vérité, il faut que tous se rencontrent naturellement dans l'admission ou *d'un fait* ou *d'une idée*.

Or le *fait* n'est pas un élément qui ait en lui-même un principe d'unité, nous l'avons dit plus haut; car, par lui-même, le fait est contingent et toujours variable. Bien plus, c'est principalement dans le fait lui-même que se trouve la raison de ces perpétuels changements de droits dans la société humaine. Aujourd'hui la volonté du propriétaire change; il cède son droit de propriété; demain l'inexorable loi de la mort emporte une existence, et avec cette existence les droits qu'elle possédait; ce terrain vous appartenait, il est miné par le torrent et disparaît; votre droit est perdu, tandis que le rivage opposé s'accroît par alluvion et augmente d'autant le droit de votre voisin. — Tout fait, même le plus minime, peut donc engendrer un certain droit : le droit d'occuper au théâtre telle ou telle loge, le droit de priorité devant les tribunaux pour une procédure, le droit d'ancienneté pour obtenir un emploi, toutes les fois que vous n'aurez pas d'autres titres, sinon celui d'être né une demi-heure avant votre compétiteur !

Voyez combien le droit est précaire si vous le faites reposer sur le *fait* comme sur sa base unique ! Une horloge en retard peut vous faire perdre un héritage ; et je sais un grand négociant qui a fait faillite pour avoir manqué de quelques minutes la voiture publique. — *L'unité du droit*, celle qui lui donne la force de lier perpétuellement et sans conteste les volontés, ne naît pas du fait, élément contingent ; cela est certain. C'est donc à *l'idée*, élément nécessaire et éternel, que nous devons recourir pour en faire sortir, si elle les contient, la nécessité et l'immutabilité du droit ! Ici nous avons sans doute trouvé une base inébranlable, puisqu'il n'y a point d'homme qui ne se soumette nécessairement à des vérités manifestes.

57. — Et pourtant, que voulez-vous ? Cette base du droit sera encore chancelante, si vous ne reconnaissez pour règle de vos jugements que le concept de votre raison individuelle.

La raison, en effet, contingente elle-même et changeante comme tout être créé, pourrait bien participer en quelque façon à l'immutabilité des objets nécessaires et éternels qu'elle contemple naturellement, si elle les voyait dégagés de toutes les couleurs de l'imagination et de tous les nuages qui viennent des affections du cœur. Malheureusement, en dehors de ces premiers principes universels, dont l'intuition est une nécessité de notre nature, toutes les autres vérités pures sont comme enveloppées dans les représentations de l'imagination et couvertes de ces vapeurs qu'excite l'ardeur des passions. L'imagination nous pousse à l'erreur,

en appliquant aux choses intelligibles les limites de
l'espace et du temps ; le cœur affaiblit notre jugement
par les préoccupations d'une volonté toujours puissante
à peser sur nos appréciations. Et quand il s'agit non
plus de spéculation mais d'action, cette influence est si
forte que la société civile deviendrait pratiquement
impossible, sans un pouvoir judiciaire chargé de résoudre la plupart des questions. Et vous savez si, devant
les tribunaux, il s'en présente de difficiles et de complexes non seulement quant au fait, mais encore quant
au droit ; vous savez si les jugements des moralistes
sont différents, quand il s'agit de déclarer licite ou illi-
cite telle ou telle forme de contrat ; moral ou immoral,
tel ou tel acte ramené pourtant aux conditions d'une
idée générale. Or, si des hommes de lois, si des moralistes trébuchent ainsi dans des questions d'ordre abstrait, pensez quelle serait l'hésitation, l'incertitude de
tous ceux qui devraient agir, lorsque, exposés aux
assauts des plus violentes passions, ils devraient cependant se condammer eux-mêmes aux sacrifices les plus
durs, à des peines que peut seule imposer la voix
inexorable de la justice. Supposez des centaines, des
milliers, des millions de citoyens, poussés au point
de vue des idées par des jugements divers, au
point de vue des faits par des expériences contraires, et quant à leur intention par des intérêts opposés ;
et dites-moi où vous trouverez ici un principe d'unité
qui fasse dire à tous : « il faut s'imposer cette dépense,
courir ce péril, supporter cette fatigue. » — « Ils sont
rares, disait naguère le *Statuto* de Florence, en par-

lant de l'assemblée législative française, ils sont rares
ceux qui mettent les intérèts de la société au-dessus
de leurs intérèts de parti ; ou pour mieux dire, chacun
se proclame très sensible et très dévoué au bien de
la France, pourvu qu'elle accepte le remède qui lui
est offert par son propre parti. Et cela, ajoutait le
Statuto, annonce un profond abaissement du sens
moral, puisque celui-ci a pour caractère essentiel la
vertu du sacrifice et l'abnégation des passions individuelles (1). »

L'altération de l'idée du droit est donc la conséquence forcée de toutes ces doctrines qui émancipent
la raison de l'homme et rendent ses jugements indépendants de toute règle externe et suprème à laquelle
il doive se conformer.

58. — Mais il y a ici quelque chose de pire. Lorsque l'esprit tient un faux principe [mème dans les seules questions pratiques et d'ordre le plus concret, il
court, sans s'en apercevoir, à la destruction logique des
vérités les plus abstraites et les plus universelles ; et
c'est par là, seulement, que nous pouvons comprendre
qu'on en soit venu à nier avec les occasionalistes l'unité
substantielle de l'homme, avec Berkeley l'existence du
corps, et avec Hume l'identité persévérante du Moi dans
les actes successifs de la pensée. Prenez une fois le sensible pour l'idéal, la passion pour la raison, adoptez une
erreur comme un principe incontestable ; il n'y a plus
de conséquence soit spéculative soit pratique qui puisse

____

(1) Le *Statuto*, 22 juillet 1850.

vous épouvanter... et de même que l'image trompeuse
de l'infini en étendue, substituée à l'idée de l'infini proprement dit, a conduit les hommes sans réflexion à
soutenir cette absurdité : « Je suis Dieu, » ainsi le désir passionné de la jouissance, substitué à la raison de
l'ordre, les a conduits à annihiler la société, la propriété,
la famille, c'est-à-dire les causes les plus évidentes non
pas seulement de la jouissance, mais de l'existence
même... La théorie et l'histoire sont ici en parfait accord. Les vérités les plus claires à l'intelligence, les
plus chères au cœur, les plus capitales dans l'ordre
économique, doivent toutes être ébranlées; elles le sont
en réalité, dès qu'on dit à l'homme : *Ta raison est
la règle infaillible de tes jugements.* L'histoire des
Variations, commencée par Bossuet dans le sanctuaire
de la théologie, pourrait dès lors se continuer dans la
sphère du savoir humain jusqu'à ces limites où l'erreur se transforme en délire... Encore ces limites pour-
raient-elles l'arrêter? Interrogez la philosophie allemande et le communisme français ; et s'il vous paraît
évident qu'aucune vérité ne peut tenir debout sous la
grêle de l'individualisme, concluez-en avec certitude
qu'aucun droit ne peut davantage subsister, puisque
tout droit, comme nous l'avons vu, puise sa force dans
la vérité seule.

59. — Oui; du moment qu'un certain nombre d'esprits se peuvent croire persuadés et convaincus que la
propriété est un vol, l'insurrection un devoir, l'apostasie un acte de religion, et l'homme un Dieu, aussitôt
le droit de propriété, d'autorité, de fidélité, le droit *de*

la conscience est chose incompréhensible pour eux ; et si cette erreur vient à se propager et à se répandre dans une grande partie de la société, il faut nécessairement que l'idée du droit succombe et qu'en même temps soit brisé tout lien de société... Eh bien ? avec le principe protestant, cela peut arriver ; et dans plusieurs nations, il ne manque pas d'esprits portés à admettre ces absurdités ! — Donc avec le protestantisme il est impossible d'établir l'unité fondamentale du droit.

60. — Tel est le but où l'on veut finalement nous conduire... Que dis-je, finalement ? duquel nous nous approchons déjà, poussés par les apôtres de l'unité italienne... Car, il faut le confesser, la notion du droit obligatoire est déjà fortement ébranlée, même en Italie (où cependant les inspirations du catholicisme sont toujours plus vivantes), depuis que, par les influences du rationalisme, une nouvelle méthode de raisonnement s'est accréditée, au moyen de laquelle chaque individu se forge des principes arbitraires et conformes à ses goûts (1).

Et de fait quel plus puissant auxiliaire des passions que le rationalisme individuel... ? Les passions sont elles-mêmes une disposition égoïste par essence... L'homme qui en est l'esclave appellera donc le rationalisme à son secours toutes les fois qu'il sentira s'affaisser sous ses pieds le terrain solide de ces vérités

(1) « Qui croirait qu'à la Chambre piémontaise un député a bien osé en appeler publiquement à la nullité de toute convention internationale ? » Voyez si en Italie nous avons fait des progrès dans cette voie. « Monsieur le député Brofferio a dit qu'en général les traités n'étaient pas obligatoires, attendu qu'ils doivent suivre les phases de la politique. » Discours de Monsieur Palluel, du 8 mars.

universelles respectées de tout temps par le genre humain et qui ont pour office propre d'empêcher tout excès (1).

Ainsi, par exemple, veut-on élever le peuple à la liberté politique, on propage partout cet aphorisme : que le gouvernement appartenant essentiellement à ceux qui ont l'esprit éclairé, il est du devoir des princes d'appeler les multitudes maintenant cultivées et instruites à la participation du pouvoir. Puis, quand cet adage paraît insuffisant pour des bouleversements ultérieurs, on lui substitue cet autre : *Que de droit naturel, le peuple est souverain.* Enfin, ces théories purement gratuites une fois admises, on en déduit et l'abolition de la royauté pontificale et l'établissement légitime de la république italienne.

Veut-on chasser l'étranger de l'Italie? Au lieu d'invoquer quelque principe ancien de droit international, on fabrique la nouvelle idée de l'*indépendance naturelle et réciproque* des nations et sans se donner la peine de la préciser ni d'en mesurer l'étendue et la valeur, on court aux armes et on fait retentir le cri de guerre.

Veut-on bannir en masse des citoyens innocents, on adopte, à l'envi de Robespierre, le formidable *droit de l'esprit du siècle,* lequel ne peut plus supporter de tels hommes ; puis, lorsque la nécessité de la modération oblige Gioberti à reconnaître ou au moins à confesser la turpitude d'un procédé aussi inhumain et aussi illé-

(1) Le député sus-dit Palluel fait cette question dont on appréciera la sagacité : « Pourquoi chercher une base nouvelle, contestable, quand nous en avons une certaine à cet égard ? » Le lecteur voit la réponse à ce pourquoi. — On change les bases quand on veut changer l'édifice...

gal, on accueille et on proclame un autre grand principe de la nouvelle justice « *le fait accompli* ».

Cependant, comme il y a danger que le Saint-Siège, toujours imbu, dit-on, de ses anciens préjugés en faveur du Décalogue, n'en appelle au septième commandement pour annuler encore *le fait accompli*, l'astuce philosophique envoie partout ses sentinelles avancées et déclare qu'elle saura bien à quel parti se résoudre si le Pape prétend s'immiscer dans les questions de philosophie (1).

Or, chacun sait avec quelle désinvolture ce prétendu principe a été mis en pratique contre l'auguste exilé du Vatican. Car, entre « *savoir bien quel compte on tiendra* et *ne tenir aucun compte* » des oracles pontificaux, il n'y a qu'un pas : il est très glissant et on le franchit si vite pour embrasser « la Souveraineté absolue de la raison individuelle que beaucoup, en Italie, se sont trouvés à moitié protestants avant même que le *triumvir* (2) *in partibus* les invitât à l'apostasie absolue. Et Dieu veuille qu'à une pareille invitation ils ouvrent les yeux et reconnaissent l'abîme au bord duquel on les a menés ! Nous l'avons déclaré explicitement : la vérité philosophique est, dans un sens très vrai, distincte de la vérité théologique... Mais la manière dont comprennent d'ordinaire cette distinction ceux qui l'invoquent pour rejeter toute soumission se réduit, en substance, à la vieille absurdité de Pomponazzi, qui soutenait que

____

(1) Gioberti, *Prolégomènes...*
(2) Allusion au Triumvirat de Mazzini, Armellini et Saffi, établi à Rome, le 29 juin 1849, après la mort de Rossi, et la retraite de Pie IX à Gaëte.

certaines propositions sont vraies en philosophie et fausses en théologie. Bizarre transition! disait Cousin, et qui prélude en Italie à la rébellion luthérienne ? De sorte que si nous acceptions l'indépendance de la raison humaine vis-à-vis du Souverain Pontife pour voler les biens de l'Église et en incarcérer les possesseurs, nous pourrions ensuite réclamer son interprétation théologique pour élever la digue du septième commandement contre la rapacité du communisme menaçant toute propriété sociale. La vérité sur laquelle s'appuie le droit des propriétaires civils n'est pas plus évidente que la vérité sur laquelle s'appuie la propriété de l'Église, et le peuple italien ne respectera pas plus le premier droit que le second.

61. — Des exemples cités plus haut, et qui prouvent qu'en Italie on fait et on défait les principes de morale selon le besoin du moment, il résulte, je crois, avec évidence que nous sommes entraînés rapidement à cette indépendance intellectuelle qui tend à détruire toute vérité et, par une suite nécessaire, tout devoir social. Il survivra sans doute, et même, si vous le voulez, en beaucoup d'esprits, quelques vérités isolées capables de rallier ceux qui les admettront; mais cette union purement accidentelle et dépourvue du lien éternel que la parole de l'autorité suprême donne à la vérité, ne pourra communiquer ni au droit des titres évidents, ni à la défense de ce droit la force sociale d'une action commune; elle pourra produire des factions, jamais l'unité sociale. — Je m'explique : bien différents, au moins dans les effets, sont un droit évi-

dent dans la société et un droit qui ne parle que dans le secret de la conscience. Reconnaissez-vous en vous-même que quelqu'un vous a prêté une somme d'argent? La conscience vous intime le devoir de restituer. Mais supposons que vous ne soyez pas cet homme honnête que j'aime à voir en vous, et que vous refusiez de rendre; votre créancier trouvera-t-il le moyen de vous y contraindre par un jugement? Certainement non; s'il n'a pas eu la précaution d'exiger de vous une reconnaissance écrite. Et pourquoi? Parce que, votre dette n'étant pas visible aux yeux de la société, celle-ci ne peut se joindre à votre créancier pour vous forcer à payer. Si, au contraire, votre dette est prouvée par un titre social, votre conscience sera liée; et elle vous prescrira, à votre déplaisir peut-être, de restituer; mais telle quelle, elle produira entre vous et votre créancier une unité de jugement et d'inclination raisonnable, laissant subsister au plus le dissentiment de la passion. Sans cette évidence sociale, il arrivera et il arrive chaque jour des cas où deux plaideurs se persuadent par des raisons contraires, et cependant avec toute la loyauté d'hommes honnêtes, qu'ils peuvent revendiquer l'un contre l'autre un objet en litige. Alors il est impossible d'amener un rapprochement en s'adressant aux dispositions personnelles des adversaires; et voilà précisément pourquoi il doit y avoir une autorité judiciaire qui maintienne la raison entre les membres de la société... Si cette autorité s'affaiblit, l'unité sociale des volontés et des esprits s'affaiblit avec elle, puisqu'elle manque de base.

62. — Tel serait l'état où la souveraineté de la raison individuelle conduirait nécessairement l'Italie, si des tentatives scélérates réussissaient à y importer le protestantisme. Déchaînez jusqu'au délire du libéralisme toutes les opinions privées et elles ne vous présenteront plus un seul point par où vous puissiez les rallier. Me citerez-vous l'autorité de l'Évangile? Je l'interpréterai comme Deodati. Les ordres du Roi ? Il est l'esclave de la Camarilla. Les lois des assemblées? Celles-ci sont des organes dépendants de la nation. La majorité dans la nation? Elle n'est pas encore assez éclairée : et c'est à nous de l'éclairer (1). Telle fut, vous ne l'ignorez pas, pendant les deux dernières années, la condition de l'Italie. Elle devint semblable à toute nation qui renie le principe de l'autorité catholique, sans lequel aucun autre principe ne pourra résister longtemps aux assauts indomptables de l'individualisme en délire (2).

(1) Nous ne disons pas cela par respect pour le suffrage universel. Le suffrage universel lui-même, dit Mazzini, est une institution stérile et incertaine quand il n'est pas l'interprète d'un fait accepté par l'association et quand les citoyens n'y ont pas été formés par l'éducation nationale. (*Della santa alleanza de popoli*, p. 8.)

(2) Nous trouvons la même vérité démontrée par un auteur non suspect dans *l'Indépendance belge* du 9 avril 1850, p. 2, col. 1re..., et confirmée dans le *Journal historique de Liège :* « La souveraineté natio« nale... a un pouvoir absolu et incessant sur une Constitution qu'elle « domine, comme la cause domine l'effet, comme le principe domine la « conséquence; sur une Constitution, qui ne peut, sous aucun rapport, « être un contrat, parce que l'autre contractant n'existe pas et ne peut « exister... ; autrement un effet du droit prévaudrait contre le droit « lui-même, ce qui est absurde en fait : car il en résulterait qu'un peu« ple qui se gouverne ne pourrait pas se gouverner, et que par cela « seul qu'il se serait donné par ses délégués une Constitution funeste en « elle-même ou devenue telle par le changement des choses, il devrait « mourir à ses pieds plutôt que de la changer! Donc, le peuple peut « réviser, modifier, abroger la Constitution, en faire ce qu'il lui

63. — Cependant, comme il est impossible non seulement à l'homme d'abandonner toute unité sociale, mais encore à la société de rallier ses membres sans une unité quelconque dans l'idée, il a été d'une nécessité inévitable que l'on trouvât pour le droit nouveau un principe à substituer au principe catholique. Ce principe, c'est l'*opinion*, mère tyrannique de la légalité bâtarde. La première a été substituée à la certitude catholique, la seconde à la justice éternelle. Avec l'opinion et la légalité, on a trouvé un masque au despotisme de la force brutale, et on amène peu à peu un peuple quelconque, même le plus civilisé, à courber honteusement ses épaules sous le joug, et même à bénir le dominateur qui le foule aux pieds. Permettez-moi, lecteur bienveillant, de développer un peu ces idées. Toutes simples et banales qu'elles sont, elles paraîtront peut-être neuves à plus d'un. Qui sait même si je ne serai pas traité de rebelle, d'arrogant, d'extravagant et de fou, parce que je ne reconnais pas l'autorité de l'*opinion* et la justice de la *légalité* : tant il est vrai que le protestantisme a déjà jeté de profondes racines en Italie !

« plait. » (*Journal historique et littéraire de Liège*, F. XVII, pp. 58 et 409.)

Le *Statuto*, du 22 juillet, fait la même remarque : le spectacle d'une confusion qui rappelle celle de Babel rend évidentes deux vérités : celle du mépris que font retomber sur le régime représentatif des assemblées permanentes, et celle du danger que court un peuple lorsqu'il remet ses destins aux mains d'une seule assemblée.

Aussi voyons-nous de mois en mois changer et se renouveler les lois fondamentales de l'État ; les camps parlementaires se fondre comme des armées après une trop longue campagne, les commissions défaire l'œuvre du gouvernement et un individu défaire l'œuvre des commissions et de l'Assemblée !

Oui, cher lecteur, ainsi marchent les choses, et cela par une force qui leur est naturelle. Au lieu et place de la certitude catholique, qui disparaît, s'introduit furtivement la despotique opinion, laquelle, au fond, n'est que la supériorité de la force brutale sur l'intelligence. Car enfin, qu'est-ce que cette *opinion* qui s'arroge le titre de « *Reine du monde* » ? C'est, n'est-il pas vrai, la voix la plus répandue dans la société... Je dis : la voix et non pas la « *pensée, le jugement* » ; parce que je ne vous crois pas assez naïf, ni assez neuf en ce monde pour ignorer comment et dans quelle usine se fabrique ce qu'on appelle l'*opinion publique*. Quel enfant n'en connaît aujourd'hui la recette? Quatre ou cinq paires de journalistes vendus, quelques centaines de crieurs publics lancés dans le peuple, et dix à douze émissaires dans le beau monde, voilà ceux qui, en quelques heures, fabriquent de toutes pièces l'*opinion publique* (1), c'est-à-dire qu'ils forment un certain concert de perroquets plus ou moins populaires, répétant à tous les angles des rues les mêmes sottises ou les mêmes raisons, et cela avec d'autant plus d'assurance qu'ils sont plus incapables de les apprécier. Or, dites-moi, y a-t-il une tyrannie plus grande que celle de donner, comme l'expression de la vérité incontestable, les paroles incohérentes d'une infime minorité? Mais je veux bien supposer que cette voix est la voix d'un peuple entier, et

(1) En voici un exemple récent : « Après la séance de l'Assemblée du 18 mai, dans laquelle fut lu le *rapport* sur la réforme électorale, de nombreux émissaires se mirent à parcourir les rues de Paris pour en donner connaissance et répandre des *mots d'ordre*. (*L'Armonia*, 21 mai 1850.)

faire par là aux adorateurs de cette idole une concession qu'ils n'ont jamais rêvée. Quel droit aurait bien un
peuple entier à m'imposer ses idées? Je comprends
qu'il y ait pour lui une certaine présomption favorable,
lorsque la voix de ce peuple est en harmonie avec celles de toutes les autres nations et ne fait qu'affirmer la
doctrine de tous les siècles. Dans ce cas, elle répète
l'enseignement primordial du Créateur expliqué et appliqué aux intérêts sociaux selon les règles du critérium
naturel. Mais si, dans le tumulte des passions, dans la
confusion des intrigues, et excité par l'aiguillon d'un
intérêt pressant, un peuple, même entier, vient à embrasser et à soutenir une erreur, est-ce que toute cette
multitude en délire pourra jamais donner à l'erreur un
véritable droit sur les intelligences? Aucun certainement, sinon le droit de ces millions de bras qu'elle a
vendus au mensonge après les avoir vendus à la passion ! Mais par là n'est point détruite pour la multitude
l'obligation de plier son intelligence sous le joug de la
vérité, ni pour la vérité le droit de commander aux intelligences de la multitude. Celle-ci pourra vous étour-
dir avec ses millions de voix ; elle pourra vous intimi-
der parce qu'elle a plus de bras que vous. Mais la soumission de l'intelligence sera toujours un tribut naturel
exclusivement réservé à la vérité. Et voilà pourquoi
je dis que l'opinion est une tyrannie de la multitude sur
les intelligences.

Cette tyrannie engendre nécessairement la tyrannie
de la *légalité* que je vous prie, cher lecteur, de ne pas
confondre avec ce qu'on nomme le *critérium* légal;

car ce sont deux choses bien différentes. Quand règne
dans une société l'idée juste du droit, telle que nous
l'avons décrite, elle engendre l'idée de l'autorité, principe de l'action sociale; et l'autorité possède un titre
légitime, pour guider, dans les cas douteux, l'esprit
des individus en ce qui regarde les intérêts publics.
Car, quand il s'agit des intérêts d'un peuple entier,
prétendre lui donner pour règle la seule pensée d'un
homme privé ce serait une injustice évidente; ce serait
subordonner le tout à la partie, vouloir un effet plus
grand que la cause, puisque d'une cause privée on
ferait sortir un effet public. Il est donc clair qu'on peut
prendre alors pour guide de l'action publique la connaissance publique, et c'est là le *critérium* légal.
Mais ce *critérium*, qui tire sa valeur de l'autorité légitime dans les cas douteux, peut-il s'appliquer également
dans les cas certains et s'appliquer à l'*opinion* de la
multitude? Et dès que, soit par surprise, soit par force
vous aurez obtenu d'un parlement ou d'un magistrat
une injuste sentence, pourrez-vous sans scrupule procéder à la mort d'un innocent (1)? La *légalité* vous le
permettra et vous absoudra, mais votre *conscience?*

64. — Et pourtant telle est aujourd'hui la perversion
des idées, même chez des hommes de sens, que les
injustices les plus éclatantes semblent légitimes ou
au moins excusables, lorsqu'elles sont soutenues par
la voix publique : « Les formes ont été observées; les
suffrages ont été libres; il y a eu preuve et contre-

____

(1) Ça été le cheval de bataille du gouvernement piémontais contre
l'archevêque de Turin.

épreuve. » Chacun alors s'en lave les mains, et a raison ; puisqu'une société protestante ne possédant aucune certitude sur la vérité et sur l'erreur, aucun tribunal pour discerner l'une de l'autre avec autorité, il ne reste plus que le nombre pour faire prévaloir une opinion sur une autre opinion. — Si l'on n'admet pas cette raison du nombre, la société n'aura plus aucun principe pour unir les volontés, ni aucune force pour contraindre les récalcitrants. Si au contraire on admet le principe de la supériorité numérique, on obtient cet avantage « que le droit s'unit avec la force ». Ce qui équivaut à dire que la force s'identifie avec le droit, dernier et très funeste résultat de l'idée protestante en cette matière. Oui, avec ce principe, il est nécessaire ou que la société périsse ou que la force se substitue au droit, l'opinion à la vérité, et les individus agglomérés... à la société. « Voilà donc, dit admirablement Kersten, voilà à quoi ont servi les faux principes de l'indépendance absolue, sur lesquels on a voulu asseoir les constitutions modernes des peuples. Ils sont merveilleusement propres à donner un air de légalité à l'oppression (1) ! »

65. — Or, qui pourra jamais énumérer les funestes conséquences d'une telle substitution ? Je crois inutile de descendre dans ce cloaque ; je serais entraîné à parcourir toutes les horreurs de la tyrannie et de la pire de toutes les tyrannies, le *despotisme de la multitude* ; despotisme auquel je ne comprends pas que se soumettent si facilement des hommes qui crient sans

(1) *Journ. hist. de Liège.* 20. XVII, t. I, p. 135.

relâche contre l'arbitraire. Je ne dois pourtant pas terminer cet important sujet, sans présenter quelques observations sur les propriétés essentielles et les effets d'un gouvernement qui s'appuie sur le nombre. « Si c'est le nombre qui gouverne, disent les fauteurs de ce système, nous aurons au moins la certitude que la félicité sociale sera le partage du plus grand nombre des citoyens ».

66. — Ceux qui raisonnent ainsi placent la félicité dans les intérêts de la terre et supposent qu'à la majorité du parlement correspond la majorité de la nation : double erreur, que je me contente de signaler ici, parce que je la réfuterai bientôt. Pour le moment, faisons une autre observation. Comment la majorité, dans une assemblée délibérante, a-t-elle coutume de s'obtenir ? Ou par déférence à l'autorité ou en combattant le parti qui a la majorité. Ne parlons point du premier cas : car, de fait, il est la négation du principe protestant ; puisqu'on accepte alors la direction du pouvoir. — Parlons seulement du second cas. — Que doit-il arriver et en réalité qu'arrive-t-il dans les luttes parlementaires, lorsque s'évanouit le respect du droit reconnu et de l'autorité ? — Que tous les partis battus se réunissent pour former ensemble une majorité contraire au parti vainqueur. Cette union, il est vrai, pourra rester étroite jusqu'au jour de la revanche. Mais le lendemain avec de nouvelles divisions recommenceront de nouvelles luttes. La majorité numérique ira donc toujours oscillant entre les différents partis. Et à peine l'un d'entre eux aura-t-il atteint le faîte de la pyramide

sociale, que tous les autres massés contre lui, comme les chiens à *l'halali*, finiront, à force d'aboiements et de morsures, par le jeter bas. C'est là, vous le savez, l'histoire de tous les États républicains et polyarchiques fondés jusqu'à nos jours sur le principe protestant. Notre Italie, dans sa révolution, a pu, dans le court espace de trente mois, se rassasier de ce régime jusqu'à la gorge; car elle a vu les ministères se succéder avec une telle rapidité que certains ministres n'ont pu garder vingt-quatre heures leur portefeuille. Or, qu'est-ce ordinairement qu'un changement de ministère, sinon un changement de la majorité? Il y a ici un effet plus funeste : c'est que ces changements, tout en oscillant entre le droit et la force, constituent en réalité un progrès continu vers l'anarchie; propriété de toutes les luttes entre le droit et la force. De même que les concordats entre le Pape et les gouvernements amènent, pour la plupart, un asservissement toujours croissant de l'Église, par la raison que les concessions accordées sont tenues pour irrévocables par ces gouvernements et qu'ils en sollicitent toujours de nouvelles, ainsi le parti anarchique revendique toujours, comme des droits déjà acquis ou même recouvrés, ceux qu'il a arrachés à l'autorité régnante. De plus il travaille toujours à obtenir de nouvelles *libertés !* Quant aux partis intermédiaires, ils ne sont, selon la théorie bien connue de Mazzini, que des moyens pour faire les premiers pas : on abandonne ensuite, on attaque et on accable de honte ces hommes assez simples pour s'arrêter à moitié chemin. En somme les meneurs veulent (permettez-moi de rappeler ici le

proverbe) tirer les marrons du feu avec la patte du chat.
Ensuite… vous savez comme on traite les chats… Ou si
vous ne le savez pas, vous pouvez vous rappeler comment ont été traités les modérés devenus des rétrogrades. Lisez *Andréozzi*, dans la vie de Charles-Albert,
page 155 (1). Or quelle espérance placer dans ce perpétuel changement non seulement des personnes mais
des principes mêmes de gouvernement. Tant que règne
un principe de justice bien reconnu, tant qu'on sait qui
a tort ou raison d'après les idées éternelles de la vérité,
le changement de personnes peut changer les intérêts
mais non pas l'ordre des idées et des droits ; il peut
empêcher quelque bien, mais il n'arrache pas la racine
même du bien. Au contraire, quand il n'y a plus ni
ordre, ni vérité, ni droit sinon selon les proportions
numériques des partisans de telle ou telle secte, de telle

(1) En voici un passage : — « Malédiction et infamie sur la tête de
ceux qui, placés alors à la tête du gouvernement, n'ont pas su profiter
des conditions exceptionnelles où s'est trouvé un peuple plein de fierté,
mais qui au contraire ont étouffé son enthousiasme, ramené ses pensées
à l'égoïsme et excité dans les cœurs italiens les plus viles et les plus ab-
jectes passions. Ils ont tenté de pallier leur ineptie en se décorant du nom
de *modérés*. Ils ont persuadé au vulgaire qu'ils avaient *le privilège du
sens pratique* dans les choses de l'État. En répétant sans cesse qu'il
fallait agir avec ce sens pratique, ils ont cru le posséder, et cependant
ils ne l'avaient point, parce que leurs idées étaient toujours arriérées
par rapport aux exigences des temps. Ils prêchaient l'union et la con-
corde ; et ils poursuivaient avec rage et comme un ennemi quiconque
n'entrait pas dans leurs vues mesquines. Ministres, ils n'ont pas su
trouver d'autres moyens de gouverner que le favoritisme et l'hypocri-
sie ; par le premier, ils se sont faits factieux, et ont propagé dans les
populations l'hostilité et les calomnies ; par le second ils ont fait soup-
çonner les princes, lesquels n'ont apporté à la cause italienne qu'un
concours simulé. Ils ont voulu gouverner avec l'art caché des Ministres
du moyen-âge, montrant qu'ils avaient oublié la parole de Robert Peel
à la tribune anglaise: « De nos jours, la meilleure politique consiste
dans la bonté des principes et dans la franche exposition de ses propres vues ! »

ou telle faction, alors il est clair que tout changement de gouvernement emporte un changement de principe.

67. — La conséquence est si naturelle que personne ne s'en offusque. C'est désormais une cérémonie admise dans le rituel diplomatique, que tout ministère nouveau publie son programme, comme jadis les proconsuls romains en prenant possession de leur province faisaient connaître par un édit ce qui serait juste ou injuste pendant les quelques mois de leur administration. D'où il suit que tout ministère accepte formellement le *principe protestant*, c'est-à-dire le droit de la raison *à interpréter et à juger* les plus hautes vérités de la morale (1). Dites-en autant de beaucoup d'auteurs même catholiques qui acceptent sans scrupule le principe professé par l'*Illustre Cibrario* : « Je respecte toutes les opinions marquées au coin d'une conviction intime. »—L'illustre auteur, qui connaît comme catholique une vérité absolue, peut bien gémir sur le sort de ceux qui ne l'admettent pas, mais respecter l'erreur, il ne le pourra jamais. Respectez-vous dans un malade la fièvre, la gangrène...?

68. Puis, quand, aux yeux de toute une nation, les plus sages (au moins ceux qui sont réputés tels), les plus éclairés, les plus influents des citoyens proclament ainsi l'impossibilité de connaître et d'appliquer avec certitude les lois immuables de l'éternelle justice, quand

(1) Le député Chenal a formulé explicitement cette doctrine sans exciter dans la chambre de Turin aucune protestation : « A part l'existence de Dieu, dit-il, et quelques croyances éternelles... acceptées par tous les peuples, le reste est soumis à une infinité d'appréciations diverses!... »

ils professent officiellement « cette sorte de respect religieux pour le sanctuaire de la conscience » (ce qui, dans la langue protestante, signifie le respect pour toute erreur, vu l'impossibilité de connaître la vérité), je vous le demande, quelles idées et quels sentiments germeront et se développeront dans le peuple? La pensée seule m'en fait frémir. Mais, hélas! c'est un fait et non une simple induction logique : le peuple perdra non la honte, mais l'idée même du crime et du délit... Et alors quel frein restera pour contenir les multitudes ? Et d'où tirerez-vous des baïonnettes ou des bras pour les manier ?

69. — On commence par abolir les *délits religieux*, puisqu'en fait de religion tout homme est libre ; on passe ensuite aux délits politiques et vous savez que personne aujourd'hui n'a plus aucun souci de ces sortes de fautes : « Ce sont, dit-on, des délits d'opinion ; aujourd'hui c'est mon opinion qui est fautive, demain ce sera la vôtre !!... Mais le triomphe des opinions politiques exige la guerre civile, les troubles, les machines infernales, les barricades, les poignards, les pillages, etc... Et le droit à la fin renferme le droit aux moyens, puisque tout droit est coercitif de sa nature. D'où il suit que l'assassinat ou tout autre crime semblable n'a plus rien de honteux, pourvu qu'il ait une couleur politique : bien plus, il sera le fait d'un homme de cœur et d'un citoyen courageux. — Mais si les opinions sont respectées dans l'ordre politique, pourquoi ne le seraient-elles pas dans l'ordre civil? Y a-t-il par hasard un tribunal infaillible, pour juger les délits d'ordre civil? ou

bien l'infaillibilité de la raison privée et le respect dû
au sanctuaire de la conscience s'évanouissent-ils au
frontispice du Code civil? Vous ne serez pas, j'en suis
sûr, assez illogique pour l'affirmer; et par conséquent,
si le communiste est convaincu qu'il y a injustice sociale
dans la possession de propriétés foncières, et que le devoir de les abolir lui est imposé par le Saint Évangile,
vous ne viendrez pas prétendre qu'il doit résister aux
jugements de sa conscience ou rougir de les avoir exé-
cutés. Combien moins un homme devra-t-il rougir de
mille autres délits que les préjugés de nos aïeux ont
appelés des fautes morales, et des brutalités déshonnê-
tes, mais que ma raison ne trouve ni condamnables, ni
honteuses! Voilà donc éliminées toutes les idées de
fautes dans l'ordre religieux, politique, civil et moral;
voilà brisé et rendu impossible tout frein imposé par la
conscience, par le droit ou par la honte; voilà la morale
transformée en une opinion qui aura pour chaire le gi-
bet, pour professeur le bourreau, et pour argument le
couperet...! Italiens, à quel frein devront alors recourir
vos gouvernants?

70. — A la force, oui; répétons-le sans crainte, à la
force! La force est l'unique moyen social qui reste au
protestant, s'il veut être logique. Et parce que l'unique
moyen de salut devient un droit dans la société, le droit
dans la société protestante, c'est la force; tel est le beau
principe d'unité dont font cadeau à l'Italie ses adorateurs passionnés; tel est le droit d'après lequel nous
gouvernera, dans l'âge d'or, le frère apostat de Wit-
temberg. Examinez, analysez, faites passer au crible

cette rapide dissertation; vous ne pourrez, j'en suis
sûr, échapper à la terrible nécessité de cette conséquence. Aussi ces idées sont le lien qui unit entr'eux
tous les disciples de Weishaupt, ces dialecticiens illuminés si habiles à faire l'application de leurs principes...
Je les résume en quelques mots.

71. — Qu'est-ce que le droit? — Un *pouvoir moral*
qui a sa raison dans *l'idée* d'un ordre obligatoire...
Donc, si vous détruisez *l'unité* de cette idée, vous dé-
truirez du même coup *l'unité* dans la notion du droit.
— Mais que veut dire *Protestantisme*, sinon indépendance de la raison privée ou individuelle. — Or, qui dit
« indépendance de la raison privée, dit négation de tout
principe externe pour établir l'unité des jugements et
des doctrines »; car, à le considérer en lui-même,
l'homme n'est ni naturellement ni essentiellement
déterminé à un jugement précis, surtout dans la pratique... Et par conséquent le protestantisme abolit
l'unité de l'idée et *l'unité du droit.*

72. — Mais sans unité de droit ou au moins de jugement, la société est-elle possible? Non, pas plus que
l'homme naturellement sociable ne peut exister sans la
société; donc il faut ici trouver un autre principe d'u-
nité intellectuelle sous peine d'anéantir et la société et
l'homme lui-même. Eh bien! quand vous avez dépouillé
les jugements de la raison de toute valeur intrinsèque
de vérité, la seule valeur extrinsèque que vous puissiez
leur donner, *c'est celle du nombre;* d'où il suit que la
société doit être nécessairement gouvernée par la majorité numérique des jugements, c'est-à-dire spéculative-

ment par *l'opinion* et pratiquement par *la légalité !*

Bien. Mais chacun sent que le nombre, composé surtout d'insensés, « stultorum infinitus est numerus, » n'a aucun droit sur les intelligences privées ; elles ont pour essence de n'être liées que par la vérité. Donc toutes les lois fondées sur le nombre ne lient pas la conscience ; donc leur infraction n'est ni un délit ni une honte. Bien plus, cette infraction peut être un devoir (1). Donc, pour établir l'unité dans la société, tout gouvernement aura le droit de contraindre les consciences par la force ; donc aussi, puisque le gouvernement appartient à la pluralité, chacun sentira encore beaucoup mieux qu'il a le droit de s'emparer du pouvoir par la force.

73. — Oui, Italiens, je vous le répète, telle est l'unité sociale que vous promettent ces nouvelles idées rationalistes, semées parmi vous, à pleines mains, par tous les fougueux amants de l'unité italienne... Ils veulent, dans leur audace, déraciner jusqu'à sa dernière fibre ce principe sacré de l'unité religieuse qui a fait jusqu'ici de l'Italie, non pas un seul gouvernement matériel, soumis à une centralisation bureaucratique, mais bien un seul peuple uni et vivifié par l'esprit catholique. En effet, toujours unis par la même foi religieuse depuis Constantin jusqu'à l'heure actuelle, d'une mer à l'autre, et des Alpes aux rivages de l'Ionie, nous pouvons et nous devons nous appeler du nom de frères. Du haut de sa croix, l'Homme-Dieu voit tous les fronts italiens

______

(1) « Après avoir édicté ce qu'il lui a plu, comment la société ose-t-elle punir ceux qui violent une loi qu'elle seule a faite ? » Proudhon : *la Révolution sociale démontrée par le coup d'Etat du 2 décembre.* (Voir *Revue des Deux-Mondes,* t. XVI, p. 1160.)

inclinés devant Lui jusque dans la poussière; il les contemple implorant de son amour tous les biens de la terre, non comme l'objet de la félicité suprème, mais comme un moyen de soutenir leur faiblesse dans leur pèlerinage vers une région plus heureuse et plus belle que leur ciel de sapphire. L'espérance de ce bien incomparable nous rend peut-être moins soucieux des richesses de ce monde, moins habiles à produire, moins industrieux pour fabriquer, moins ardents pour le négoce... Agriculture, industrie, commerce, navigation, merveilles de la vapeur, en un mot encyclopédie de toutes ces découvertes que l'activité des relations a multipliées d'une façon si étonnante, toutes ces choses ne sont pas aussi florissantes en Italie que dans les nations non catholiques; et c'est là, il faut le dire, un tort impardonnable aux yeux d'un siècle pour qui la matière est tout et l'esprit est rien. — Mais c'est précisément à cause de cela que chez nous on voit moins de rivalité, moins d'antagonisme et de divisions; c'est à cause de cela que l'Italie est une dans ses sentiments, une dans ses affections, une dans sa vie domestique, une dans son culte et dans la vie civile.—Il nous manquait l'unité politique; mais voici qu'elle nous est aujourd'hui promise par la Réforme envahissante, par la Réforme escortée de l'immense appareil de toutes ces richesses qu'elle adore, par la Réforme munie de tous ces engins qui feront, dit-elle, germer la production sous ses pas, aussitôt qu'elle aura éteint dans le cœur de nos compatriotes l'amour exclusif du ciel, en lui substituant l'inextinguible soif de l'or. — Que vous en semble, Italiens catholiques? Avons-nous fait un échange avantageux, si, pour faire progresser la patrie dans l'ordre matériel, nous avons perdu le principe nécessaire et essentiel de l'unité sociale? Si, regorgeant d'opulence, nous ne pouvons enchâsser dans les perles et les diamants qu'un cadavre, le cadavre de l'unité italienne, morte désormais parce qu'elle ne vivra plus de la grande idée du droit naturel et de l'amour de la justice éternelle, règle suprême de la vie humaine? C'est à cela qu'a abouti l'habile Albion, à cela qu'était poussée la société française par la lutte du communisme (1850). Et vous les voyez, ces sociétés, au milieu des orgies sanglantes des hordes qui les menacent, vous les voyez pousser des cris de détresse et tendre leurs bras tremblants vers le catholicisme, leur unique et suprême espoir. Et en face de ce spectacle lamentable, en face de l'agitation allemande qui, sous prétexte d'unir la patrie commune, la menace d'une ruine prochaine, en face de la gangrène des universités qui a déjà pénétré dans les entrailles de l'autocratie du Nord, en face, disons-le en un mot, de la corruption universelle de la société protestante, il se trouverait un Italien, peut-être mille Italiens, qui oseraient donner à la patrie, leur mère catholique, le baiser d'Iscariote et lui promettre l'unité, si elle se laisse infuser dans le sang cette gangrène...!

74. — Unité sans âme! Unité sans ordre! Unité sans droit! Italiens, choisissez : ouvrez toutes grandes, si cela vous plaît, les vallées des Alpes à ces monstres; cédez-leur avec la tyrannie de votre presse la domina-

tion arbitraire de vos esprits; livrez en échange du commerce et de la liberté vos concitoyens, vos serviteurs, vos enfants, vos épouses à cette servitude de la séduction et du lucre. Mais rappelez-vous que si, pour bouleverser les idées d'un peuple, il suffit d'un jeu diabolique d'une année, il faut, pour les redresser, le labeur et les larmes des siècles; rappelez-vous que, les idées une fois perverties, les mœurs corrompues, la calomnie impunément déchaînée, les poignards aiguisés, les foules enivrées d'avarice et de pillage, lorsque vous invoquerez, pour arrêter ces fureurs, et les droits de l'humanité et la religion du ciel, ces mots auront perdu toute force : ce seront *vos opinions!*

DEUXIÈME PARTIE

LE SUFFRAGE UNIVERSEL

« Il y a un article de la Constitution qui défend d'attaquer le suffrage universel. Cet article n'est pas, à mon
avis, ce que l'on pouvait faire de plus logique ! ! »
(L. VEUILLOT, *les Libres penseurs.*)

SOMMAIRE : 75. Importance de ce sujet. — 76. Le suffrage universel contraire au droit canon. — 77. A la nature de l'Eglise. — 78. Il ne peut
dériver de l'essence de la société civile. — 79. La question considérée
métaphysiquement. — 80. entrerait dans le domaine des idées générales qui dominent toutes les sciences et relèverait du magistère
ecclésiastique. — 81. Le suffrage universel, fils du protestantisme. —
82. Par son principe. — 83. Par son but. — 84. Essentiellement épi-
curien. — 85. Base rationnelle du suffrage universel. — 86. Système des
incrédules. — 87. Système catholique. — 88. Il éblouit en confon-
dant le concret avec l'abstrait. — 89. Les hommes, dans l'ordre concret, sont inégaux. — 90. La société n'est pas essentiellement une
république. — 91. Distinction entre élire et gouverner. — 92. Nous
parlerons ailleurs de la possession de l'autorité. — 93. Le droit de
suffrage promet faussement le bonheur. — 94. Il n'y a dans le suffrage
universel, ni justice. — 95. ni égalité. — 96. mais une injustice ridicule. — 97. Comme les faits le démontrent. — 98. Voilà où conduit
la perte de la foi. — 99. Le suffrage universel est impossible. — 100.
funeste. — 101. menteur. — 102. Même au point de vue de la représentation des intérêts. — 103. Il est accompagné de tous les désordres.
— 104. Il multiplie inutilement la représentation des intérêts. —
105. Il est au fond ennemi de tout gouvernement. — 106. Conclusion
de la question au point de vue philosophique. — 107. Au point de
vue du droit canon.

75. — Jusqu'ici nous avons laissé sans réfutation
deux erreurs qui servent de base à cette théorie : « que
le gouvernement *légitime est celui de la majorité numérique.* » Nous ne voulions pas trop nous éloigner du
sujet que nous avions à traiter, « *l'unité* et *le droit* ».

D'un autre côté nous avons promis de soumettre cette théorie à un plus mûr examen, parce qu'elle constitue un des concepts les plus élémentaires et les plus répandus parmi les publicistes modernes. La plupart en effet regardent si bien comme un axiome *le droit inaliénable du peuple à nommer ses gouvernants* que, dans la constitution du fameux Marast, un article spécial défend de l'attaquer... Nous allons donc discuter cette institution politique introduite en France pour les élections, après la chute de la monarchie constitutionnelle.

Nous le ferons d'autant plus volontiers qu'elle nous paraît être plus ou moins connexe avec les doctrines qui regardent l'Église et la civilisation en général. — Plusieurs écrits, publiés d'ailleurs avec d'excellentes intentions, ont rendu cette connexion évidente à nos yeux : « Nous y lisons que « l'Église, en certains cas, a « limité ou suspendu le droit que la nature nous donne « d'élire nos gouvernants », que la « nation a naturelle « ment le droit d'élire ses propres pasteurs dans l'ordre « religieux, non moins que ses chefs dans l'ordre po « litique et le reste » ! Ces phrases sont tirées d'un opuscule composé par un catholique sincère, lequel y a d'ailleurs ajouté en son temps des explications et des corrections opportunes. En voici une en particulier tirée de *l'Observateur de Genève*, 8 juin 1850, nº 46 : « Nous voudrions faire comprendre à ceux qui rêvent pour l'Église une mise en harmonie avec les gouvernements issus des révolutions, que de pareilles idées trahissent de leur part une complète ignorance de la question. »

L'éclosion contemporaine de cette même erreur, répandue partout en Europe et réfutée par Theiner, est une preuve manifeste de l'affinité qu'il y a entre la doctrine politique du suffrage universel et l'opinion démocratique introduite dans le Droit Canon.

76. — Que l'on ne regarde pas cette affirmation comme étrange... Elle est la conséquence naturelle de doctrines politiques qui passent aujourd'hui pour innocentes et indubitables, même aux yeux de beaucoup de catholiques. Familiarisés avec la liberté constitutionnelle de tout critiquer dans les gouvernements, ils ont usé de cette liberté sans frein vis-à-vis de l'Église, se réservant le droit d'en examiner les lois, et de leur obéir *quand elles seraient raisonnables*. Avec de tels principes, il est tout naturel, comme le fait si bien observer l'illustre Kersten, que l'on veuille soumettre l'Église aussi bien que l'État au régime constitutionnel, traiter par des députés les affaires spirituelles et les décider à la pluralité des voix; appliquer le système des élections pour la nomination des évêques et des curés, etc., etc...

La belle réfutation des *Cinq-Plaies*, écrite par le P... Augustin Theiner, la dissertation de Noël Alexandre reproduite dans cette réfutation, et les autres documents si nombreux par lesquels le docte oratorien combat le prétendu droit divin du peuple à élire ses pasteurs, pourront fournir une abondante matière de réflexions à ceux qui voudront étudier ce sujet en érudits. Les abus effrayants, stigmatisés tant de fois par les Basile, les Grégoire de Nazianze, les Eusèbe, à propos des élections populaires dans les premiers siècles du christianisme (et pourtant c'étaient des siècles de simplicité et de foi) montrent bien quels dangers courrait aujourd'hui l'Église, si elle en revenait à ce mode de nomination, dans un temps où l'art des démagogues, joint à une souplesse raffinée, obtient tout ce qu'il veut de la crédulité du peuple. D'aucuns nous disent : « les troubles occasionnés par les élections populaires étaient en partie l'effet des doctrines nouvelles qui avaient déjà commencé à agiter l'Église et la société. — Mais faites cette réflexion que *toujours et partout*, des troubles ont accompagné ce genre d'élections. » Et vous comprendrez qu'ils en sont la conséquence naturelle. — Il ne peut donc pas être en soi un droit naturel des peuples ; car il est contraire à la nature de produire des effets constamment opposés à la fin qu'elle poursuit ; c'est-à-dire, à la paix ou à la tranquillité de l'ordre, quand il s'agit de la société.

77. — Mais laissons de côté les arguments tirés de la théologie et de l'histoire, et considérons le droit d'élection d'après la nature même de l'Église. « L'Église est une société instituée par un Dieu, propagée par les apôtres ou envoyés de ce Dieu, au moyen de la parole de vérité et de salut. Origine divine, mission divine dans les apôtres et leurs successeurs, propagation par la parole de vérité, voilà les propriétés ou caractères de l'Église. Or, la chose est claire ; non seulement ces propriétés n'impliquent point, pour le peuple, le droit naturel d'élire ses chefs, mais elles sont incompatibles avec un pareil droit. En effet, partout où l'élection est

un droit, il est nécessaire que l'électeur naturel existe avant l'élu ; il faut être avant d'être électeur. Or, les conditions énumérées plus haut, comme des propriétés naturelles de l'Église, montrent clairement que les pasteurs ont existé avant le peuple ; donc l'élection des pasteurs ne peut pas, dans l'Église, être un droit naturel du peuple.

En fait, si les premiers pasteurs ont été élus par Jésus-Christ lui-même pour former son Église, ils ont dû précéder l'existence des fidèles initiés par eux au Baptême et à la vie de la foi ; si les fidèles se sont vu imposer, sous peine de damnation éternelle, l'obligation d'obéir aux Apôtres parlant avec une autorité absolue, ils n'ont pas eu le droit de suspendre leur assentiment ou de ne le donner qu'à la condition d'élire leurs chefs ; si le pouvoir d'enseigner la vérité avec une autorité pleine et entière est conféré par l'imposition des mains apostoliques, le choix de ceux sur qui ces mains devront se reposer dépend nécessairement des Apôtres eux-mêmes et ensuite des évêques ordonnés par eux ; enfin, si le ministère entier des pasteurs a pour but de procurer aux fidèles le seul *bien nécessaire, la vérité et le salut,* ces mêmes fidèles ne peuvent être libres d'accepter ou de rejeter leur enseignement. Que l'on médite les paroles solennelles du Sauveur, lorsqu'il donne à ses Apôtres la mission de prêcher à tous les peuples ; l'on verra avec évidence que, dans l'Église, tout pouvoir descend d'en haut sans conteste possible ; et qu'ici est inadmissible cette opinion embrassée, comme nous l'avons dit, par d'éminents docteurs catholiques, au sujet du pouvoir civil, et d'après laquelle l'autorité descendrait de Dieu immédiatement dans la multitude pour être de là transférée à ceux qui gouvernent. Nous expliquerons bientôt en quoi consiste, selon nous, l'erreur de cette doctrine même dans l'ordre politique. Et nous nous garderons bien de traiter d'hétérodoxes ceux qui voudraient la soutenir quand il s'agit de l'autorité civile... Mais, quand il s'agit de l'Église, cela n'est plus permis après la condamnation de Richer et des théories démocratiques des Jansénistes. En effet, l'erreur théologique serait alors nécessairement accouplée à l'erreur philosophique : car philosophiquement parlant, on ne peut dire que le peuple ait le droit naturel d'élire et d'élever à un pouvoir institué par Dieu même pour *instruire ceux qui se trompent et corriger ceux qui s'égarent*. Les premiers sont en effet naturellement incapables de connaître qui possède la science suffisante pour les enseigner, et les seconds naturellement portés à rejeter un joug contraire à leurs passions. Les lois naturelles nous sont manifestées avec certitude par les aptitudes naturelles, puisque la loi naturelle n'est pas autre chose que ce qui convient aux êtres d'après leurs dispositions constitutives. Lors donc que la nature des êtres appelés à la société ecclésiastique est telle qu'elle les rend incapables de bien choisir ou impuissants à maintenir leur élection, on ne peut pas dire que ces êtres ont le droit naturel d'élire leurs propres supérieurs, encore qu'il puisse être parfois utile de leur donner une certaine participation aux élections. Voilà pour-

quoi le docte prieur de Nonantula, Placide (1), attribue
prudemment le *droit naturel* d'élection aux seuls
ecclésiastiques, permettant seulement aux laïques,
fussent-ils princes, de faire entendre leurs vœux et
d'acclamer les élus du clergé.

Ce fut précisément sur ce principe que le concile de
Trente réforma, selon l'esprit de l'Église, *l'élévation des
pasteurs à l'Épiscopat*. Il réserva aux seuls chapitres
des cathédrales l'élection des évêques, sans laisser s'y
introduire en quoi que ce soit l'élément démocratique.
Dans de sages et longues discussions, les Pères du concile avaient démontré les graves inconvénients d'élections dépendant, même partiellement, du peuple... L'on
peut voir ces discussions résumées dans l'histoire de
Pallavicini; et quiconque les examinera attentivement
sera de plus en plus convaincu qu'il est impossible de
déduire de la nature de l'Église catholique un droit qui
conduirait *naturellement* cette Église à une ruine certaine.

78. — Mais cette doctrine, qui donne au peuple le
droit d'élire des pasteurs, est dérivée, comme nous le
disions plus haut, du droit analogue que la nature, on
le prétend du moins, accorderait aux multitudes d'élire
leurs chefs politiques. J'avoue ne pas voir la légitimité
de cette conséquence; car en supposant même que ce
droit existe dans l'ordre de la nature, quelle raison
pourra-t-on alléguer pour l'introduire dans l'ordre de
la grâce? — La voici d'après certains esprits : « La
grâce n'a certainement pas voulu limiter le droit natu-

(1) Cité par Theiner.

rel que nous avons d'élire nos supérieurs. De quels supérieurs parlez-vous? Des supérieurs politiques...? Alors cela ne prouve rien pour les supérieurs ecclésiastiques. Des supérieurs ecclésiastiques...? Mais ici il n'y a pas, il ne peut pas y avoir de droit naturel, puisque l'ordre de la grâce n'est pas un ordre naturel. Que si cette réponse ne vous agrée pas, vous conviendrez au moins que, la conséquence susdite étant ce qu'il faut démontrer, vous ne pouvez la prendre comme le moyen terme de votre argument. Donc, fût-il très vrai que le peuple a un droit naturel d'élection dans la collation de l'autorité politique, on ne peut en inférer un droit analogue pour la multitude d'élire ses supérieurs ecclésiastiques.

79. — Néanmoins, il me plait de voir un certain nombre d'hommes, même sincères, tirer cette conséquence. Car cela prouve combien est grave, au point de vue religieux, la théorie démocratique, laquelle, venant à s'élever jusqu'à l'ordre philosophique et abstrait, envahirait naturellement toutes les institutions sacrées et profanes, puisqu'il est dans la nature bien connue des principes universels de façonner à leur ressemblance toutes les applications particulières. Il est donc souverainement important d'examiner cette doctrine au point de vue philosophique... Mais avant de procéder à cet examen, nous prions instamment qu'on remarque bien l'immense différence qu'il y a entre le point de vue politique et le point de vue philosophique selon lesquels on peut considérer cette théorie. Si un publiciste se donnant avec franchise pour démocrate et

républicain me disait que, « pour lui le meilleur et le plus avantageux des gouvernements, c'est celui du peuple par le peuple, » je pourrais être en mon for intérieur d'un tout autre avis ; mais ma plume étant consacrée à la défense de la vérité catholique, je ne descendrais pas avec lui sur un terrain purement politique. Que si, non content d'affirmer la plus grande utilité de la démocratie, il entrait dans les questions de droit, enseignant que tout autre gouvernement non seulement est moins heureux, mais positivement illégitime, alors la théorie passerait du concret à l'abstrait, du particulier à l'universel, et de la politique à la philosophie : elle entrerait dans le domaine des idées générales, qui sont les sources de la vérité et de la justice, domaine, par conséquent, où l'Église fait entendre sa voix infaillible et où la doctrine catholique, soit spéculative soit pratique, aurait à souffrir de l'admission d'une erreur quelconque.

80. — En fait, aux yeux des pseudo-politiques, il paraît juste, non seulement de passer de la démocratie dans l'ordre civil à la démocratie dans l'ordre ecclésiastique, mais encore de déduire aujourd'hui du même principe la *chute* naturelle et légitime de toute royauté, à commencer par celle du suprême Hiérarque, le Pape, en tant qu'il est prince temporel dans ses États. La question est donc essentiellement d'ordre philosophique ; elle appartient étroitement au droit public et à la civilisation chrétienne. C'est pourquoi aucun ami sincère de la vérité ne trouvera mauvais que je l'examine philosophiquement, puisque la théorie démocrate est inti-

mement liée à la doctrine du suffrage universel, lequel aujourd'hui, dans notre Europe, est descendu des régions brûlantes de la controverse sur le terrain pratique de la vie sociale.

81. — Quelle est donc l'origine de ce grand mouvement provoqué avec tant de constance pendant des années et des années par la presse française, entrepris avec tant d'ardeur par l'Assemblée constituante, et aujourd'hui si gêné dans sa marche par le poids toujours croissant de nouvelles lois d'élection? La généalogie en est facile à décrire et ses ancêtres sont fameux: la République de 1848 est née de la Convention, la Convention de Jean-Jacques par Mirabeau, Jean-Jacques est né de Calvin et celui-ci de Luther. Voilà l'histoire, et voilà aussi l'accord de l'histoire avec la philosophie; car une fois admis le principe luthérien de l'examen libre et privé, tout État devient une république et tout prince devient électif, de par les lois inexorables de la logique et de ce qu'on appelle *la nature,* soit que l'on considère la cause efficiente de la société, soit qu'on envisage le but auquel elle aspire. — Pour démontrer cette proposition, j'aurais besoin d'une longue dissertation sur le principe de l'autorité et sur le bonheur social, si déjà je n'avais montré quel est le principe par lequel se forme la société. — Mais ayant expliqué, au chapitre précédent, que, pour former toute société humaine, il faut et un lien qui unisse les esprits, la *vérité,* et un lien qui unisse les volontés, le *droit;* ayant montré, plus haut, que l'unité dans la vérité et dans le droit est entièrement détruite par le principe de

Luther, enfin que l'unité obligatoire du vrai est rem-
placée par *l'opinion publique*, c'est-à-dire par le plus
grand nombre de têtes et de bras, il est clair que la
doctrine de Luther doit engendrer dans la société un
gouvernement essentiellement républicain et despotique, un gouvernement dans lequel commande non pas
la vérité qui possède le droit, mais la multitude qui
possède la force.

82. — Lors donc que Jean-Jacques Rousseau, au
livre I du *Contrat social*, c. 6, établit ce principe : « que
« tout gouvernement légitime est républicain, que tous
« doivent avoir droit de suffrage, et que l'exclusion
« d'un seul ôterait à ce suffrage son caractère d'uni-
« versalité, » que fait-il, sinon appliquer dans toute son
étendue le dogme luthérien, en le transportant à l'ordre
politique et en dictant pour l'avenir le catéchisme du
communisme français? L'héritier légitime de Rousseau
et de la Réforme, Mazzini, reproduit la même doctrine :
« Nous proclamons morte pour toujours, dit-il, la
vieille autorité! Nous n'admettons pas que le pouvoir,
grâce à un heureux hasard, à un privilège, à l'hérédité,
tombe aux mains d'un seul ou de plusieurs individus.
Nous voulons que le vote de tout le peuple confère l'autorité aux chefs... Car la république est la forme logique
de la démocratie. » (*Santa Alleanza dei popoli*, § VI.)

83. — Telle est cette *théorie* considérée par rapport
à la cause efficiente de la société.

Examinons-la maintenant par rapport *à sa fin* en in-
sistant toujours sur l'idée luthérienne. Quelle est donc
la fin de l'action sociale? Personne ne vit en société

sinon pour être heureux ; et tel est le but vers lequel la
société doit diriger ses membres... Et où placez-vous la
félicité ? — *Dans la vie future ?* — Mais la vie future
dépouillée des lumières et des espérances dont l'entoure
une révélation infaillible, la vie future abandonnée à
la raison, bien plus aux grossiers instincts d'un peuple
ignorant et passionné, deviendra bientôt l'objet non
seulement du scepticisme mais de l'ironie. — *Dans
l'ordre de la vie présente?* Soit : mais qu'est-ce que
l'ordre, vous demanderai-je? Je vous en prie, cher
lecteur, pesez bien ce mot « *l'ordre* » ; et ne le pro-
noncez pas, comme par hasard et sans en voir la por-
tée, ainsi que plusieurs font aujourd'hui. Encore une
fois que vous dit ce mot : « *l'ordre*, » si vous n'affirmez
pas d'abord une vérité qui lui serve de base ? Quand
vous dites : voici une bibliothèque disposée selon l'ordre des matières, vous supposez admis un enchaîne-
ment de vérités scientifiques et littéraires. Quand vous
dites qu'une société est ordonnée, vous supposez des
lois, d'après lesquelles certaines actions sont conformes
ou opposées à l'ordre. Mais si vous enlevez toute vérité,
il vous est impossible de concevoir l'idée de l'ordre. En
outre qu'est-ce que l'ordre de la vie présente, si l'on ne
connaît pas la vie future? Ce serait tout à fait la même
chose que l'ordre des causes séparées de leurs effets;
car le présent est la cause de l'avenir. Or, vous n'ignorez pas que quand notre esprit ne joint pas les effets
aux causes, la *marche* du monde devient pour lui un
tel désordre, une telle folie que nous avons coutume
de l'appeler alors de ce nom *hasard, fortune,* divinité

aveugle qui roule à l'aventure sans savoir où la porte
le vent. C'est là exactement ce que serait l'ordre de la
vie présente, si vous le sépariez de la vérité et de la
vie future. Réduisez le peuple à n'avoir plus pour
croyance que le principe de Luther, ôtez-lui par conséquent l'idée vraie de la vie future et de l'ordre moral,
vous le réduirez nécessairement à ne plus rechercher
que son intérêt et à ne plus convoiter que les jouissances de la vie présente. Il n'aura plus foi aux vérités
spirituelles ; par une conséquence nécessaire, il n'aura
plus faim que des biens et plaisirs matériels. Vous connaissez à fond la lie de cette société misérable où le
communisme frémissant fait entendre ses menaces.
Pouvez-vous dire que ce tableau d'un peuple incrédule
est exagéré ?

84. — Mais quand les tendances de l'homme conver-
gent toutes à la boue de cette terre, comme à leur fin
quand la raison abrutie va demander à cette boue sa
félicité, n'est-il pas évident que toute loi réglant les
actions de l'individu devra *sortir de cet individu ;* puisqu'il est lui-même le sujet du plaisir, n'est-il pas évident qu'elle doit avoir pour terme la jouissance de ce
plaisir ? Et comment voudriez-vous, sans l'espoir du
plaisir, persuader à cet homme d'agir, après lui avoir
inculqué cette doctrine « que naturellement il n'agit
et ne doit agir que pour se procurer une jouissance » ?
Ce serait impossible. Or vous le savez bien, telle est la
théorie des utilitaires, professée ouvertement par l'impiété de ces rationalistes, qui, à l'école d'Helvétius, de
Bentham, de Gioia, ont appris à faire pénétrer dans

l'ordre moral le principe luthérien. C'est sur ces doctrines que repose en grande partie la théorie des gouvernements modernes. Nous le démontrerons bientôt *ex professo*; il suffit pour le moment de l'avoir indiqué.

Et maintenant, qui ne voit que si l'utilité est la base de la morale, le droit de tous et de chacun au suffrage en est la légitime conséquence? *Quel autre*, en dehors de moi, peut connaître ce qui me procurera du plaisir ou de la peine? Ce n'est pas à vous de me juger; si je prétends que je suis plus heureux quand je m'enivre de vin ou de volupté, de gloire ou d'honneur. Pour vous, l'homme le plus heureux, c'est un roi sur son trône, aspirant l'encens de la flatterie? Pour moi, c'est un Anacréon de cabaret enivré de vin. Affaire de goût ! Et si j'ai, comme vous, le droit d'être heureux, je puis me procurer le vin à quelque prix que ce soit, comme vous pouvez, vous, tout faire pour conquérir un trône ; je puis détruire la force qui veut m'empêcher de saisir la bouteille, comme vous, celle qui veut vous ravir le sceptre. Enfin, parce que les droits de la nature sont égaux en tous, et que j'ai autant de droit à ma félicité que vous à la vôtre, un gouvernement quelconque où ne sera pas représenté ce droit est un gouvernement contre nature, c'est l'oppression, c'est la tyrannie.

85. — Vous le voyez, le *droit de tous au suffrage* découle par degrés de l'hérésie protestante, soit parce qu'elle détruit dans les intelligences toute unité de vérité et de droit, soit parce qu'elle incarne dans l'intérêt matériel et individuel la grande idée qui donne le branle à toute la morale, l'idée de la félicité. Pour moi,

la seule considération de cette généalogie suffirait pour me rendre très suspect le système du suffrage universel, loué pourtant par un si grand nombre. Cependant, comme ces doctrines, qui ont envahi notre siècle, ont coutume d'avoir pour sauf-conduit ou des sophismes trompeurs ou les apparences du fait, il ne vous sera pas désagréable que nous examinions d'où vient cette réputation de justice et de vérité, sous laquelle, comme sous un manteau hypocrite, marche au milieu de nous ce spectre, père caché du communisme.

86. — On peut tirer des deux systèmes opposés, celui des hérétiques et celui des catholiques, les preuves manifestes du sophisme qui abrite la doctrine du suffrage universel. Le principe protestant du panthéisme et de l'athéisme moderne, en voulant former une société sans Dieu, imagina *la théorie du contrat social*, qui, expliquée par Hobbes et par Rousseau, conduisit la société protestante au despotisme et à l'anarchie. Selon ce système, l'homme affranchi de toute loi se trouva également affranchi de tout devoir social ; puisque la société n'est pas un fruit de la nature mais un produit de la liberté humaine... Des hommes auparavant isolés se sont rencontrés ; ils ont passé librement un contrat d'après lequel ils se sont obligés à vivre en société ; ils en ont déterminé les conditions ; ils en ont créé l'autorité, organisé la forme, et finalement ils ont à leur gré investi du pouvoir, dans cette société, telle ou telle personne. Pas de doute ; dans ce système, l'élection des gouvernants appartient essentiellement aux gouvernés. J'écris ici pour des esprits qui ont reçu au

moins une culture ordinaire.. Je croirais donc faire injure à mon lecteur en le supposant encore enlacé dans les équivoques et les absurdités du siècle de Jean-Jacques, depuis surtout que non seulement des catholiques, mais des libres penseurs même avancés ont commencé à tourner en dérision ces rêves qui dénaturent et l'homme et la société. Donner pour base au suffrage universel un pacte universel dont l'histoire n'a jamais dit un mot, que les conditions de l'humanité rendent impossible, puisqu'une société ne peut faire de pacte sans une langue commune à tous ses membres, ni ses membres parler cette langue commune sans être auparavant en société, oui, dis-je, donner une pareille base au suffrage universel, c'est vouloir édifier un château dans les airs à la façon du plus chimérique des romanciers... Que cette chose ait été supportable dans un siècle où toutes les sciences morales tournaient au roman, je le conçois; mais elle est intolérable pour tout homme sensé, aujourd'hui surtout que l'on prétend mettre tant de rigueur dans l'étude des questions sociales.

87. — Passons à un autre système adopté jadis par des publicistes catholiques nombreux et distingués. Ceux-ci, afin de combattre les conséquences tyranniques que les protestants déduisaient de la royauté de droit divin, opposèrent à ces exagérations une opinion plus favorable au pur républicanisme, et qu'on peut, en substance, exposer de la manière suivante : « Si l'homme est naturellement *sociable*, la volonté du Créateur doit être qu'il vive en société. Or, point de société possible

sans autorité ; d'où il suit que Dieu veut et fait l'autorité, comme il veut et fait la société. D'un autre côté, cette autorité étant par sa nature même destinée à gouverner les hommes, il faut qu'elle soit possédée par quelqu'un. Mais quel est l'homme que la *nature* investit de ce droit suprême sur ses semblables ? Trouvez-vous dans la nature humaine un élément, une raison qui élève ceux-ci au commandement, et qui oblige ceux-là à l'obéissance ? Non la nature est égale en tous et nous fait tous frères... Si donc il existe dans la société une autorité réelle et concrète, elle doit se trouver également dans tous les individus associés.

Il est impossible, nous en convenons, qu'une grande multitude gouverne réellement ; mais alors elle doit élire ses gouvernants et remettre en leurs mains l'autorité. Le droit d'élection appartient donc, d'après les lois mêmes de la nature, à chacun des individus de l'humanité. »

88. — Vous ne m'accuserez pas, ami lecteur, d'avoir affaibli l'argumentation du système que je combats... J'ai lu nombre d'auteurs qui le soutiennent ; aucun, ce me semble, ne l'a exposé plus franchement ni avec plus de vraisemblance. — Néanmoins, qui considérera avec attention ce raisonnement le trouvera bientôt très faible, malgré une apparence de vérité qui attire à première vue... Et ces seules paroles qui viennent à la fin : *Impossible, nous en convenons, qu'une grande multitude gouverne réellement,* suffiraient pour en montrer le défaut. Car comment croire à l'existence d'une loi et d'un droit naturel qu'il est impossible de trans-

porter dans l'ordre des faits? — Mais nous reviendrons
sur ce point. — Pour le moment, voyons où gît le vice
du raisonnement exposé plus haut. Il ne vous sera pas
difficile de le voir, pourvu que vous vous arrêtiez un
peu à le rechercher. — Relisez le premier argument et
vous verrez qu'il traite de la société prise dans son idée
abstraite et universelle : là, il affirme avec une pleine
et évidente vérité qu'aucune société ne peut exister sans
autorité. Mais voyez la suite : « *L'autorité*, dit-on, *ne
peut gouverner, si elle n'est possédée par quelqu'un.* »
Ici, remarquez-le bien, on passe de l'abstrait au concret; car s'il s'agit de la société dans l'ordre abstrait,
nous la considérons toujours comme gouvernée par
une autorité prise aussi abstractivement; et alors le
langage scientifique a coutume de laisser de côté la
question *des sujets particuliers* en qui elle réside : monarque, noblesse ou délégués de la démocratie. Donc,
encore une fois, parler de celui qui possède ou exerce
l'autorité, c'est avoir passé déjà de l'abstrait au concret,
de l'idée à la réalité existante.

89. — Eh bien! dans l'ordre réel et concret, pourrez-vous admettre ce que les auteurs de ce système affirment ensuite?... Jugez-en vous-même, cher lecteur,
mais en bon logicien. On poursuit donc ainsi : « Dans
la nature humaine, aucun élément, aucune raison qui
désigne ceux-ci pour commander, ceux-là pour obéir...
— Vraiment? Dans la nature de l'homme concret et
existant réellement, il n'y a aucune raison en vertu de
laquelle tel commandera et tel devra obéir? » Mais alors
pourquoi, dans le présent comme dans le passé, tous ces

écrits en faveur de tel ou tel gouvernement? Pourquoi tous ces ouvrages sur la légitimité de tel prince et sur les qualités nécessaires pour bien gouverner? S'il n'y a pas de raison pour dire que parmi les individus, dans l'ordre concret, ceux-ci plutôt que ceux-là devront commander ou obéir et *vice versa,* il faut convenir ou que la nature ne nous fournit aucun motif pour mettre au gouvernail de l'État les plus sages, ou bien que certains individus ne possèdent pas naturellement une sagesse plus grande que d'autres (1). — Laquelle de ces deux propositions aurez-vous le courage de soutenir? La première? Oh! ce serait vraiment un curieux spectacle, dans ce siècle où l'on parle tant de la réforme sociale et du droit des peuples éclairés à se gouverner eux-mêmes, que quelqu'un osât nier cette vérité : *La nature demande que la société soit gouvernée par les plus sages.* Cette négation étant insoutenable, vous devrez admettre la seconde proposition, c'est-à-dire : que tous les hommes sont doués d'une égale sagesse dans

(1) Ici vient à merveille une remarque de Rosmini : « La démocratie pure, dit-il, qui appelle tous et chacun des citoyens à exercer par leur vote une influence égale dans les affaires publiques, est fondée en partie sur ce prétendu principe : que tous les hommes sont également intelligents! Or, c'est là une supposition évidemment fausse, démentie par la nature même des choses; et un gouvernement qui se fonde sur *une erreur de fait* porte dans ses entrailles un vice radical : parce qu'il est impossible à l'art humain de détruire la nature ou de la faire autre qu'elle est. De là vient que le gouvernement démocratique pur, qui semble être le gouvernement de tous, n'est jamais en fait que le gouvernement d'un parti, c'est-à-dire du parti le moins intelligent puisque dans une nation les moins intelligents forment toujours la majorité... Tout cela est absolument vrai... sans compter un autre inconvénient intrinsèque à la démocratie, c'est que cette majorité qui gouverne est le plus facilement du monde menée à leur profit particulier, par quelques démagogues plus intelligents et plus avisés. » *Rosmini opere.* Napoli, 1842. *Philosophia della Politica,* l. II, c. xvii. Note.

l'ordre civil, que tous sont d'autres Licurgue, d'autres Numa, d'autres Charlemagne, d'autres Napoléon. Celui qui penserait cela n'aurait qu'à fermer ce livre : il n'est pas fait pour lui.

Si, au contraire, tout lecteur de bon sens reconnaît qu'une des lois constantes de la nature, c'est, dans l'ordre réel, l'inégalité entre les hommes, il verra du même coup et avec évidence combien est faux le raisonnement que nous réfutons ici. En effet, si je considère l'idée générale de la société composée, si l'on peut ainsi parler, de l'idée universelle de l'homme répétée des millions de fois, il est très vrai que, dans cette idée même multipliée à l'infini, je ne trouverai jamais d'autres éléments que les caractères essentiels de l'humanité ; je ne trouverai jamais que des millions d'hommes raisonnables, tous égaux, c'est-à-dire tous également hommes. Et cette société abstraite peut bien être gouvernée par une autorité abstraite ; de façon que je puis dire dans le sens propre des mots : « *l'autorité gouverne la société.* » — Mais quand je cesse de considérer l'idée abstraite, et que je me retourne vers la multitude des hommes, je vois de suite que l'autorité, pour les gouverner, doit *se personnifier* dans une intelligence réellement existante : je vois du même coup une immense disparité entre les intelligences associées, et à cause de cette disparité, autant il sera raisonnable que l'autorité soit possédée par un Ulysse, autant il serait ridicule qu'elle fût confiée à un Thersite. Si donc il est *naturel* que, parmi les hommes, il y ait des Ulysses et des Thersites, il est *contre la nature, dans l'or-*

dre concret, que tous les hommes indistinctement gouvernent la société.

90. — Cette conclusion est conforme aux lois de la logique. Elle défend aussi la *nature*, notre mère, d'une grave accusation qu'on pourrait lui intenter dans le système contraire : « Comment, dirai-je à cette bonne « mère, avez-vous commis l'énorme sottise de *mettre* « *aux mains de tous* l'autorité sociale lorsque, non « seulement de toute antiquité on a reconnu que le « *gouvernement* de la multitude était le plus imparfait « de tous (Anacharsis, Aristote... le proclament, et « non sans motif); mais encore lorsque, de nos jours, « l'on confesse ce gouvernement impossible dans les « grandes nations, avec les fonctions et attributions « qu'il devrait avoir naturellement. » Il est vrai, grâce à leurs sophismes, les politiques l'ont rendu possible, en trompant le peuple, selon leur coutume, et en lui disant : « Prenez cette petite boule de vote... avec elle vous serez souverain. » — Mais si gouverner signifie faire des lois et en exiger l'exécution, vous conviendrez, lecteur, qu'il y a une grande différence entre *gouverner* et *élire* quelqu'un pour gouverner. J'en conviens; par l'exercice du droit d'élection, on peut avoir une certaine influence sur la marche de la société; mais si toute influence de cette sorte doit s'appeler acte de gouvernement, il n'y aura plus en ce monde que des gouvernants. Car quel est celui qui n'exerce pas sur la société une influence quelconque? Avec un abus si étrange des mots, toutes les idées d'ordre peuvent être altérées et perverties.

91. — Permettez donc, cher lecteur, que je m'en tienne à l'ancien vocabulaire et que je distingue ces deux choses : *élire et gouverner*. Je parlerai de la première un peu plus bas; quant à la seconde, *gouverner*, je crois avoir *démontré abondamment que ce n'est pas une fonction assignée par la nature à tous les individus de l'humanité*, et même qu'on doit dire, à son sujet, comme au sujet des autres fonctions sociales, qu'il y a une grande variété et différence entre les hommes et, par conséquent, entre toutes ces conditions humaines, dont l'harmonieuse distribution constitue la perfection sociale.

92. — Vous objectez : Si tous ne sont pas naturellement *souverains*, à qui appartient la souveraineté?

C'est là une autre partie de la difficulté proposée plus haut : et je pourrais me contenter de répondre à votre question par mille questions semblables : s'il est nécessaire que, dans ce monde, les uns soient pères et les autres enfants, à qui appartient naturellement la paternité? Si la nature demande nécessairement qu'il y ait des maîtres, sans pourtant que tous soient naturellement maîtres, à qui revient naturellement le magistère? A qui le maniement des armes, à qui le travail de la charrue, à qui la garde des troupeaux, à qui le plaisir de la chasse, à qui la conduite des vaisseaux au milieu des océans? toutes choses *naturellement nécessaires* dans les conditions actuelles du globe et du genre humain. Cette rétorsion, je le sais, ne satisfera pas les lecteurs intelligents. Mais par là même qu'ils sont intelligents, ils verront combien d'autres idées connexes je devrais mettre en lumière pour débrouiller cet écheveau avec la justesse qui plaît aux esprits droits. Je pourrais, en griffonnant quatre ou cinq phrases de journal, jeter sur le papier vingt ou trente idées équivoques qui n'aboutiraient à aucune conclusion. Mais j'aime mieux remettre à plus tard une solution complète de la question, et je me contente, pour le moment, d'avoir démontré l'impossibilité de ce *gouvernement de tous,* dont on veut faire sortir le droit du suffrage universel. Car puisqu'il est faux « que le droit de tous à gouverner soit une loi écrite dans la nature », il est faux également ment d'en tirer cette conséquence que les peuples ont droit d'élire ceux qui les gouvernent. De ce côté, au moins, la théorie du suffrage universel repose sur une base ruineuse.

93. — Tournons-nous d'un autre côté ; voyons si le droit de tous à élire leurs propres chefs ne pourrait pas sortir d'un autre principe. Soit, dira-t-on, tous ne sont pas capables de gouverner, mais tous sont capables et ont le droit d'être heureux. Et si chacun a ce droit, chacun aussi a droit aux moyens qui conduisent à cette fin. Or, qui ne voit que la société possède un moyen très efficace de félicité publique, lorsque tous les membres peuvent non seulement exposer leurs propres besoins, mais encore, le vote à la main, forcer les chefs à passer des pactes avec eux et à leur rendre compte de leur administration? Cet argument a une grande valeur aux yeux des esprits légers et imprudents; et l'on voit même des gens sensés trouver dans ce système la précieuse garantie de la liberté constitutionnelle. Les

faits sont loin d'avoir donné raison à leur théorie ;
n'importe, ils n'en gardent pas moins leurs préjugés
et leur espoir du succès définitif... Persuadé, comme
il l'est naturellement, que Dieu l'a investi d'une sorte
de domaine sur l'univers, l'homme croit sans peine
qu'il obtiendra tout ce qu'il désire : il veut être heureux ; il s'imagine que toute influence sur la marche de
la société contribuera à la réalisation de son désir...
Aussi le gouvernement des plus sages ne lui apparait
plus comme un moyen de félicité, mais, au contraire,
comme un obstacle à son propre bonheur : « Je voudrais bien savoir, dit-il, pourquoi votre titre de mar-
quis, de magistrat, d'avocat, de capitaliste, de professeur, de négociant vous procurerait à vous le droit et
le moyen d'être heureux par la représentation nationale, tandis que moi, pauvre prolétaire, je devrai me
tenir à votre porte et me contenter de recueillir les
petites miettes qui tombent de la table législative.
Donnez-moi, donnez-moi un bulletin de vote, et je vous
ferai voir comment changent le sort et la fortune des
hommes. C'est là la justice, c'est là l'égalité devant la
loi.

94. — Justice ! Égalité !! Lecteur, mon ami ; nourissez-
vous en votre âme de tels rêves? Si oui, permettez-moi
de vous demander de changer d'habit avec vous ; le
mien sera pour vous ; le vôtre pour moi ! Puisque nous
sommes égaux, le changement non seulement ne peut
avoir aucun inconvénient ; mais c'est justice. Vous avez
des enfants et vous travaillez pour les maintenir dans
votre condition ; mais quelle justice vous pousse à tra-

vailler pour eux? Qu'ils travaillent eux-mêmes de leurs bras comme ils mangent de leur bouche. — Et ces malades dans les hôpitaux, pourquoi ne se soignent-ils pas eux-mêmes? — Et ces enfants, dans les orphelinats et dans les collèges, pourquoi ne s'élèvent-ils pas et ne s'instruisent-ils pas eux-mêmes?

Que vous en semble, ami lecteur? Si nous avons tous le droit de chercher à être heureux également, qui peut nier que nous avons le droit de vivre de nos labeurs, de nous guérir par notre art, de nous élever et de nous instruire par notre propre intelligence? Plaisanterie! direz-vous. Autre chose est d'avoir un droit et autre chose de savoir en user; autre chose est de posséder les moyens et autre chose qu'ils soient adaptés à la fin. On le sait; les habits doivent être proportionnés à la taille, les travaux aux forces, les secours aux besoins, les emplois aux capacités; et comment le petit enfant pourrait-il s'élever par lui-même, le malade se guérir seul ; et, dans la famille, les enfants se suffire sans leurs parents? Quelle figure ferait mon habit sur un nain et le pantalon d'un nain sur ces deux grandes perches que la nature m'a données pour jambes? — Ici donc, comme on le voit, il n'y a pas lieu d'appliquer le niveau de la justice; et le droit au bonheur n'emporte pas le droit d'agir par soi-même et de s'égaler aux autres; ici, on admet que le droit à un bonheur égal n'entraîne pas pour conséquence l'identité des moyens à prendre pour l'obtenir. Le paralogisme, je ne sais pourquoi, veut se confiner dans le seul ordre politique. Oh! là, *tous* ont un égal droit au commandement, parce que tous ont également le droit d'être heureux; comme si l'habileté politique, l'art de connaître et de gouverner les hommes et les choses fussent universels dans le genre humain, ainsi que le sont le désir et le droit au bonheur; comme s'il était plus facile de gouverner une société sans sagesse politique, que de guérir un malade sans connaître la médecine, ou d'apprendre une science sans maître! Eh! qui ne voit que, dans cet ordre de choses, la parfaite égalité est le comble de l'injustice? Et que donner à tous les ouvriers les mêmes instruments, ce serait mettre un obstacle à l'obtention de la fin, lorsque tous n'ont pas les mêmes forces? Savez-vous que si l'idée de cette curieuse justice devenait la règle du commerce et des arts, nous verrions bientôt des choses tout à fait surprenantes? —Le menuisier, le forgeron envieraient bientôt les outils si délicats du facteur de pianos et de l'horloger!« Soyons égaux, diraient-ils. Et pourquoi ne pourrions-nous pas nous servir de ces scies élégantes, de ces pinces légères, à la place de ces lourds instruments dont l'usage rend nos mains calleuses? Soyons frères, dirait le carrier au sculpteur; prêtez-moi vos ciseaux pour extraire ces rochers dans la montagne. Soyons frères, répéterait aussi le badigeonneur, et il demanderait au miniaturiste ses plus petits pinceaux pour blanchir les maisons. » Vous-même, cher lecteur, vous viendriez à notre imprimerie avec une piastre pour acheter un livre. « Holà! vous répondrai-je, l'égalité dans les contrats ne le permet pas : si vous voulez un livre, donnez-moi un livre semblable, mais si vous me présentez une piastre, je ne puis que vous en rendre une pareille. » Vous essaieriez de me persuader qu'un *lec-teur* a besoin de livres et un vendeur d'argent! « La justice! la justice, vous dirai-je en criant plus fort que vous, l'égalité! l'égalité! »

95. — Si tout cela vous paraît une supposition folle et stupide, comment pourrez-vous justifier l'assertion de ceux qui prétendent avoir rendu tous les citoyens égaux devant la loi, en leur accordant à tous un bulletin d'égale valeur à jeter dans l'urne électorale? En vérité, vous m'avez fait là un beau présent! Je suis un pauvre nigaud; il est vrai, l'homme le plus honnête qui ait jamais porté botte ou chapeau; mais vivant renfermé dans ma maison, ignorant et ignoré et ne connaissant ni électeurs ni éligibles! Oui, vous m'avez fait un beau présent, en me remettant en main ce bulletin de vote avec lequel un intrigant fera des merveilles à la façon de ceux qui sont si habiles au jeu du gobelet, mais avec lequel moi je ne ferai que des sottises, avec lequel je donnerai peut-être ma voix à un candidat prêt à me trahir, moi, ma famille, ma parenté, ma ville, ma province et même peut-être ma patrie tout entière pour obtenir un portefeuille ou une bourse remplie d'or! Et ce qui m'arrivera à moi, remarquez-le bien, arrivera à des milliers et à des milliers d'autres, puisque la graine des gens simples et ignorants est la plus féconde de toutes.

Comprenons-le donc une bonne fois : la justice sociale est fondée sur la proportion et l'harmonie, et non sur l'égalité numérique. Et de même que le chef-d'œuvre de la Justice divine brille dans l'inégalité des conditions humaines, ainsi détruire cette inégalité, sans avoir auparavant détruit l'inégalité des êtres, serait le comble de l'injustice humaine... Égalisez d'abord les intelligences dans les têtes, les forces dans les bras, le nombre dans les familles, la propagation dans les races, les influences dans les professions, l'étendue dans les relations;... et après cela vous viendrez me parler de justice dans le suffrage universel. Je sais que souvent le peuple mesure la justice avec l'empan, ou la pèse avec la balance, règles matérielles comme lui; et voilà pourquoi cette égalité politique, en vertu de laquelle il jouit du beau droit de se faire mener par le bout du nez par le premier hâbleur de club qui lui promet l'Eldorado ou un pays de Cocagne, voilà pourquoi, dis-je, cette égalité paraît au peuple une découverte aussi heureuse que neuve. Du reste, il n'en saurait être autrement, puisqu'il n'y a pas de *bipède* si *simple* qu'il ne se croie fait pour gouverner un empire, fût-ce celui d'un Charlemagne. — Mais vous, lecteur avisé, vous avez une autre mesure morale que la balance et l'empan... Aussi, avouez-le, donner à tous également le droit de suffrage, en leur criant : « Voici les conditions et les sorts égalisés, » c'est absolument comme si l'on donnait à tous des souliers et des habits de même dimension, en leur criant : « Et maintenant vous voilà tous également bien chaussés et bien vêtus ! »

96. — Par là vous pourrez comprendre pourquoi les expériences du suffrage universel ont jusqu'ici réussi... à rebours; et pourquoi, à mesure que ce droit s'est développé, la société a toujours fait entendre plus de

plaintes. Depuis la monade colossale du grand Roi jusqu'au *communisme* de Proudhon, la société n'a fait autre chose que d'élargir continuellement la bouche de l'urne électorale, et celle-ci, en s'ouvrant, a déversé sur la société un torrent de maux à rendre jalouse l'urne de Pandore. Au monarque absolu, la société a vu succéder le pouvoir prépondérant des parlements royaux. « Trop de *monarchie*, s'est alors écrié d'en bas un orgueil mécontent, et les États ont été réunis ; trop d'aristocratie, a clamé, à son tour, un autre orgueil inférieur au premier ; et les trois ordres se sont unis en un seul ; encore trop de privilèges, a repris un autre orgueil après la *parenthèse* Napoléonienne ; et alors est né sur les barricades le roi-citoyen ; à bas l'aristocratie d'argent, a-t-on crié ensuite, et l'urne électorale s'est dilatée jusqu'à recevoir sept millions de voix. « Allons ! a poursuivi *Saint-Simon*, que la femme ait sa part de gouvernement ; et l'on tenta de donner le commandement même au sexe le plus faible. » Non, plus de gouvernement, rugit aujourd'hui Proudhon (1), puisque chacun de nous est souverain. Que reste-t-il à parcourir dans cette voie ?... Une seule étape ; et, n'en doutez pas, nous la fournirons... On criera : « Non ; plus d'enfants, plus d'insensés, plus de *crétins*. Tous, nous sommes hommes, tous, nous avons droit au bonheur, tous, nous avons une manière personnelle de le ressentir et de le posséder ; donc nous avons tous un égal droit au commandement. » Tel est le terme suprême où vise la théorie du suffrage universel ; c'est-à-

____

(1) *Voix du peuple*, 22 et 28 janvier 1850.

dire : dissolution universelle de la société, abandon des malheureux à la supercherie des vauriens, abandon de l'ordre à la violence des plus forts. On avait vu quelqu'un des gouvernants employer au malheur des petits la puissance sociale faite pour les aider ; — alors on a cherché et on a trouvé le bel expédient d'abolir cette puissance, en réduisant chacun aux forces individuelles de sa raison et de son corps. Ainsi, à l'homme de bien qui reste opprimé, le fourbe, le puissant ont trouvé le moyen d'imposer le joug tyrannique de leurs vexations et même d'y ajouter ce surplus d'amère dérision : « Tu es libre ; tu m'as choisi toi-même pour ton représentant ; je dois te procurer le bonheur et protéger tes intérêts. » *Voilà ce qui s'appelle la justice sociale du suffrage universel.*

Quelqu'un, se rappelant les faits arrivés en France après la publication de ces pages dans la *Civiltà cattolica*, ne manquera sans doute pas de nous dire : « Mais voyez plutôt : si la France a retrouvé un peu de paix, si elle s'est arrachée aux poignards et aux torches, si elle a rétabli l'ordre public, si elle a recouvré son influence européenne et est revenue à ses *aspirations* catholiques, elle doit ces avantages et mille autres au suffrage universel ; oui, au suffrage universel lui-même. » — L'objection fera sourire quiconque a suivi du regard les événements... Car ce que fut ce suffrage universel, nous le dirons bientôt. Et puis, qui ignore comment fut dirigée l'opération de ce suffrage? Ce fut par le silence imposé aux journaux, par l'accès de la tribune rendu comme impossible, par la police surveil-

lant tous les cabarets, par l'incarcération des démagogues, en un mot par tous les moyens que mit en jeu
une politique savante, afin de neutraliser les effets naturels du suffrage universel ? Puis, qui fut le vrai guide
de tout ce mouvement ? A la place de Louis-Napoléon
supposez un Mirabeau, un Caussidière ; et dites-moi
quels eussent été les résultats ? Le fait a réussi et nous
en sommes redevables à la Providence. — Mais, aux
yeux et dans le langage des hommes, cette Providence
n'est que le *hasard*, la *fortune* qui a remis cette fois
le pouvoir aux mains d'un homme capable, et qui a fait
réussir un coup que tous regardaient comme impossible. — Ainsi c'est au hasard et à la fortune que vous
remettez le sort de la société en donnant à tous le droit
de suffrage.

97. — Jusqu'à présent nous nous sommes surtout
appliqués à dissiper une illusion qui a séduit beaucoup
d'esprits généreux. Enflammés du désir de voir la justice régner dans la société, ils n'ont pas fait cette réflexion : « Que la justice sociale *doit envisager la fin*
et non les moyens; qu'elle doit travailler à nous rendre
tous heureux, mais qu'elle ne doit pas, pour procurer
à tous le bonheur, employer les mêmes moyens.

Après avoir enlevé à cette théorie l'appui chancelant d'une justice fausse, même dans l'ordre politique,
nous pourrions, à plus forte raison, conclure que, dans
l'ordre religieux, ce système ne se tient pas, et terminer
par là notre article.

Mais parce que c'est une œuvre longue et très difficile de déraciner des préjugés qui ont envahi la société

entière, le lecteur nous permettra de poursuivre cette étude sur le *suffrage universel ;* nous le considérerons maintenant au *point de vue* des intérêts qu'il est appelé à défendre ; c'est ce qui le rend si cher aux hommes du peuple, surtout dans les pays où l'expérience n'a pas été faite de la vanité et même de la nature pernicieuse d'un tel moyen. Ils s'imaginent porter au front un diadème, quand on fait tomber à leurs pieds et jusque dans la boue la pluie des bulletins électoraux. Pauvres jouets d'un charlatan politique, qui ne comprennent pas qu'il y a un abîme entre écrire une loi et la faire exécuter, et combien est funeste pour une société une loi dont l'accomplissement est impossible.

En effet, accoutumer le peuple à violer habituelle-.ment une loi, sans pouvoir jamais lui infliger une peine qui rétablisse dans son esprit le respect et la crainte de l'autorité et de la justice, c'est amortir peu à peu dans son cœur le sentiment de la morale, principe de vie pour la société. La force matérielle peut bien contenir quelques scélérats ; mais malheur à une nation si cette force matérielle devient la seule digue contre l'immense multitude ! Car pourrez-vous jamais rendre cette digue assez puissante si la société entière ne connaît plus de force morale ?

Or, tel est l'effet qui doit se produire dans le peuple, quand il voit prescrire *par des lois* ce qui sera toujours inexécuté, toujours impossible. La loi prend alors à ses yeux l'aspect d'une formalité ; et le législateur, le caractère d'un personnage extravagant ; et quand, en présence d'une loi, il peut dire que l'autorité ne doit pas être obéie, la raison même de l'obéissance est détruite dans les esprits par rapport à toutes les autres lois.

Enfin, lorsque la loi violée est considérée par le peuple comme une loi protectrice de ses intérêts, cette violation acquiert un caractère infiniment plus pernicieux; car alors, l'autorité publique, tout's les fois qu'elle veut obtenir des sujets l'observation des lois, ne leur apparaît plus que comme une puissance intéressée à opprimer. D'où ce reproche si fréquent : les lois favorables à ceux qui commandent sont observées, les lois favorables au peuple sont foulées aux pieds.

Or, quel germe de mécontentement semé au sein d'une nation, lorsque, d'un côté, on proclame bien haut que tout homme raisonnable, en vertu même de sa nature, a droit de gouverner et que, de l'autre côté et en fait, le gouvernement lui est interdit ! Germe d'autant plus funeste que, cette théorie mensongère ayant obtenu l'investiture du droit, le peuple n'a point à demander à d'autres qu'à lui-même la force nécessaire pour la réaliser dans la société.

Si donc le droit de tous à gouverner est chose impossible, proclamer ce droit est une chose désastreuse. Or, l'impossibilité est aujourd'hui si patente que les plus aveugles doivent la toucher avec la main. Après avoir décrété le *suffrage universel,* comme un devoir essentiel de la société humaine, on ne met pas le décret à exécution, et du même coup toute loi devient injuste, *incompétente,* invalide. Après avoir mis en jeu les forces gigantesques d'une des plus fortes nations de l'Europe, afin de réaliser une utopie, à quoi est-on finalement arrivé? A avoir la sixième partie des votes *nécessaires*, d'après le système lui-même pour légitimer la loi ; à avoir six millions de suffrages sur trente-six millions d'habitants! Cela ne veut-il pas dire que le suffrage est aussi impossible qu'injuste?

Apprenez-le de quelqu'un qui a vu de près l'avortement de cet effort gigantesque. Apprenez-le de Thiers, dans la séance du 24 mai, et voyez combien d'hommes en France sont déjà désabusés, après deux années seulement d'une funeste et laborieuse expérience. Thiers s'adressait à la Montagne : « Vous dites que nous ne sommes pas dans l'esprit de la constitution, parce que celle-ci a établi le *suffrage universel*... Mais c'est là un misérable jeu de mots. En effet, le mot « *universel* » ou prouve trop ou ne prouve rien. Si vous le prenez rigoureusement pour signifier *tous* sans exception..., pourquoi les votes ont-ils été ensuite limités par la constitution à neuf millions seulement de citoyens? »

Les femmes, direz-vous en premier lieu, sont naturellement exclues. Mais pourquoi? Parce que vous les jugez incapables de bien connaître le pays. Très bien. Voilà donc l'universalité réduite de moitié... et ramenée de trente-six à dix-huit millions. Vous retrancherez neuf autre millions à cause de la faiblesse de l'âge; et s'il s'agit ici des seuls enfants, je serai d'accord avec vous. Mais pourquoi ne donnez-vous pas le droit de suffrage aux mineurs émancipés de dix-huit ans? Ceci est pur arbitraire... et la raison, c'est qu'il vous a plu de fixer vingt et un ans... Restent alors neuf millions d'électeurs, sur lesquels *trois millions*, soit bêtise, soit abjection, n'ont pu être amenés à donner leur vote.

Donc le mot « *universel* » ne veut pas dire « *tous* ». Et Thiers a raison. Ce mot ne veut pas dire tous, parce que la nature s'oppose à ce sens. Mais ceux qui parlent la langue du peuple, et qui, d'après l'interprétation de Thiers lui-même, se trouvent exclus du droit de suffrage, ceux qui par cette exclusion sont vraiment offensés ou croient l'être; ceux en un mot qui se trouvent réduits à l'impuissance de protéger leurs propres intérêts, pensez-vous qu'ils se contenteront d'une interprétation aussi *illogique*, et aussi *incohérente* ? Je dis incohérente, parce que la raison alléguée par Thiers pour exclure les femmes n'a pas la moindre force dans la théorie du suffrage universel. Celle-ci fait découler le droit à se gouverner soi-même, premièrement de la *raison humaine;* nous ne la dénierons certainement pas aux femmes, quelle que soit leur infériorité; en second lieu *des intérêts* qui doivent être représentés; mais ce motif donne d'autant plus le droit de vote aux femmes qu'elles sont plus incapables de soutenir leurs intérêts par la force.

Ainsi l'entendent les saints-simoniens et consorts ; ainsi l'entend le club des femmes réuni à Paris et ailleurs ; ainsi l'entendent peu à peu tous ceux qui, malgré leur majorité, ont été exclus arbitrairement. Et ceux qui sont encore mineurs, croyez-vous qu'ils seront contents? Et ces imberbes de dix à douze ans qui, par crainte de l'allemand, vont si *généreusement* s'enrôler à Rome dans les légions de la « *Speranza* », supporteront-ils d'avoir le droit de citoyen pour être exposés aux boulets autrichiens, et de ne plus l'avoir quand il s'agira de déposer dans l'urne la petite boule électorale ? A peine par conséquent restera-t-il à exclure les bambins et les bêtes, si toutefois la société philanthropique, fondée en Allemagne pour défendre les droits de ces dernières, ne parvient pas à leur obtenir une part dans le *suffrage universel.*

Le suffrage universel est donc plus facile à décréter qu'à exécuter ; les exclusions plus faciles à prononcer qu'à justifier ; non justifiées, elles sèmeront des germes de mécontentement dans la société, comme il est arrivé dernièrement (1850) en France, où les amis de l'ordre, pour avoir adopté en théorie le principe protestant, se trouvent dans une situation contradictoire et indigne d'un peuple : celle de ne pouvoir défendre l'existence de la société sans violer ce qui, dans leur système, est un devoir de justice et un droit de tout homme raisonnable.

98. — Voilà donc où en vient une société lorsque, au lieu de voir, dans la disparité des conditions sociales, une ordonnance admirable de la Providence, on voit avec des yeux de païen, un malheur pour le faible et une injustice de la Fortune. Le catholicisme, « qui, en honorant la pauvreté dans un Dieu fait homme, l'avait recommandée à l'amour du riche et avait établi celui-ci administrateur des biens de ce monde en faveur des pauvres », le catholicisme nous enseignait qu'il y a dans la diversité des conditions un élément d'association entre les individus, comme il y a dans la diversité

des produits de différents pays un lien social qui unit par le commerce tous les peuples de la terre. Mais cette idée si noble et si humaine du catholicisme vient nécessairement à chanceler, lorsque s'affaiblit dans les esprits et dans les cœurs l'estime du ciel et le mépris des biens de la terre; lorsque le riche, loin de se tenir obligé de nourrir le pauvre de son superflu, perd jusqu'à l'idée qu'il a un superflu, ne sachant plus rien refuser à la faim insatiable de ses appétits et de ses caprices. Dans une telle société, le peuple, non moins altéré de plaisirs que le riche, mais en même temps aussi privé de ces plaisirs que le riche en est rassasié, le peuple, dis-je, doit nécessairement envier le pouvoir comme un moyen de faire cesser l'oppression. Avec cela, dites à ce peuple que *commander* est pour lui un droit inaliénable, et vous verrez dans quel état de perpétuelle convulsion vous l'aurez jeté, puisqu'en réalité il lui est impossible de satisfaire jamais ses désirs.

99. — Me fais-je illusion en croyant que j'ai démontré avec évidence l'impossibilité et le vice, non moins que l'injustice du suffrage universel? Je ne sais; mais que j'aie fait ou non cette preuve, je ne pousse pas l'illusion jusqu'à attendre de tout lecteur un assentiment plein et absolu. L'idée du commandement est si fascinante, et la nature humaine si prompte à concevoir le vrai sous des formes matérielles, que beaucoup encore ne cesseront pas de regarder le suffrage universel comme le bien suprême de la société et comme le chef-d'œuvre de l'égalité politique. Ah! si nous pouvions le réaliser! Si, de fait, nous avions en main le pouvoir

de dicter des lois! Et qui ne voit que quand le législateur nous sert mal nous pourrions le déposer et améliorer notre sort ? Dites que c'est difficile, impossible
même, si vous le voulez; mais essayer de nous persuader que ce ne serait pas utile, essayer de nous persuader que nous ne connaissons pas nos maux, oh ! cela
est trop fort !

Aussi, mes chers amis, n'est-ce pas ce que je prétends. Je ne dis pas que le peuple ne sent pas ses
maux ; je dis qu'il n'en connaît pas le remède ; et Romagnosi le disait avant moi, lorsqu'il proclamait le
néant de ces institutions sociales par lesquelles l'Italie
prétendait singer les étrangers.

Grande est donc la différence entre sentir le mal et
connaître le remède. Et je ne parle pas ici seulement
des maladies physiques, mais surtout des maladies morales ; car lorsqu'il s'agit de celles-ci, il est extrèmement rare, pour ne pas dire impossible, de trouver dans
la même personne et le sentiment de son infirmité et
l'art efficace de s'en guérir ; et cela par une raison qui
saute aux yeux de tous. En effet, d'où vient d'ordinaire
la souffrance morale ? D'une faiblesse *de raison* qui
ne fait pas éviter le mal et d'une force de passion qui
rend cette souffrance plus vive. Le remède serait évidemment une disposition toute contraire : une grande
force pour connaître le mal et une grande modération
de la passion pour le supporter. Comprenez cela par un
exemple : d'où vient la souffrance d'un homme irrité ?
De ce qu'il ne prévoit pas les offenses pour les éviter et
de ce qu'il est dominé par une colère qui le transporte.

Or quel remède emploie la passion pour repousser cette souffrance? Elle se fâche, s'échauffe, enrage, elle double la douleur; et pour une injure qu'elle voudrait éloigner, elle en provoque mille autres de la part de ceux qui prennent sa défense.

Voyez ce joueur penché sur son échiquier, il se débat, se ronge, blasphème à cause de son malheur. Quel serait le remède ? s'en aller et travailler pour regagner l'argent perdu. Mais est-ce là ce que la passion lui conseille? Non; elle le pousse à multiplier ses enjeux et à perdre jusqu'à son dernier habit. A cet exemple, ajoutez-en autant que vous voudrez ; toujours vous aurez le même résultat. Sentir le mal est tout autre chose que d'en connaître le remède ; et vous en avez la preuve palpable dans les fureurs de ce communisme moderne qui, pour soulager la misère du peuple, a trouvé l'étrange remède d'incendier les maisons, de consumer les richesses, d'enrayer le commerce, de saccager les caisses et d'effrayer les capitaux qui n'osent plus se montrer.

Le peuple, avec ses idées matérielles, ne pourra jamais comprendre ces ressorts secrets par lesquels une institution sociale semble viser à un but et atteint, en réalité, un point tout opposé. Donc remettre son propre sort aux mains du peuple, c'est rendre impossible la guérison de ses misères sociales.

100. — Quelqu'un me répondra : « Le suffrage universel, aux mains du peuple, doit servir à nommer les législateurs, et non à faire des lois. »

Il est facile de comprendre la faiblesse de cette

réponse. En effet, ou vous croyez que, par le suffrage, le peuple n'aura pas d'influence sur les lois elles-mêmes et alors lui donner ce droit de suffrage est une dérision ; ou vous croyez qu'il aura une influence, et, dans ce cas, l'ignorance du peuple sera essentiellement nuisible. La vérité est que cette influence du peuple a une efficacité dans la société... ; mais cette efficacité finalement n'aboutit pas à autre chose, sinon à mettre la société dans cet état de perpétuelle oscillation où tout bien social lui est absolument impossible, non seulement dans l'ordre moral, mais encore dans l'ordre économique. Chaque jour, dit très bien Frédéric Bastiat, surgit parmi les hâbleurs politiques un escroc qui promet tout au peuple : « Pauvre peuple, lui dit-il, comme tu es malmené par tes gouvernants ! Ah ! si j'avais en main le portefeuille ministériel, tu verrais comme bientôt j'aurais fait table rase du papier timbré, du droit de mouture, des douanes et de la régie, de l'impôt sur les terres et de la capitation ! Tu verrais comme bientôt de Brindes au Mont-Cenis régneraient partout les primes d'encouragement, et les augmentations de salaire, et le travail pour tous, et les paiements au comptant. Bref ! plus de misère et la liberté pour tous. » — Et le peuple le croit, espère, vocifère, se révolte et hisse au ministère son tribun...

Et maintenant à l'œuvre : abolissez les impôts, et semez l'argent dans le peuple. Mais comment faire ? L'État ne peut donner de la main droite, s'il ne reçoit de la main gauche. On commence bien avec une certaine profusion en faveur des amis... mais ensuite...?

il faut étudier de nouveaux modes d'impôts... un nouvel art, disait Helvétius, pour faire passer l'argent de la bourse des citoyens dans les caisses du fisc — et ici, vous le savez, oh! ici nous sommes tous *péripatéticiens*, nous avons tous *l'horreur du vide*.— Que faire donc? Eh bien! A bas le ministre! s'écrie-t-on. Et sur l'heure se glisse un nouvel escroc qui à son tour fait entendre au peuple et les mêmes plaintes et les mêmes promesses de félicité (1). Telle est l'histoire de tous les suffrages plus ou moins universels, en commençant par ceux qui ont proclamé les États généraux jusqu'à la dernière Assemblée française. Quant à notre Italie, nous savons avec quelle rapidité des ministres plus ou moins ridicules et impuissants se succèdent dans la grande tâche de rendre le peuple heureux, quand le suffrage devient républicain.

101. — Êtes-vous persuadé que le suffrage universel est impossible, injuste, impuissant et nuisible? Eh bien, à tous ces qualificatifs je veux en ajouter un autre : c'est qu'il est menteur, et quand il promet de représenter les intérêts de tous, il n'en représente véritablement aucun. Cela, je le conçois, vous paraît un paradoxe; mais veuillez m'écouter, et vous verrez que *cette proposition est démontrée plus encore par les faits que par les raisonnements.*

D'où vient le leurre de ceux qui tiennent le bien commun comme assuré, du jour où chaque individu pourra donner son suffrage? De ce que, si je ne me trompe, chaque électeur a le sentiment de ses propres besoins :

____

(1) Bastiat, *l'État*, pp. 16 et sqq.

Or, la somme des besoins de tous les individus associés constitue, dit-on, le besoin général de la société elle-même. Donc la société sera bien administrée, lorsque tous auront droit au suffrage. C'est là, je crois, le dernier sophisme des partisans du suffrage universel, comme source certaine du bien public.

Mais qui ne voit la fausseté de cet argument? Le bien public est tout autre chose que l'intérêt privé des individus, puisque l'intérêt des individus est le grand ennemi du bien public, et que de fait nous entendons chaque jour les publicistes, à quelque parti qu'ils appartiennent, nous exhorter à sacrifier au bien commun tous nos intérêts privés. La chose est, du reste, si évidente que les *utilitaires eux-mêmes*, selon lesquels cependant la société est basée sur l'intérêt, vous arrêtent à l'entrée de leur cité et vous demandent que, pour en devenir membre vous fassiez le sacrifice de vos jugements, de vos volontés, de vos richesses et de tout ce qui peut contribuer au bien social. Donc la somme des intérêts privés ne peut être identique au bien public : puisque, si cela était, le sacrifice des intérêts privés serait le sacrifice d'une partie du bien commun. — *Savez-vous ce que c'est que le bien social?* C'est essentiellement l'ordre d'une inviolable justice, en vertu de laquelle chacun peut librement déployer ses propres forces et jouir de ses propres droits. Lorsque cet ordre règne, il ne manque certainement pas, en cette vallée de larmes, d'épines pour vous déchirer; non toutefois jusqu'à surprendre et désarçonner un homme raisonnable. Mais quand c'est le désordre qui règne, le vice qui triomphe, la vertu qui est châtiée, le droit qui est foulé aux pieds, alors le mal est le mal public et le malheur est le malheur de la société. Donc il est très faux que, si les intérêts sont représentés, le bien public soit par là même obtenu. Pour l'obtenir, il faudrait qu'avec le suffrage universel on eût la représentation, non pas des intérêts, mais des sentiments moraux : or est-ce là l'effet des élections du suffrage universel? L'universalité des électeurs est-elle mue par l'amour de la justice plutôt que par l'amour de ses intérêts? Si ce n'est pas l'amour de la justice, mais l'intérêt principalement qui les pousse, nous aurons bien, à condition d'un bon choix, les *représentants des intérêts*, nous n'aurons pas de vrais amis, de vrais ouvriers du bien public. Par hasard tel ou tel député, vu ses dispositions personnelles, favorisera peut-être l'ordre et la justice. Mais l'institution du suffrage universel ne vise pas et ne peut pas viser au bien public (1).

(1) Je ne puis résister ici au désir de présenter le même argument, mais sous une forme diverse, d'après l'Ill. Rosmini. Il semble avoir réfuté d'avance les « Cinq Plaies ». — « Il est bizarre, dit-il, de voir comment Al. Tocqueville, qui parle si bien de *la tyrannie de la majorité*, se laisse pourtant glisser à quelques erreurs trop communes, pendant qu'il en combat d'autres avec toute la finesse particulière de son esprit. Une de ces erreurs, dont l'éminent écrivain n'a pas su se garder, est celle qui regarde *la vraie base* de la liberté humaine. Cette base n'est autre que la justice, autant indépendante du genre humain tout entier que *la vérité* elle-même. En effet, cette justice est éternelle. Dieu lui-même ne la forme pas; il la révèle et la fait rayonner de son sein. — Or, qui croira que l'auteur précité nous représente la justice comme une chose dépendante de la majorité des hommes, et la range ainsi au nombre des œuvres humaines .. ? Après avoir prononcé cette belle sentence: « Je regarde comme impie et détestable cette maxime qu'en matière de gouvernement la majorité d'un peuple a le droit de faire tout ce qu'elle veut » Tocqueville, ajoute cette autre proposition presque inconcevable : « Et toutefois je place dans la volonté de la majorité la source de tous les pouvoirs. » — Or comment cherche-t-il à concilier ces deux propositions ouvertement contraires? Il existe, dit-

102. — Au moins les intérêts seront-ils représentés fidèlement? — En aucune façon. Non ; avec la grande machine du suffrage universel, vous n'obtiendrez pas même la représentation véridique des intérêts matériels. En effet, pour représenter l'homme tel qu'il est en réalité, il faut le représenter selon toutes les relations très compliquées où se passe naturellement sa vie. L'homme appartient à mille agrégations diverses, qui ont leur influence sur les individus sans que ceux-ci en connais-sent pleinement la cause. D'où il arrive que chacun en son particulier, loin de conspirer spontanément au bien véritable, tend, par intérêt, dans ces agrégations, à avoir l'avantage sur les autres. Jalousie d'argent dans la famille, de gloire dans les associations litté-raires, de luxe dans les réunions mondaines, rivalité d'emplois dans les corps administratifs, faiblesse dans la société religieuse, antagonisme dans les professions et les métiers... bref... autant de différentes formes d'associations naturelles ou artificielles dans lesquelles l'homme se trouve engrené, autant d'intérêts personnels que l'individu cherche à faire prévaloir contre ses coasso-

---

il, une loi générale *qui a été faite*, ou au moins *embrassée* non par la majorité de tel ou tel peuple, mais par la majorité de tous les hommes. Cette loi est la justice. La justice est donc ce qui délimite les droits de tout peuple. » (Tom. II, c. vii.) Mais, j'en demande pardon à l'auteur, la justice n'a pas été faite par la majorité des hommes ; — et quand bien même cette majorité l'aurait rejetée, elle n'en serait pas moins la seule source des pouvoirs légitimes. Ce n'est donc pas de la majorité que dérivent les pouvoirs justes. Cette majorité aussi bien que la mi-norité n'a qu'une chose à faire : Ecouter ces pouvoirs et se soumettre à la justice. En agissant autrement, elle usurpe des pouvoirs qui ne lui appartiennent pas et mérite pleinement d'être condamnée. — Si l'on soutient le contraire de cette doctrine, on ouvre inévitablement la porte à l'arbitraire et à la tyrannie. »

(Rosmini, l.c., nota 1.)

ciés. Si donc vous donnez le suffrage universel, non
aux agrégations, mais aux individus, vous aurez la
représentation des intérêts individuels, mais non celle
de l'intérêt des associations. Prenons-en un exemple
palpitant d'actualité : Cette loi *contre la main-morte,*
dont on s'est servi pour tyranniser l'Église et les con-
grégations, passerait-elle aujourd'hui si facilement à
la chambre de Turin, laquelle, au lieu d'être composée
d'individus isolés, *fidèle représentation de l'égoïsme,*
réunit les vrais représentants des associations subordonnées? Et cela, remarquez-le, selon la forme organique
essentielle à la société civile? Car la société civile n'est
pas un *rassemblement, un agrégat* d'individus humains; c'est un *corps organique* servi, dans ses différentes fonctions, par des membres divers; de façon que
si vous ne la représentez pas dans son organisme, jamais vous ne pourrez la dire véritablement représentée,
pas plus *qu'un bœuf* ne le serait par un amas de mor-
ceaux de chair taillés dans son corps par le boucher.
La Représentation nationale par voie de suffrage universel n'est donc pas une *image fidèle* des intérêts
sociaux; c'est bien plutôt une *désorganisation* qui
rapetisse la société. Elle la réduit aux formes d'un cupide égoïsme, elle lui fait perdre ses traits naturels;
elle ne la fait plus voir que sous l'aspect monstrueux de
cette réunion de législateurs qui, au lieu de travailler
au bien commun, ne font entendre que la voix des intérêts privés... Et en attendant, le mal le plus vivement
senti, c'est celui des corps sociaux parce qu'il retombe
sur un grand nombre d'individus. — Ainsi en multi-

pliant les suffrages vous ruinez le bien public, au lieu de l'affermir ; vous travaillez au mécontentement et non à la tranquillité de la société.

103. — Lisez les chroniques scandaleuses des collèges électoraux de tous les pays, écoutez les débats sur les réformes électorales, examinez les plaintes et les accusations portées contre les députés et les ministres en matière d'élections ; les faits viendront confirmer la démonstration que nous venons de faire ; vous verrez des suffrages publiquement mis à prix, des candidatures notoirement vénales ; l'habileté d'un ministre consistant à vider d'abord le trésor de l'État pour acheter des votes, et puis à le remplir, grâce aux voix qu'il aura payées. Et vous pourriez encore espérer que toutes ces machinations aboutiront au bien public ? Non, non. Si, d'abord et avant tout, le gouvernement n'est pas honnête, il faut dire adieu à l'honnêteté des lois.

104. — Mais au moins, répliquent quelques-uns, en multipliant les gouvernants, on multiplie par là même la représentation des intérêts. — Erreur non moins évidente que les autres : car qu'un ministre offre à un député une compensation au dommage que celui-ci aurait à craindre en vous trahissant, soyez sûr que ce député vous trahira. Or, plus vous descendez dans la société, en multipliant le droit de suffrage, et plus il est facile de trouver des compensations aux modiques pertes subies par un député ou par un électeur vulgaire. Donc le perfectionnement social du suffrage universel se réduit finalement à faciliter, à rendre légale la plus

universelle corruption. Quant à la représentation vraie et fidèle des intérêts *de la famille, de la commune, de la ville, de la province,* vous ne pouvez pas la demander à l'universalité d'un *suffrage intéressé*, mais uniquement à la sagesse et à la droiture de celui qui le dirige.

Vous direz peut-être que le suffrage universel ira toujours chercher les hommes honnêtes et sages. Cette réplique pourrait avoir quelque valeur dans une société tranquille et entièrement composée d'hommes droits et éclairés. Mais comme, par malheur, la multitude n'est point telle dans les sociétés civiles et surtout dans les sociétés contemporaines, comme les hommes droits et éclairés sont eux-mêmes chancelants dans ces temps d'effervescence politique, comme les jours où le suffrage des multitudes est le plus bouleversé sont précisément ceux où seraient plus nécessaires une grande sagesse et une grande probité dans les gouvernants, on ne peut pas croire que le suffrage universel sera un remède à tant de maux, amènera des élections sages et désintéressées : l'expérience des faits vient tout entière à l'appui de la théorie ; et, au fond, cette théorie n'est que l'explication philosophique des faits.

105. — Pour conclure et pour mettre en pleine lumière, par un dernier trait, la vérité que je défends, permettez-moi, cher lecteur, de vous interroger en toute discrétion, et la main sur la conscience. Veuillez répondre à cette question : *Êtes-vous bien persuadé que l'autorité est une nécessité sociale?* Qu'une société sans autorité n'est plus viable? Vous ne le nierez pas,

j'en suis certain, puisque tous les politiques proclament qu'une association quelconque est impossible sans autorité.

Eh bien ! rentrez maintenant en vous-même et considérez le terme extrême où doit conduire le suffrage universel dans l'intention de ses fauteurs. N'est-ce pas celui-ci : *arriver à ce que tous gouvernent?* Je comprends que pour vous il y a une grande différence entre *gouvernement de tous* et *gouvernement du consentement de tous;* puisque le mot tous indique la pluralité, et le mot *consentement,* l'unité. Malgré cela, vous comprendrez qu'il y a une immense difficulté pour obtenir ce consentement dans une nation nombreuse; vous comprendrez que, chez un peuple de vingt ou trente millions d'hommes, les minorités sont assez importantes pour se faire respecter et craindre; d'autant plus que, dans les élections, la majorité a été plus d'une fois douteuse, et que la minorité, par son action, triomphe souvent de l'avantage du nombre. Pesez toutes ces observations, et vous verrez qu'en dernière analyse le suffrage universel doit aboutir à une abolition totale de tout gouvernement; abolition prédite par les Illuminés d'Allemagne, proposée comme la fin de la société par leurs publicistes, préparée de nos jours et menaçant de s'imposer à la France, grâce à Proudhon et à ses communistes (1). Du reste, c'est le désir le plus ancien de l'homme rebelle, l'écho funeste de *l'arrogant* « Non serviam »

____

(1) *Voir du peuple,* **22 et 28 janvier 1850...**

prononcé par Lucifer à l'origine des temps et qui sortira du cœur des impies jusqu'au dernier des jours.

106. — Tel est donc le terme où conduirait finalement le suffrage universel, si jamais il venait à se réaliser. Mais non, mille fois non : jamais on ne pourra, dans une multitude bouleversée, connaître avec certitude et vérité la volonté de tous, volonté pure de vénalité, de cupidité, d'orgueil et de violence. Par conséquent, en face de cette impossibilité naturelle, proclamer le droit inaliénable de tous au suffrage, en exciter la convoitise dans le peuple, c'est jeter dans la société une semence de discorde et de rébellion, c'est maintenir éternelle l'effervescence des passions les plus féroces. Qu'on accorde au peuple, dans le gouvernement, cela convient à ceux qui en ont le droit, une influence plus large, mais toujours soumise à un pouvoir modérateur, je n'ai ici l'intention ni de le conseiller ni d'en dissuader. Je soutiens seulement, et je crois l'avoir démontré, que la nature ne donne point un tel droit à tous les individus dans une société ; que, dans la pratique, cela serait injuste, impossible, pernicieux, mensonger ; enfin, que cela conduirait à l'abolition absolue de tout gouvernement, au bouleversement de la société, à une complète anarchie.

107. — Si ma dissertation a réussi à rendre au moins *douteux le prétendu droit naturel* du peuple à élire ses chefs, l'illustre auteur qui m'a fourni l'occasion d'entrer dans cette discussion avec mes lecteurs reconnaîtra, je l'espère, que beaucoup plus répugnant

encore et beaucoup plus mal fondé est ce même droit dans la société catholique. — L'Église est en effet une société toute surnaturelle où, pour gouverner des sujets souvent lâches, égarés par l'erreur, récalcitrants, l'Esprit-Saint lui-même a placé comme chefs les évêques : « *Posuit Spiritus sanctus episcopos regere Ecclesiam Dei.* » L'auteur accorde que le pouvoir religieux a été conféré *par Dieu* aux apôtres. Cela ne montre-t-il pas suffisamment que l'élection des pasteurs n'est point un droit naturel du peuple? D'ailleurs, quand on veut revendiquer un pareil droit, dans l'ordre politique, pour tous les citoyens, on commence par déclarer le peuple souverain. Mais, nous l'avons dit, cette revendication est plus que jamais impossible dans l'Église depuis la condamnation de Richer; donc impossible aussi d'attribuer au peuple le droit d'élire ses pasteurs.

TROISIÈME PARTIE

SUR LA POSSESSION DE L'AUTORITÉ (1)

Sommaire : 108. Erreur démocratique. — 109. soutenue par un anonyme vénitien.

108. — Il en est qui, par instinct, ont pressenti dans le suffrage universel les absurdités et les périls que nous avons fait ressortir, sans avoir le courage de renier absolument le fameux principe de la souveraineté du peuple. Or, ceux-là recourent depuis quelques années à l'expédient de Gioberti : « Il est trop vrai, disent-ils d'un ton modéré, qu'il y a dans le gouvernement populaire et des absurdités et des dangers ; mais seulement tant que les peuples encore ignorants et à moitié barbares ne sont point parvenus à cette maturité qui les rend capables de se gouverner eux-mêmes. L'échappatoire (il faut l'avouer) est très bien trouvée pour les amis de ce *juste milieu*, qui, 'de degrés en degrés, s'adapte si bien à tous les extrèmes, et leur permet toujours de flatter lâchement le parti poussé par la fortune. L'opinion « *qu'il faut comprimer les démagogues* » prévaut-elle dans la société ? On fait

(1) La matière traitée dans ce chapitre fournira de précieux éclaircissements à la troisième dissertation de l'*Essai théorique*, t. IV, c. I, où il est question du possesseur des droits politiques, n°ˢ 988 et suiv...

queue dans les antichambres de Son Excellence : on la loue des énergiques précautions qu'elle a prises contre un peuple trop jeune encore *pour la liberté...* Au contraire, la faction anarchique menace-t-elle de dominer ? On descend dans la rue, « afin de flatter un peuple adulte, qui a le sentiment de sa propre dignité, le courage de son droit, et assez de lumière pour en mesurer toute l'étendue ».

Toutefois, les flatteurs et les timides ne sont pas seuls à s'abaisser jusqu'à encenser la plèbe ameutée. Des hommes droits, généreux, désintéressés, mais trompés par des sophismes, regarderont comme un acte héroïque de descendre sur la place publique, afin, disent-ils, d'élever ensuite le peuple jusqu'à leur niveau. Mais. parmi ces hommes, combien qui, aujourd'hui désenchantés, déplorent la métamorphose produite dans ce peuple... ! Oui, il a changé; mais ce qui s'est accru en lui, c'est l'indocilité, c'est l'orgueil..., sans qu'il ait rien acquis de cette force et de cette noblesse que les grands ont abdiquées en sa faveur. «Triste folie, disent-ils, que celle qui nous a poussés à rendre un si mauvais service au pauvre peuple... Nous l'avons abaissé et enfoncé plus profondément dans les désordres volontaires du vice, sans le faire sortir de l'infériorité nécessaire de sa condition. »

Pour achever de désabuser ces hommes éclairés déjà par les faits, il ne sera pas inutile d'exposer ici la *théorie du pouvoir.* Nous développerons d'abord les raisons philosophiques pour lesquelles on attribue justement à un *sujet déterminé* (à un individu) *la possession de l'autorité :* ce sera la matière de ce chapitre. Nous pèserons ensuite les titres que peuvent avoir les peuples appelés adultes pour revendiquer cette possession de l'autorité et se gouverner par eux-mêmes : ce sera la matière du chapitre suivant.

109. — Commençons par le premier chapitre... Il contiendra en même temps, selon que nous l'avons promis, la réponse à cette question posée plus haut : *Si, dans un peuple, tous ne sont pas naturellement souverains, à qui donc appartiendra naturellement la souveraineté ?* L'occasion de donner cette réponse nous est offerte par un opuscule, imprimé à Venise, où l'auteur très érudit parle en faveur des prétendus intérêts du peuple, avec une tranquillité de raison d'autant plus louable qu'elle est plus rare dans les ouvrages de ce genre. — Mais ces qualités, qui peuvent bien prouver le mérite et la bonne foi de l'écrivain, ne rendront son livre que plus dangereux, s'il a, sans le vouloir, défendu l'erreur avec les armes de la froide raison.

Nous croyons donc faire chose agréable à nos lecteurs en examinant ici les passages qui, dans ce livre, forment comme le *mur de défense* de tout l'édifice, et en pesant la force et la rigueur du raisonnement lui-même, sans nous occuper beaucoup des autorités citées par l'écrivain. Aussi bien, ces arguments d'autorité ont-ils perdu beaucoup de leur efficacité sur les esprits indépendants des générations modernes. D'un autre côté, les hommes si légèrement épris des nouveautés de notre temps savent assez qu'en fait d'autorités les doctrines anciennes sont solidement appuyées. Ils se désabuseront donc facilement de tous ces témoignages cités par l'auteur, lorsque, grâce à une argumentation contraire, ils auront été convaincus et persuadés de la faiblesse de ses raisons intrinsèques. Elles ont, il est vrai, une certaine apparence de vérité à cause de leur forme abstraite; c'est pourquoi, sans négliger les raisons métaphysiques, nous nous efforcerons, en réfutant notre adversaire, de faire descendre les idées abstraites jusqu'au monde concret et palpable.

L'auteur anonyme met d'abord en lumière la différence qu'il y a entre l'autorité civile et l'autorité religieuse, ou encore l'autorité domestique. Parlant de la première : « Il faut, dit-il, distinguer : 1° l'essence du pouvoir de la personne qui en est revêtue; 2° le mode immédiat ou médiat dont ce pouvoir vient de Dieu; 3° la manière juste ou tyrannique de l'exercer... » — Pour la première question, il donne une idée vraie de l'autorité civile abstractivement considérée; puis, recherchant de quelle manière cette autorité passe de l'ordre idéal à l'ordre réel, il embrasse le système que nous avons combattu au chapitre précédent (1). Enfin, après avoir établi que tout souverain est mandataire du peuple et par conséquent amovible au gré de ce peuple, il s'ingénie à tranquilliser, par des raisons spécieuses, tous ceux qui voient dans cette opinion un danger pour la tranquillité publique.

Dans la seconde partie, l'auteur anonyme étale de nombreuses et respectables autorités, dont il modifie çà et là les doctrines, en les appliquant à une liberté que

(1) Nᵒˢ 87 et suiv.

ces écrivains n'auraient pas toujours admise. Dans la troisième partie, il ajoute des éclaircissements utiles, et en vient, dans la quatrième, aux conclusions pratiques.

Inutile de suivre pas à pas cet ouvrage dans notre critique ; il sera plus agréable à nos lecteurs d'avoir une idée claire des théories sociales sur l'*autorité*, que de trouver ici la simple réfutation d'un auteur anonyme. Au moment où le Congrès de Wiesbaden a réveillé, par sa circulaire, de si vives discussions sur les sources de la légitimité, les théories philosophiques sur la possession de l'autorité demandent d'autres dimensions que la petite critique d'un opuscule anonyme. Toutefois, à mesure que nous établirons notre doctrine en cette grave question, nous aurons soin de noter les principales erreurs qui, dans le livre précité, pourraient plus facilement surprendre les esprits imprudents.

CHAPITRE PREMIER

Nature de l'autorité

110. — Il convient d'abord de distinguer quatre choses souvent confondues : l'*essence* de l'autorité, l'*existence* de l'autorité, le *possesseur* de l'autorité, et le *droit de posséder* l'autorité. — La première est une pure abstraction métaphysique, qui résulte de la comparaison de ces deux idées, *unité* et *êtres libres* ; la seconde est une abstraction d'ordre réel où l'essence de l'autorité se considère dans son application à une société existante quelconque, et par conséquent d'une manière encore indéterminée ; la troisième est l'autorité individualisée dans tel ou tel sujet, sous telle ou telle forme ; enfin la quatrième chose ajoute aux précédentes la qualification morale.

Considérons brièvement ces quatre choses ou, s'il est permis de parler ainsi, ces quatre éléments ; et commençons par le premier.

111. — L'autorité est un élément essentiel de la société, et tellement essentiel que, sans l'autorité, la société entre les hommes est chose impossible et contradictoire. « Il est impossible, dit l'auteur anonyme cité plus haut, que la société civile subsiste et atteigne sa fin, sans un pouvoir suprême qui la gouverne. Donc, si le pouvoir de gouverner est essentiel à la société, il s'ensuit que Dieu, ayant voulu la fin, a dû vouloir aussi les moyens nécessaires pour atteindre cette fin ; par conséquent le pouvoir en lui-même a dû être voulu de Dieu. » — Les faits démontrent cette vérité avec une entière évidence ; elle éclate aux yeux de toute l'Europe, spécialement dans les pays où les tentatives d'anarchie ont été plus puissantes. Mais ce que l'expérience a fait toucher du doigt au vulgaire, la raison l'a enseigné de tout temps avec non moins d'évidence aux esprits plus cultivés. Et en voici la preuve réduite à ses termes les plus simples.

112. — Que sont les hommes ? Des êtres raisonnables et par conséquent libres. Par la force de leur raison, ils ont une certaine connaissance des choses sur lesquelles leur action s'exerce ; mais cette connaissance, remarquons-le bien, est aussi variée que le sont leurs moyens de connaître. Chez les uns, à cause du développement des sens, prédomine la connaissance matérielle ; chez d'autres, c'est la connaissance esthétique, par suite d'une imagination plus puissante ; chez ceux-ci, c'est une connaissance affective qui a sa source dans la vivacité des passions ; chez ceux-là, c'est une connaissance plus raisonnable à cause de la supériorité de leur

intelligence. Et toutes ces connaissances se combinent ensuite selon mille proportions diverses, formant un nombre incalculable de nuances, dans les idées et dans les jugements, dans les désirs et dans les volontés : d'où le proverbe si connu : « *Quot capita, tot sententiœ ;* » autant de têtes, autant de sentiments.

113. — A cette variété de connaissances est jointe la liberté d'action... D'où il suit ou que les actions seront aussi variées que les jugements ou qu'il est besoin d'un jugement auquel les autres se conforment, si l'on veut les ramener à *l'unité*. Dans les animaux sans raison, il en va autrement; ils ne sont pas libres de choisir, mais conduits irrésistiblement par l'instinct ou par la passion. Aussi voit-on chez eux, par exemple chez les castors, les fourmis, les grues et autres..., une sorte d'unité qui semble imiter celle de la société humaine... Mais, chez les hommes, la raison ayant, comme je l'ai dit, le pouvoir de modifier les perceptions des facultés inférieures, *l'unité* ne peut se produire ni dans les jugements, ni dans les actions, en vertu de la seule spontanéité naturelle : il faut qu'une autre cause parle à la raison et meuve uniformément les volontés. Tous les hommes par exemple sentent comme les abeilles ou les fourmis le besoin de s'abriter et de manger. Mais la réflexion fait qu'ils peuvent se décider les uns à ne pas tenir compte des exigences de la nature, les autres à les satisfaire ou sur-le-champ ou plus tard, ceux-ci par un moyen et ceux-là par un autre. Dans la détermination du temps et des moyens ils n'obéissent donc pas nécessairement à l'instinct et, par suite, s'ils ont l'unité d'action, ils ne la

doivent pas au mouvement spontané de la nature, mais bien à la direction d'une intelligence ordonnatrice qui a le pouvoir moral d'unir leurs volontés. Or, ce pouvoir, cette force de mouvoir par la raison la volonté, afin d'unir un grand nombre d'individus dans une même action sociale, est précisément ce que nous appelons *l'autorité*.

114. — Et cette autorité doit être *un droit* : mes lecteurs le comprendront, s'ils n'ont pas oublié ce que nous avons dit au premier chapitre de cet ouvrage. Nous y avons vu en effet que le seul moyen de mouvoir les volontés humaines de façon à ce qu'elles ne puissent résister sans mentir à leur propre raison et par conséquent à leur propre nature, c'est *cette force morale* qui résulte de la connaissance de l'ordre universel et qui s'appelle *le droit*. Si donc l'autorité doit mouvoir victorieusement et avec obligation les volontés humaines, elle doit être un droit.

115. — N'inférez pas de là, comme l'a fait Cousin, que l'autorité et le droit sont une même chose. Ils diffèrent comme l'espèce et le genre comme, le scalène et le triangle. Or, vous le savez bien : tous les scalènes sont des triangles ; mais tous les triangles ne sont pas des scalènes. Encore : tous les hommes sont des animaux, mais tous les animaux ne sont pas des hommes ; tous les chênes sont des arbres, mais tous les arbres ne sont pas des chênes. — De la même manière toutes les autorités sont des droits, mais tous les droits ne sont pas des autorités. Ce n'est pas une *autorité* que le droit de servitude active sur le fonds d'autrui, que le

droit de cultiver mon champ, de manger ma poule, de vendre ma marchandise. On appelle seulement *autorité* le droit de déterminer, dans l'immense variété des jugements humains, *une règle à laquelle* tous les autres doivent irréfragablement se conformer dans leurs actions sociales.

116. — Vous le voyez, cette règle d'unité est tellement nécessaire à la société que, sans elle, la société répugne, comme il répugne que des hommes libres ne soient pas libres. L'autorité, en somme, est aussi essentielle à la société que la raison l'est à l'homme. L'homme sans la raison n'est pas homme; la société sans autorité n'est pas société. La raison est la cause par laquelle cet embryon, ce fétus, d'abord purement animal, acquiert la nature propre et le nom d'homme; l'autorité est la cause par laquelle une multitude d'abord agrégat accidentel et éphémère d'individus humains, devient une chose subsistante, durable et capable d'opérations sociales... Enfin, de même que, sans la raison, il n'y a pas d'*homme*, même possible, ainsi sans *autorité* il ne peut y avoir de société, même en idée.

CHAPITRE II

Réalité de l'autorité

117. — Cette autorité dont je viens d'expliquer la nature est, on le voit, une *autorité* idéale, une entité métaphysique, dirait l'École, une nécessité qui se montre aux yeux de ma raison, lorsque je compare ces deux idées : *unité* et *multitude d'êtres libres.*

118. — Or croyez-vous que les entités métaphysiques puissent seules produire quelque chose dans le monde réel? Je vous dis, par exemple : telle est la forme organique de l'œil qu'au moyen de la lumière il voit les objets : s'ensuit-il qu'il existe véritablement un œil et une lumière pour produire l'acte de la vision? Pas le

moins du monde : en considérant le rapport de la lumière et de l'œil, j'en ai conclu la nécessité hypothétique de la vision, toutes les fois que la lumière et l'œil existeront réellement... Mais pour que ces choses existent, il faut le fait de la création avec tous les changements successifs qui conservent et ramènent les phénomènes du jour et l'existence des animaux.

119. — Raisonnons de même et aussi clairement sur l'autorité. L'autorité est une conséquence nécessaire de ces deux prémisses : *unité sociale* et *liberté des individus*.

Mais ces individus existent-ils? Cette unité existe-t-elle? Si ces deux termes sont réels, je suis certain d'après la démonstration précédente que l'autorité existe aussi, puisque l'unité sociale n'est pas possible sans autorité; mais si ces deux termes n'existent pas, l'autorité ne sera plus qu'une idée incapable de rien produire dans le monde réel. Supposez que Léonidas eût survécu à ses trois cents Spartiates, tombés aux Termopyles: après leur mort, aurait-il encore possédé l'autorité de général? Non, puisqu'il aurait manqué d'une multitude à gouverner.

120. — Donc l'autorité, pas plus que tout autre droit, ne deviendra jamais une réalité, capable de produire des effets dans le monde visible, si cette idée et cette nécessité naturelle ne s'incarnent pas dans un fait. C'était un fait que l'existence des trois cents Spartiates; et, grâce à ce fait, il y avait parmi eux une autorité réelle. Le fait cesse; l'autorité disparaît.

121. — Et maintenant aurait-il suffi de l'existence de

ces trois cents braves pour donner à Léonidas le droit de leur commander? Non, évidemment : l'existence de trois cents hommes associés emporte bien pour conséquence la nécessité d'une autorité qui les unisse et les gouverne; mais cette autorité aurait pu résider dans un autre quelconque de ces soldats. Au contraire, supposons qu'une voix retentisse dans l'air, ou que le son d'une trompette règle leurs mouvements, alors nous pourrons comprendre qu'ils ont l'unité sociale; car la voix ou la trompette obéiront à une intelligence qui aura l'idée de l'ordre et celle-ci usera de signes propres à le faire connaître aux trois cents combattants.

122. — Vous le voyez donc, il est tout à fait nécessaire que, parmi les hommes, dans la condition présente de la nature, il y ait un homme qui commande, puisqu'il n'y a point ici-bas d'autres êtres à la fois intelligents et visibles.

Mais tous les hommes ont également reçu en héritage et l'être corporel et l'être raisonnable. On ne peut donc pas, supposé même le fait d'une société déjà existante, s'appuyer sur ce seul principe pour dire que l'autorité existe réellement ou en celui-ci ou en celui-là. Tous ont un corps, tous ont une raison. Donc, de ce chef, aucun n'a le droit de commander aux autres. En fait, pourquoi, parmi les trois cents Spartiates, Léonidas avait-il le commandement? Parce qu'il descendait du roi de Sparte et que la couronne y était héréditaire.

123. — Tel est donc le second fait qui personnifiait *l'autorité*. Il y avait parmi eux une autorité concrète parce que leur *association* existait réellement; et cette

autorité se personnifiait en Léonidas par le fait de sa naissance conformément aux lois de Sparte. Si ces lois eussent été tout autres, ou si Léonidas n'eût pas eu cette origine, il n'aurait pas eu *la force morale, le droit*, pour ordonner cette multitude et commander à ces trois cents héros dans une si grande lutte.

124. — Donc ni l'idée universelle de société, ni même la réelle existence d'une multitude ne suffisent pour décider qui aura le droit de commander ; il faut de plus un fait qui distingue des autres hommes l'individu à qui ce droit appartiendra. Cette conséquence est en contradiction avec la doctrine qui proclame *tous les hommes souverains*. Mais cette doctrine, nous l'avons combattue au chapitre précédent et mes lecteurs pourront, en le relisant, se convaincre jusqu'à l'évidence qu'elle est sans fondement devant la raison et impossible dans la pratique.

125. — Que le gouvernement de tous soit impossible dans la pratique, les fauteurs mêmes de cette théorie le reconnaissent. « Pour peu qu'une société soit nombreuse, dit l'écrivain anonyme déjà cité, il est impossible que tous les individus qui la composent se réunissent continuellement ensemble afin de pourvoir au gouvernement commun (1). »

L'auteur est plus clair encore au n° 110. « L'homme, dit-il, ne peut avoir la liberté de faire l'impossible. Or, puisqu'il lui est impossible de vivre en société sans déférer l'exercice du pouvoir politique à quelqu'un, la société et ses membres, en déférant ce pouvoir, ne se

_____

(1) *Du pouvoir politique.* Venise, Naratovich, 1849.

dépouillent pas d'une liberté qu'ils n'ont point; ils ne font que pourvoir à l'impuissance où ils seraient de constituer une *famille civile* sans un gouvernement commun. Suarez lui-même reconnaît cette vérité... Du reste, qui pourrait le nier sans nier à la fois les attributs essentiels de l'humanité? D'un autre côté, comme l'observe St Thomas, la supériorité ordonnée au bien des sujets est loin de priver ceux-ci de leur liberté ! »

Eh bien ! Ne suffirait-il pas de cette impossibilité pratique pour démontrer que le gouvernement de tous n'est pas une chose naturelle? Quand est-ce que la nature a jamais prescrit l'impossible et l'impraticable? Affirmer à la fois que *tous sont souverains* et qu'il est impossible que tous gouvernent, c'est détruire du même coup toute philosophie morale et politique et même toute loi naturelle. En effet, par quoi se démontre l'existence et la légitimité des lois de la nature? Par la convenance, l'utilité et la nécessité naturelle, mais jamais par l'impossibilité de ces lois. Nous disons par exemple : « La nature veut que tous soient tempérants parce que la tempérance est conforme à la raison, utile à la santé, nécessaire à la société... » Mais nous nous couvririons de ridicule, si nous disions : « La nature ordonne que tous soient tempérants; or, cette vertu étant impossible à tous les hommes, ils ont chargé les Chartreux et les Trappistes de la pratiquer. Une fois admis que la nature veut l'impossible, il n'y a point de délire qu'on ne puisse soutenir comme une loi naturelle.

126. — Et par quelles raisons veut-on maintenir à la multitude un pouvoir qu'elle ne peut exercer ? Écoutez l'auteur anonyme : « La raison nous dit que le pouvoir suprême est une conséquence de l'état social : l'état social est l'union de tous les hommes naturellement égaux dans leurs facultés essentielles et dans leurs droits ; donc, dans la société, en tant que corps moral, c'est-à-dire dans tous ses membres pris collectivement, doit résider l'autorité souveraine... Si elle se trouve en eux, en tant qu'ils sont un corps moral, et si aucun titre naturel et nécessaire ne se rencontre en vertu duquel ce pouvoir appartienne à un seul ou à plusieurs individus, il faut forcément conclure qu'il réside dans la totalité du corps moral (1). »

Le lecteur découvre de suite les erreurs de ce principe et de ce raisonnement. Nous les avons réfutées au chapitre précédent. Ici encore sont confondues ces deux expressions : « *être dans la société* et *appartenir à la multitude.* » L'autorité est certainement dans la société, elle en est un élément constitutif essentiel ; mais elle n'appartient pas à chacun des membres de cette société ; ils sont impuissants à l'exercer en commun... On reproduit de même cette assertion équivoque : « *que, dans toute société, tous les hommes ont des droits égaux.* » Car si l'on parle des droits naturels de l'espèce, cela est vrai ; mais si l'on parle des droits individuels, cela est très faux, puisque le lecteur a des droits que je n'ai pas. Enfin, voici de nouveau cette conclusion : il n'y a aucune raison naturelle et néces-

(1) Voir : *Du pouvoir politique*, n° 17.

saire qui doive faire attribuer le pouvoir suprême à quelqu'un. Or, cela est faux, ou ne conclut pas... Cela est faux, si on entend une raison individuelle et pratique; cela ne conclut pas, si on entend la raison essentielle et spéculative.

Expliquons-nous plus clairement... Si l'auteur dit que les hommes ont tous également la même essence spécifique, la même nature, il a raison; mais il a tort d'en conclure que tous ont aussi également le droit de gouverner; puisque ce ne sont pas les essences spécifiques qui gouvernent, mais bien les individus. Si ensuite il me dit que tous les individus sont égaux, et qu'aucune raison naturelle ne se rencontre en vertu de laquelle le pouvoir de commander appartienne de préférence à certains individus, il affirme un fait dont la fausseté saute aux yeux de tout le monde. Car, je vous le demande, que doivent donc faire les électeurs? Sinon examiner les *raisons naturelles* d'après lesquelles celui-ci plutôt que celui-là doit gouverner? Je le sais; ces raisons ne suffisent pas pour donner le droit de gouverner; au moins font-elles éclater jusqu'à l'évidence combien est fausse cette prétendue égalité sur laquelle, comme sur une base solide, les partisans de la souveraineté du peuple veulent appuyer tout leur système. Voulez-vous voir mieux encore le vide et le néant de ce raisonnement si fameux : « La nature n'a placé le pouvoir, d'une manière déterminée, dans aucun individu; donc tous ont le droit de gouverner? » Appliquez-le aux autres lois naturelles également indéterminées; et presque toutes ont ce caractère; et vous verrez le ridi-

cule d'un pareil argument. En voici un qui, je le parie-
rais, fera sourire ceux de nos adversaires qui sont loin
d'excéder en dévotion. « En vertu d'une loi naturelle,
l'homme doit prendre dans sa vie du temps et des jours
pour accomplir, en l'honneur de Dieu, certains actes de
culte intérieur et public. Or, parmi ces jours, la nature
n'en a déterminé aucun, puisque tous sont également
la mesure d'une durée successive, par exemple de la
rotation de la terre. Donc l'homme doit *tous les jours
également* payer à son Créateur le tribut de ce culte
intérieur et public. » Que vous en semble, lecteur? Tous
mes contradicteurs consentiront-ils à cette louange perpétuelle? Et ceux qui font tant de bruit pour abolir
nombre de fêtes se féliciteront-ils de voir tous les jours
changés en dimanches?

J'ai choisi cet exemple pour dérider un peu les fronts
et faire trêve à l'austérité du raisonnement philosophique. Mais vous pouvez en trouver mille autres soit
dans l'ordre physique, soit dans l'ordre moral; car tout,
dans la nature, étant un composé d'absolu et de relatif,
de nécessaire et de contingent, d'idée et de fait, d'espèce et d'individu, un élément concret doit nécessairement réaliser et déterminer une loi qui, par elle-même,
est universelle. Autre exemple : « C'est une loi de la
nature que l'homme passe de ses années de minorité,
pendant lesquelles il a besoin d'être élevé, aux années
de sa majorité et de son émancipation. — Or, la nature
n'a point fixé le jour de cette émancipation; donc il n'y
a point de jour où les jeunes gens n'aient droit à être
émancipés... » Autre exemple. C'est une loi de la nature

que, dans une allée d'arbres, il y ait un premier et un dernier arbre; mais ici encore la nature n'a déterminé ni le premier ni le dernier; donc tous les arbres dans cette allée sont et premiers et derniers. — Voilà, cher lecteur, par quels arguments on veut établir le systè… de la souveraineté impossible du peuple, système qui condamnerait tous les gouvernements passés, présents et futurs, et dévouerait au fer et au feu toute l'Europe civilisée.

127. — Même défaut de logique dans un autre argument de notre auteur, n° 20. « S'il n'y a pas de raison, dit-il, pour que le pouvoir appartienne de préférence, et cela par une nécessité naturelle, à une personne physique ou morale, nous devons en conclure que le pouvoir civil, en lui-même, vient médiatement de Dieu; mais la détermination de la personne physique ou morale qui, au nom et pour le bien de la société, exerce ce pouvoir est faite par la société elle-même, c'est-à-dire par le peuple qui la compose et en qui il réside naturellement. » Ici encore vous voyez que le raisonnement ne conclut pas, et cela aux yeux de quiconque a la plus petite teinture de logique. En effet, tout dilemme incomplet est sans valeur. Or, tel est précisément celui de l'écrivain que nous réfutons. Il peut se réduire à cette forme : « Ou le pouvoir doit appartenir à un individu par une nécessité de nature, ou il réside dans le peuple. » — Vous le voyez; nous pouvons ajouter à cette disjonctive au moins une autre proposition, et dire par exemple : que le pouvoir peut appartenir à une personne non par une nécessité de nature, mais pour

des raisons individuelles qui la rendent plus capable que toute autre de diriger moralement la multitude. — Et cette proposition, omise par l'auteur, est précisément, de toutes les parties de la disjonctive, la plus conforme à la raison, que vous la considériez soit en théorie, soit en pratique. En théorie, il est souverainement raisonnable qu'on recherche dans l'*individu,* comme tel, les raisons de *préférer un individu ;* et le contraire serait plus qu'étrange, puisqu'on voudrait alors trouver dans *la nature, en tant qu'elle est commune à tous les hommes,* les motifs pour en préférer *un seul* aux autres. En pratique, que voyez-vous quand un peuple est libre dans le choix de ses magistrats ? Se demande-t-il jamais, pour faire son élection, si celui-là est un homme, s'il est doué d'intelligence et de volonté, s'il a deux yeux dans la tête, deux jambes et deux pieds pour marcher, ou encore deux mains pour accomplir par lui-même ses actions ?... Cherche-t-il d'autres raisons semblables ? Non ; il se demande si le candidat a plus de probité, plus de capacité, plus d'énergie morale, en un mot s'il est doué de qualités personnelles qui le rendent digne d'être préféré à tout autre.

C'est là ce que j'appelle un fait personnel absolument requis pour concréter et individualiser l'autorité ; et, si le lecteur veut y réfléchir attentivement, je suis persuadé qu'il trouvera cette doctrine non moins évidente en spéculation qu'ordinaire dans l'usage. Toutefois, je veux m'efforcer de rendre cette vérité encore plus palpable, en proposant à mes adversaires les questions suivantes, où sont résumées toutes les fonctions prin-

cipales de l'autorité ; je ne sais si, fidèles à leur prin
cipe, ils oseront nous répondre franchement un : *Oui
Tous !*

— Il est nécessaire que quelqu'un connaisse les
besoins du peuple. — Mais qui sera-ce ? Tous ?

— Il est nécessaire que quelqu'un trouve des subsides suffisants ? Et qui sera-ce ? Tous ?

— Il est nécessaire que quelqu'un en prépare et en
impose l'emploi. — Et qui sera-ce ? Tous ?

— Il est nécessaire que quelqu'un recueille et administre les impôts. — Et qui sera-ce ? Tous ?

— Il est nécessaire que quelqu'un prononce entre
les parties en litige. — Et qui sera-ce ? Tous ?

— Il est nécessaire que quelqu'un commande l'armée.
— Et qui sera-ce ? Tous ?

Qui osera, je le répète, qui osera faire cette réponse
plus qu'absurde : « *Tous* feront les lois ; *tous* comman-
deront l'armée ; *tous* administreront les finances. »

128. — On me répond : « Voici la solution du
problème : Tous ne gouverneront pas ; mais *tous*
éliront les chefs du peuple ». — D'abord *élire* ne veut
pas dire *commander*. Les cardinaux élisent le pape et
ne sont point papes ; celui qui a droit de patronage
sur un bénéfice élit le curé et ne gouverne pas la paroisse. — Si donc autre chose est *gouverner*, et autre
chose *élire* ceux qui devront gouverner, que nos adversaires changent la formule de leur principe et au
lieu de celle-ci : « Le peuple est naturellement souverain, » qu'ils prennent la suivante : « Le peuple est
naturellement *électeur*... » Puis, leur principe ainsi ex-

primé, qu'ils en cherchent et en produisent les preuves.
Car la raison sur laquelle ils se sont appuyés jusqu'ici
ne tient plus debout. Ils ne peuvent plus dire : « Le
peuple étant naturellement souverain, mais ne pouvant
pas agir en souverain, a le droit d'élire ses chefs. »
Les deux premières propositions sont contradictoires,
et il est manifestement impossible d'en déduire comme
conséquence la troisième, non moins qu'il serait impossible de raisonner de la manière suivante : « Les
enfants sont naturellement indépendants, mais comme
ils ne peuvent vivre dans cet état d'indépendance, ils
ont le droit de se faire élever par qui ils voudront. »
Qui ne voit en effet que la première proposition, étant
détruite par la seconde, ne saurait servir de base à la
troisième.

129. — Ces quelques explications suffisent à rappeler ce que nous avons dit dans le chapitre précédent
sur l'impossibilité pratique et l'incohérence théorique
de ces doctrines. Si on vient à renverser nos preuves,
nous reprendrons la question. Mais pour le moment
nous pouvons regarder comme démontrée cette assertion : « Que le droit de tous à gouverner est un
vrai paralogisme et que pour personnifier cette autorité
essentielle à toute société, il faut, outre l'existence
de la multitude, un autre fait qui signale les gouvernants et les distingue des gouvernés.

130. — Cette conclusion mettra mes lecteurs en
garde contre un argument dont on se sert souvent
afin de discréditer notre doctrine sur l'autorité. C'est
celui dans lequel on confond les *causes* qui produisent

l'autorité sociale avec les titres qui en déterminent la possession dans tel ou tel individu : « Voyez, s'écrie-t-on, ces partisans de la force brutale ! Ils osent soutenir en plein xixᵉ siècle que quiconque est le maître d'une terre a le droit de commander à ceux qui vivent sur cette terre : comme si la souveraineté dépendait de la richesse, et qu'on dût en régler la possession, non d'après les exigences du bien commun, mais d'après le plus ou moins d'argent accumulé dans un coffre-fort.

131. — Un peu de calme, je vous prie : ces déclamations furieuses renferment deux mensonges et conduisent le peuple à ces malheurs que vous voudriez lui faire éviter. En premier lieu, notez-le bien, quand nous réclamons un fait visible, palpable, évident, qui assigne avec certitude le possession de l'autorité à un individu déterminé, nous ne voulons pas cela principalement pour le bien de cet individu, mais d'abord pour l'avantage commun de tous les associés. Qui de vous ignore la raison fondamentale qui a toujours porté les publicistes, et même la majorité des nations, à préférer le gouvernement héréditaire ? Ils ont compris que le plus grand des fléaux pour un peuple était l'incertitude sur les droits des personnes ou des familles à la légitime possession de la souveraineté, et ils ont préféré subir les défauts d'une dynastie héréditaire, et les inconvénients éventuels de la naissance, plutôt que de se jeter dans les incertitudes des interrègnes et de s'exposer aux assauts de mille ambitions. Cette préférence a-t-elle été sage, a-t-elle été imprudente ? Nous n'avons pas ici à discuter cette question... bien que, soit dit en

passant, si nous la discutions, plus d'un serait tenté d'approuver les philosophes, à la vue de ces peuples qui, en France, en Amérique et en Espagne, ont aboli, violé ou mis en doute le droit de succession. Mais cela n'importe pas pour notre sujet; nous ne recherchons pas présentement le fait qui décidera de la possession de l'autorité *pour le plus grand bien* de la société. Nous recherchons seulement s'il est utile ou nuisible à cette même société d'exiger un fait de cette nature pour déterminer celui qui aura le droit de commander.

132. — Or, qu'il y ait besoin *d'un fait extérieur*, l'évidence le proclame; car, en définitive, qu'est-ce que l'élection du suffrage universel, sinon un fait extérieur au moyen duquel les associés désignent le possesseur du pouvoir ?

Ceux donc qui réclament *un fait* d'où dépende la détermination de ce possesseur pourront peut-être se tromper sur ce fait; mais en le recherchant ils veulent le bien social et l'union des citoyens dans la reconnais-sance d'un même chef.

133. — Mais, dira-t-on, s'il en est ainsi, la règle qu'un prince suivra dans l'usage du pouvoir sera la raison même qui l'en a rendu possesseur; et celui qui commandera en vertu d'un droit patrimonial se regardera comme le maître de ses sujets et les traitera en esclaves.

Je réponds à cette objection : « Agir ainsi serait déraisonnable; car la conséquence est très fausse. Lorsqu'on recherche et le possesseur d'un droit quelconque et le titre de cette possession, ou ne change en rien ni la nature de ce droit, ni les devoirs qu'il comporte. Deux époux, dans un procès de séparation, plaident pour savoir à qui appartiendront les enfants. Quels que soient les titres allégués par l'un et l'autre, s'ensuit-il que le droit et le devoir d'élever ces enfants ou n'existeront plus ou seront changés ?

Trois papes, pendant le grand schisme d'Occident, se sont disputé la tiare ; quelques titres qu'ils aient fait valoir, ces titres ont-ils modifié les droits et les devoirs du souverain pontificat ? Non, évidemment. La fin de l'autorité et la raison de la posséder sont différentes. — Et à quelque titre qu'on possède le pouvoir on doit toujours l'exercer pour le bien commun. Ainsi par exemple, dans une famille, la raison pour laquelle le père est à la fois le supérieur, c'est qu'il est le maître de cette maison et de cette terre ; mais il ne suit pas de là qu'il puisse employer à son propre avantage les individus, membres de cette famille, comme il y emploie la maison et la terre. Le pape est le chef civil de l'État ecclésiastique, grâce à des soumissions volontaires ou à des aliénations pieuses faites par des gouvernements laïques. Mais il ne suit point de là qu'il peut traiter ses sujets en esclaves ; il doit les gouverner en vue de leur bien commun, et faire tourner au bien de l'Église ces avantages temporels de prééminence, de richesse et d'indépendance qui sont les apanages de la souveraineté (1).

(1) Combien par conséquent sont déraisonnables ceux qui plaignent les sujets des États Pontificaux d'être privés du droit inhérent à toute

134. — Les raisons qui ont porté les peuples ou les rois à appeler les papes au gouvernement des États appartenant aujourd'hui à l'Église sont bien, il est vrai,

société, je veux dire le droit d'être gouverné pour son avantage, et non pour l'avantage d'autrui ! Lorsque les idées politiques étaient plus justes et la foi catholique plus vive, les sujets du Pape étaient, pour ainsi dire, exempts de contribuer au bien des autres peuples : toutes les nations catholiques payant, sous différents noms, *la contribution du denier de St-Pierre* afin de subvenir aux frais du gouvernement de toute l'Eglise, les dons et les tributs de l'Univers catholique affluaient à Rome en si grande quantité que les Etats pontificaux avaient peu de taxe à payer (Farini, *lo Stato Romano*, t. I. p. 141). Le protestantisme a changé ces idées; et l'esprit de rébellion a poussé les peuples à refuser en grande partie à l'Autorité suprême de l'Eglise *sa liste Civile et le salaire* des employés de la Cour Pontificale. On a prétendu que le Pape pourrait bien tirer ces subsides de ses propres États. Puis, après l'avoir ainsi réduit à une condition précaire, on l'accuse de tyrannie; on élève la voix en faveur de ses sujets. « Ils ne doivent pas, dit-on, payer de leurs sueurs le pain de ceux qui travaillent au bien de l'Église entière... » Aussi est-ce chose bonne et opportune, pour donner un démenti à ces théories protestantes, qu'aujourd'hui même, l'esprit de générosité se réveillant, les catholiques de toute nation s'empressent de subvenir par de nouveaux subsides aux nouveaux besoins du Saint-Siège. C'est ce que prouve l'ouvrage intitulé : *l'Univers Catholique à Pie IX, Souverain Pontife*. Nous y voyons que l'archevêque de Gnesen, en exprimant à l'Auguste exilé ses condoléances et ses vœux d'un meilleur avenir, et en lui faisant parvenir l'offrande de son clergé et de son peuple, rappelle aussi l'antique coutume : « Nous ne faisons en cela qu'imiter nos ancêtres; car la religion chrétienne ne fut pas plus tôt introduite chez eux qu'ils contractèrent l'habitude de payer le denier de St-Pierre; et nous-même nous nous acquittons d'autant plus volontiers de cette dette sacrée que Votre Sainteté voit chaque jour s'augmenter les dépenses avec les difficultés. »

Ces sentiments exprimés en Allemagne par l'archevêque de Gnesen étaient aussi professés en France par un *théologien* de la métropole de Paris dans une réunion des fidèles (1). Lui aussi rappelle l'ancien usage connu sous le nom de « Denier de St-Pierre », et il fait voir aux catholiques français que ce tribut remis aux mains du vicaire de Jésus-Christ protégera leurs trésors contre la teigne et la rouille. Inutile de multiplier ces exemples : ils ont été rapportés cent fois par les feuilles publiques. En nous prouvant pour l'encouragement des catholiques que l'esprit de leurs pères revit et agit en eux, ils démontrent en même temps et l'injustice des accusations dont nous parlions tout à l'heure et l'accord universel de ces mêmes catholiques par rapport à la vérité que nous défendons. Du reste nos lecteurs comprendront sans peine que nous ne nous proposons pas ici de défendre les droits économiques des finances pontificales soit au point de vue du

(1) Ouvrage précité, t. II, pp. 27 et suiv.

les motifs en vertu desquels l'autorité sociale est venue aux mains du souverain Pontife. Mais ces raisons n'ont en rien changé l'objet de l'autorité elle-même. Elle est et ne peut être que le droit de diriger une société au bien véritable de ses membres. Quant à la personne en qui réside cette autorité, cela doit être déterminé par un fait évident, afin que tous sachent à qui ils sont obligés d'obéir. Ce fait évident, comme nous l'avons dit, peut se rencontrer parfois dans le libre choix des associés, et d'autres fois dans des éléments ou des circonstances qui ne dépendent d'eux en aucune façon. Mais ni dans un cas ni dans un autre, l'autorité ne change de nature. Celui qui règne par suite de l'élection des représentants ne peut jamais sacrifier le bien commun aux passions d'une oligarchie; et celui qui règne en vertu d'un droit de famille ou de corporation ne peut pas sacrifier le bien général aux intérêts d'une dynastie ou d'une classe particulière.

135. — D'ailleurs la même chose se voit dans la *possession* de tout autre droit naturel. L'écolier a un droit naturel à la véracité de son maître, comme celui-ci à la docilité de son élève. Mais *ce droit*, comment se personnifie-t-il en vous ou en moi? Mon père ou mon supérieur vous a confié le soin de mon éducation et vous m'avez reçu soit par obligation, soit par un libre consentement; voilà un fait qui détermine et personnifie en vous le droit à ma docilité et en moi le droit à la véracité. Mais

pouvoir temporel des papes, soit au point de vue du concours des autres nations : ce serait la matière d'une longue discussion. Nous n'avons donné qu'une simple indication de principes faciles à appliquer à un fait encore récent.

suit-il de là que nous pouvons convenir entre nous, vous que vous m'enseignerez le mensonge et que moi je rejetterai la vérité? En aucune façon. La fin et le droit de l'enseignement sont d'ordre naturel et immuable. — Notre contrat n'a fait que déterminer les personnes ou les sujets de ce droit.

Dites la même chose du mariage: c'est une union naturelle... Mais l'union *de qui...?* Voilà ce qui doit être déterminé par un fait; mais ce fait une fois posé, les conjoints sont tenus à tous les devoirs d'époux et de parents; et de ce que leur choix ait été libre, il ne suit nullement qu'ils soient libres aussi de changer leurs devoirs.

Il en est précisément de même du droit de gouverner. Que quelqu'un gouverne la société, c'est là une nécessité naturelle; que celui qui gouverne ordonne tout selon la justice, c'est un devoir et un droit naturels. Mais ce devoir et ce droit en qui s'incarnent-ils? Voilà ce qui doit être déterminé par un fait; le fait une fois posé, la fin, *les devoirs* et les droits du gouvernement se concrètent dans la personne désignée; mais elle ne peut pas changer à sa guise la nature du droit, lors même qu'elle serait libre ou d'y renoncer ou de l'aliéner.

136. — Avant de mettre fin à ce paragraphe, je veux dissiper un nuage qui peut-être s'est formé dans l'esprit des lecteurs peu accoutumés aux considérations philosophiques.

J'ai dit d'abord que *l'essence de la société* renfermait nécessairement l'idée d'autorité; ensuite, que cette essence devenait réelle par le fait même que le corps social existe, mais que, pour la rendre concrète, il fallait un second fait qui personnifiât l'autorité dans un supérieur physiquement ou moralement un.

Or, savez-vous ce qui peut arriver, bien plus, ce qui arrive d'ordinaire, non seulement à la foule des lecteurs, mais aussi à plus d'un savant? Le voici : ils considèrent comme successifs dans le temps, ces trois degrés par lesquels, dans notre raisonnement spéculatif, nous avons fait passer l'autorité de l'abstraction métaphysique à l'ordre concret et réel. Par un travail d'imagination, ils se représentent d'abord comme existante une *certaine forme platonique*, ils l'appliquent à l'instar d'un *cachet* sur toute société naissante ; puis ils croient voir une multitude où *réside* cette autorité, mais sans que personnel la possède encore d'une façon déterminée. Cette multitude on l'appelle société, on la considère comme faisant des actions sociales, et l'on ne réfléchit pas qu'il ne peut y avoir d'unité réelle d'opération sans que le principe de cette unité existe réellement. Cette absurde société réelle sans supérieur réel, on la met en mouvement ; on lui fait choisir, après de longues délibérations, et la forme du gouvernement et la personne qui doit gouverner ; et ainsi naît le fameux contrat social de Rousseau, auquel l'anonyme Vénitien ne paraît point étranger.

137. — En voulez-vous un exemple où la théorie torture les faits, et où les faits confondent la théorie? Prenons-le dans Burlamachi. Épris jusqu'à la fureur, comme tant d'autres, de ces rêves philosophiques, mais remarquant leur impuissance à convaincre, faute d'appuis his-

toriques, il se met à voyager à travers les siècles et dans tout le monde pour trouver le système réalisé dans l'histoire. Et il croit le tenir en lisant, dans Denys d'*Halicarnasse*, la fondation de Rome. Ne l'ai-je pas dit? Et se peut-il citer un exemple moins approprié? Voyez plutôt : Burlamachi s'en va prendre justement le passage où l'historien, après nous avoir montré les deux jumeaux placés par Numitor à la tête de la colonie Albaine, raconte comment Romulus voulut, dans les comices, déposer l'autorité qu'il avait exercée pour les guider dans leur émigration, et laisser au peuple le pouvoir de gouverner. A quoi la multitude répondit qu'elle ne voulait en aucune façon changer son antique constitution : « Nobis nova Reipublicæ forma non est opus; nec a majoribus probatam et a majoribus traditam mutabimus. » (Dionys. Alicarn., lib. 2, in principio, édit. Francfurt. Wecheli, 1586.) Je vous le demande, lecteur, notre homme pouvait-il trouver une histoire plus efficace afin de prouver. qu'il n'existe jamais de société sans un gouvernement qui lui commande ?

D'autres écrivains ont espéré être plus heureux en interrogeant l'histoire sainte et ils ont cité l'exemple du premier roi élu en Israël : « Voyez, ont-ils dit, avant qu'Israël fût gouverné par un roi, il y eut d'abord un pacte. Donc...

Donc... quoi? Voudriez-vous tirer cette conséquence : « Donc l'autorité n'était encore personnifiée en aucun des Israélites? » Malheur à vous si telle était votre conclusion. Vous auriez un terrible contradicteur, puisque Dieu lui-même vous répondrait en personne disant à Samuel : « Ce n'est pas toi, mais moi que ce peuple a rejeté, afin que je ne règne plus sur lui ! —Non enim te abjecerunt, sed me, ne regnem super eos. » — Ce fut là une révolution, dirons-nous en langage moderne, mais non une création de l'autorité. Dieu régnait sur Israël par le ministère de Samuel ; le peuple rejeta ce lieutenant du Seigneur ; il voulut abolir la théocratie ; il voulut être gouverné par un roi à la manière des Gentils. Dieu accéda à sa demande ingrate et téméraire. Mais lui-même fit choix de ce premier roi et par son prophète et par le résultat du sort qu'il gouvernait à son gré : « *Partes mittuntur in sinum, sed a Domino temperantur.* » De bonne foi, demanderai-je à mes lecteurs, trouvez-vous qu'il y ait là l'ombre d'une société sans autorité concrète, et sans chef réel et existant ?

138.— De grâce, cessons une bonne fois de donner un corps aux idées logiques : Ce défaut tant reproché aux vieux scolastiques pourrait être imputé de nos jours avec beaucoup plus de raison à certains philosophes, surtout tudesques. Pour discourir, un philosophe doit, de toute nécessité, cheminer dans le temps... Il lui est impossible d'exposer par une seule parole et une seule syllabe tout un raisonnement; et il n'est pas moins impossible au lecteur même le plus perspicace de saisir en un instant et de renfermer comme en un point indivisible toutes les paroles et toutes les idées de ce discours. Par où vous voyez qu'en toute science on procède par degrés. Par exemple, en mathématiques, on vous parle d'abord de ligne engendrée par le point, puis de la surface engendrée par la ligne et ensuite du *solide* engendré par la superficie, etc... Mais qui serait assez simple pour croire que *d'abord* doit exister un point mathématique, que ce point doit ensuite cheminer et tourner sur lui-même pendant deux ou trois jours pour produire une ligne et cette ligne se mouvoir pendant une semaine pour faire une surface et ainsi du reste ? Or, ce à quoi personne n'a songé à propos d'abstractions mathématiques, vous voudriez l'imaginer et le croire de cette société humaine si réelle et si concrète et où la vérité des faits vous saute aux yeux ?

Nous avons parlé successivement de *l'essence*, de *l'existence* et de *la personnification* de l'autorité, comme nous aurions pu parler de l'existence et de la personnification de la raison humaine. Or, vous imanez-vous par hasard que votre essence a précédé votre *existence*, et que celle-ci était antérieure à votre personnalité ? Non, évidemment. Au moment où vous avez pu dire : *J'existe*, à ce moment précis, ni une seconde auparavant ni une seconde après ont existé l'essence, la réalité et la personnalité de votre être humain et raisonnable. Eh bien ! telle est l'idée que vous devez vous former de la société. L'autorité est essentielle à la société ; je puis en considérer successivement les éléments constitutifs ; mais leur séparation est purement logique. En fait, tous doivent coexister au même moment.

139. — Ce que l'on peut bien considérer dans l'un de ces éléments, c'est une priorité d'importance, de dignité ou de causalité. A ce point de vue, il est clair que le principe constitutif par lequel les choses reçoivent leur

être naturel mérite la préférence. Ainsi nous devrions dire que de tous les éléments constitutifs de l'homme, la raison est le premier, parce qu'un être n'est homme que par la raison. De même le premier de tous les éléments constitutifs de la société « c'est l'autorité, parce que la multitude ne peut se dire associée que si elle est soumise à l'influence de ce principe d'unité. Mais, on le comprend : cette priorité de dignité n'emporte point une priorité d'existence. Tout au plus suppose-t-elle dans l'ordre historique certains faits en vertu desquels telle ou telle personne s'est trouvée investie du pouvoir, alors que naissait une société déterminée. Les *personnes* pouvaient préexister à cette société, celle qui devait commander avec sa capacité, la multitude des individus avec leurs besoins, leurs passions, leurs désirs, leurs intérêts.

Mais tout cela n'est pas la société. Une société est une multitude liée par le droit ; une société réelle est une multitude existante organisée par un supérieur réel et vivant.

CHAPITRE III

Du possesseur de l'autorité

140. — Dans les deux premiers paragraphes, je me suis efforcé, cher lecteur, de vous faire toucher du doigt

trois vérités aussi simples qu'importantes, et néanmoins peu remarquées ou même négligées par un grand nombre :

« *Toute société réclame, comme une de ses parties* « *essentielles une autorité;* voilà la première.

« *Mais cette autorité est purement idéale, tant qu'elle* « *ne vient pas à l'existence réelle par le moyen de* « *deux faits : c'est-à-dire par l'existence d'une mul-* « *titude qu'elle doit unir et d'une personne physique* « *ou morale, dans laquelle et par laquelle elle puisse* « *et doive agir;* voilà la seconde.

« *Cette personne morale ne peut, de par la loi natu-* « *relle, être la multitude elle-même, puisque la nature* « *ne peut vouloir ce qui est naturellement inexécu-* « *table;* » voilà la troisième.

141. — De ces trois propositions découle nécessairement cette conséquence, à savoir : que ce qui est laissé indéterminé par la loi naturelle doit être réalisé et précisé par *un fait positif;* et que du sein de la multitude dont la totalité ne peut gouverner doivent émerger un ou plusieurs individus en qui la société respecte le droit de commander.

Ce respect unanime, non seulement du droit considéré *in abstracto*, mais encore de sa personnification, est, qu'on le remarque bien, un des intérêts les plus graves de toute la société. A quoi lui servirait, en effet, que *tous* respectent l'autorité abstraite, si, ignorant celui qui la possède, ils ne peuvent savoir ce qu'elle prescrit ? L'anonyme Vénitien, et avec lui beaucoup d'auteurs qui défendent le système de la souveraineté du peuple, veut que l'autorité soit reconnue comme divine : « Si le pouvoir de gouverner, dit-il, est essentiel à la société, il s'ensuit que Dieu, en voulant la fin, a voulu les moyens nécessaires pour l'atteindre; et par conséquent le pouvoir en lui-même doit avoir été pareillement voulu de Dieu !

142. — Mais à quoi aboutira le respect du pouvoir, si on ne respecte pas en même temps, dans toute la société, une personne déterminée et connue qui l'exerce? « Une idée abstraite, dit très bien l'auteur « anonyme, n'agit pas; il est nécessaire que ce pou- « voir soit exercé en réalité, et par conséquent qu'il « réside dans une personne physique ou morale. »

143. — Ceux donc qui veulent... d'un côté l'autorité respectée, et de l'autre, *toujours changeant* le droit de la posséder, veulent le respect d'une abstraction impuissante à jamais unir solidement les membres de la société. Ils sont dans l'ordre politique ce que sont dans l'ordre religieux les protestants leurs maîtres. Les protestants respectent l'autorité infaillible de la parole divine; mais cette autorité, n'étant incarnée à leurs yeux, dans aucun tribunal visible, reste pour eux une idée abstraite qui n'agit point, et eux-mêmes demeurent en face les uns des autres dans une pleine anarchie, contraints de rougir, comme ils l'ont confessé, il y a peu d'années, dans la solennelle déclaration du synode de Berlin et comme ils l'avouent encore aujourd'hui avec l'Évêque d'*Exeter*...

144. — Cette anarchie serait vite transportée dans la société politique si, tout en vénérant jusqu'à l'adoration

le pouvoir abstrait, incarné, dit-on, dans une multitude incapable de l'exercer, on dispensait cette multitude de respecter le droit *dans la personne* qui déjà le possède. Ce que fait l'auteur anonyme (n. 28) par les paroles suivantes : « Là où n'est pas intervenu expressément, dit-il, le choix d'une personne physique ou morale, *mandataire de la société* pour exercer le pouvoir souverain, on peut supposer un consentement tacite. Mais ce consentement tacite n'est pas plus efficace que le consentement exprès ; il ne peut empêcher l'exercice de ce droit imprescriptible qui reste toujours à la société, lorsqu'elle a conféré à quelqu'un, de la manière la plus explicite, le pouvoir de faire les actes particuliers de la souveraineté. » — Vous le voyez : tacite ou exprès, le consentement reste toujours subordonné à la volonté future de la multitude. Aussi l'auteur, qui voit *très clairement* cette vérité avec les terribles conséquences que l'anarchie et la rébellion sauront en tirer, a soin, un peu après, de nous donner du cœur... Il nous assure « que les individus peuvent bien agir par caprice, mais « que, s'il est question d'actes collectifs, comme sont « les votes des grandes majorités, les hommes doivent « être considérés en masse et n'écoutent alors que la « voix de leurs intérêts. Or, l'intérêt et le besoin de la « famille sociale, ajoute-t-il, la pousse à chercher la « paix, l'équité, la tranquillité, et par suite la stabilité. « Elle ne se porte qu'aux changements nécessaires pour « donner satisfaction à ses besoins légitimes. »

145. — Mes lecteurs admireront sans doute la rare naïveté d'un auteur qui écrit ces paroles en 1849, après

le régicide de Louis XVI, guillotiné comme tyran, lorsque Pie IX vient de passer si vite de l'*Hosanna* au *Crucifige*, lorsque Léopold II a été tour à tour adoré, banni et rappelé par la Toscane... En outre, les lecteurs sauront répondre eux-mêmes que le véritable principe moteur de la société, comme nous l'avons fait voir, n'est pas l'intérêt mais l'ordre souvent ignoré ou détesté par les multitudes; que le plus souvent le peuple ne connaît pas même son intérêt; ou, s'il le connaît, qu'il ignore les moyens efficaces pour l'atteindre; enfin que ceux qui sont heureux dans leurs affaires aiment la stabilité, tandis que ceux qui sont malheureux ou croient l'être (et c'est toujours le plus grand nombre) attendent d'un changement l'amélioration de leur sort.

146. — Ces réponses et beaucoup d'autres sont obvies. Elles ne se rapportent pas directement à la question présente. Mais nous avons rappelé les opinions de l'auteur anonyme uniquement pour montrer que nos adversaires, tout en proclamant bien haut le respect de l'autorité abstraite, laissent la société perpétuellement agitée et ballottée sur les flots mouvants de la volonté populaire. — N'est-ce pas ce qui arrive dans tous les pays, où les partis sont en lutte, comme le sont aujourd'hui les Orléanistes et les Légitimistes, et où le parti vaincu s'agite et se débat sans repos pour obtenir la majorité et la victoire (1). Écoutons comment notre auteur vient confirmer cette vérité avec sa candeur

____

(1) « Tout est chancelant et incertain, parce que tout dépend d'une loterie, du sort d'une élection et du hasard d'une bataille. » Discours de M. Forcade... *Observateur* du 18 octobre 1850.

ordinaire : « La liberté politique, laissant un large champ aux manifestations et aux discussions pacifiques de l'opinion publique, et exigeant la responsabilité de tous ceux qui gouvernent effectivement, leur impose l'obligation de se retirer aussitôt que l'opinion leur est contraire. » — Vous le voyez. D'après ce principe, nous devrions nous coucher chaque soir, sans savoir à qui nous obéirons demain, comme cela se pratique maintenant en France, où le vote d'un Légitimiste peut faire sortir de l'urne le retour d'Henri V et changer tout le système politique et la constitution sociale.

147. — Or, je vous le demande, peut-on donner le nom de bien social à cette perpétuelle incertitude ? Si quelqu'un de mes lecteurs veut que la société soit toujours comme l'oiseau sur la branche, eh bien ! qu'il ferme ce livre, et cherche avec l'auteur anonyme la paix, la sécurité, la stabilité dans cette famille sociale qui ne fait que les changements nécessaires. — Mais tout lecteur intelligent le comprendra sans peine : rien n'est plus facile que d'ébranler le pouvoir, en agitant le peuple, si on en a la liberté ; rien n'est plus terrible et plus funeste pour une société que l'incertitude sur le droit ou la personne de son chef, et souvent il vaudrait mieux pour elle être totalement privée d'autorité. En effet, une multitude au gouvernement de laquelle personne n'a droit pourra, par des voies légitimes, obtenir que tous s'accordent sans opposition raisonnable à respecter un pouvoir ; mais un peuple où un droit paraît établi sera perpétuellement déchiré par la lutte de ceux qui s'attachent à un chef déjà reconnu et de

ceux qui l'ont en aversion et veulent le détrôner. Ainsi
s'agite la France depuis soixante ans; l'Espagne et le
Portugal depuis vingt ans; ainsi se divisent toutes les
sociétés lorsque la faiblesse matérielle ou morale d'un
prince le rend esclave des partis, et que ses fidèles
sujets ne savent si lui gouverne ou est gouverné, et si
eux-mêmes doivent obéir à ses ordres ou le délivrer
de ses tyrans. Vous voyez donc, cher lecteur, combien
il est important de préciser clairement le fait, quel
qu'il soit, en vertu duquel l'autorité abstraite se réali-
sera et se concrétera dans une personne déterminée.

148. — Vous reconnaissez ici la grande question du
manifeste de Wiesbaden, 30 août 1850, et de la réponse
du comte de la Rochejacquelin, 21 septembre de la
même année! Toute la polémique de ces deux documents pourrait se résumer dans la formule suivante
que je devrai mettre en lumière : « Deux choses une
« fois admises : 1º l'impossibilité que le peuple se gou-
« verne lui-même; 2º la nécessité d'un fait pour dé-
« terminer la personne qui commandera, on se demande
« aussitôt si ce fait doit être *l'élection par le suffrage de*
« *tous les individus naturellement doués d'une liberté*
« *inaliénable, ou bien s'il y a encore d'autres faits*
« *qui donnent naissance à ce droit et soumettent la*
« *multitude à un homme non choisi par elle.* » Ceux
qui, comme les protestants, soutiennent l'indépendance
de la raison humaine, doivent embrasser la première
opinion et former tous les gouvernements sur le même
modèle. Pour nous, catholiques, enseignant que la raison créée est essentiellement dépendante de la vérité

incréée, nous adhérons à la seconde proposition, nous disons hardiment que, dans la production des formes de gouvernement, la nature ne s'est point restreinte à une seule ; comme si, dans cette œuvre, elle avait perdu cette fécondité, source des beautés si variées de l'univers ; nous disons que si, en plusieurs cas, le droit de gouverner peut dériver d'une élection légitime, en mille autres, il peut revêtir une autre forme politique et dépendre de faits très différents par lesquels s'applique l'invariable et féconde unité de la loi.

149. — Ici, le lecteur l'aura deviné, j'applique simplement à l'ordre moral une loi universelle du Créateur : car lorsque Dieu a fait rayonner dans l'unité du monde son unité infiniment parfaite et où est éminemment contenue l'immense variété des créatures, il a comme infusé en chacune d'elles certaines formes primitives. Celles-ci, en s'unissant à la matière, donnent naissance à la variété sans bornes du monde créé ; mais elles sont toujours soumises aux deux lois de l'unité et de la multiplicité, du général et du particulier, de l'espèce et de l'individu, et la connaissance de ces lois serait, en fin de compte, l'encyclopédie de toutes les sciences spéculatives et pratiques. Prenons, par exemple, la loi universelle des cristaux. Elle les fait *naître* de la combinaison d'un acide avec une base : mais quelle variété comme infinie de cristallisations produit cette unique loi ! Une est la forme de ce Protée, comme l'appelle, Haüy... le carbonate de chaux ; mais sans nombre sont les figures qu'il engendre ! Une est la vigne, une est la rose ; mais quelle variété de goûts dans les produits de

la première et de couleurs dans la seconde! Un est le chien primitif : mais depuis le petit caniche qui joue sur les genoux d'un enfant jusqu'à ce molosse si utile du Saint-Bernard, que de combinaisons diverses de figure, d'instinct et de propriétés! — Dans l'homme lui-même, la variété des races qui donne occasion à tant d'erreurs, n'est-elle pas regardée depuis longtemps comme un effet du climat, des éléments, des professions, de la descendance et de mille autres causes matérielles ?

Eh bien ! nos adversaires prétendent soustraire l'ordre social, à cette loi universelle de la variété dans l'unité. Ils forment dans leur tête un type idéal de société, de gouvernement, de législation, de municipe, de nation, etc., et ils veulent absolument renfermer dans ce nouveau lit de Procuste la nature sociale, celle précisément qui a plus de droits à la variété. Car, dans les choses où la nature agit nécessairement, rien ne résiste à la volonté indéclinable du Créateur ; mais dans les natures intelligentes dont la société est composée, règne un autre élément : la liberté, qui laisse une large part d'action à la diversité des génies et des volontés. — Or, c'est ici que les philosophes exclusifs en sont venus à renfermer dans un cercle les forces de la nature, la menaçant de la guerre, si elle osait en sortir, comme fit jadis ce proconsul romain à l'égard d'un roi de Syrie. — Chose étrange! L'un des promoteurs de cette guerre insensée est l'auteur de *l'Esprit des lois*, dont l'influence matérialiste fut, comme on sait, si grande dans la législation de tous les peuples. Oui, Montesquieu, après avoir débité ses contes sur l'avantage du Coran pour les Arabes, vu qu'ils habitent un climat très chaud, et sur l'opportunité du catholicisme et du protestantisme pour les régions tempérées ou froides de l'Europe, Montesquieu s'amouracha du seul type anglais en fait de constitutions politiques. Il inocula aux publicistes européens la manie de rapetisser à l'étroitesse de ce type la Toute-Puissance créatrice, répétant hardiment aux oreilles des nations et des siècles étonnés : « *Il n'y a qu'un* gouvernement légitime, celui de la constitution anglaise. » Enfin il fascina à ce point les sophistes incrédules, qu'après avoir secoué le joug d'une révélation et d'une expérience de soixante siècles, ils ont obéi servilement à la voix impérieuse de *l'Esprit des lois*, et ont commencé sur la société, comme Galvani sur ses grenouilles, ces expériences empiriques, source de toutes les divisions et de tous les malheurs de l'Europe depuis cent ans.

Quant à la vraie philosophie, celle qui prend la nature pour guide et le monde réel pour objet, elle ne peut s'empêcher de reconnaître dans tout l'univers l'influence des deux principes expliqués plus haut. Elle voit dans le monde moral comment les lois nécessaires du juste s'appliquent à l'ordre des événements contingents : elle accepte la nature telle qu'elle est, et sait respecter et admirer le droit dans toutes les formes si variées qu'il revêt, en s'incarnant dans les faits soit civils soit politiques.

150. — Voilà pourquoi, sans taxer d'illégitimes tous les gouvernements nés d'une élection, non pas univer-

selle (cela est impossible), mais plus ou moins étendue, nous soutenons en même temps que *d'autres faits* peuvent déterminer dans une personne le droit de commander à une société, sans que celle-ci lui ait en aucune façon conféré ce pouvoir.

151. — Vous le voyez; nous ne nions point que dans certains cas l'autorité se confère par voie d'élection. Ainsi en est-il en Suisse de plusieurs cantons catholiques. Ils sont démocratiques par le fait primitif de leur formation; nous ne contesterons point les droits de ces démocraties patriarcales; nous laisserons cette tâche au radicalisme. Mais l'élection n'est pas toujours nécessaire; et quand elle l'est, sa nécessité ne vient point de l'indépendance naturelle de l'homme, mais de quelque fait particulier et accidentel.

Notez aussi que le consentement de la multitude doit toujours se rencontrer dans une société bien ordonnée. Et pourquoi? Parce qu'il est normal pour l'homme d'obéir volontairement au droit, et non de céder par nécessité à la violence. Telle n'est pas du reste la question agitée entre nos adversaires et nous : des deux côtés nous sommes d'accord sur cette proposition: que le gouvernement d'une société bien ordonnée commande avec le consentement de la multitude. La question est de savoir si le *consentement du peuple précède toujours la possession du pouvoir et est nécessairement la cause de cette possession.* Nos adversaires disent : Oui; nous disons : Non. — Ils disent : Aucune autorité ne commande, si le peuple n'y a d'avance consenti; nous, nous disons : « Quelquefois, le peuple doit consentir

« parce que l'autorité commande. » Lisez nos raisons
et jugez.

152. — Pour vous les rendre plus accessibles, je vous
prie de vous rappeler ce que nous avons dit au chap. 1er,
à savoir : « que *l'autorité est le droit d'unir les opérations des associés pour le bien commun.* » La question
présente se réduit donc à ceci : « Peut-il y avoir, en
dehors de l'élection, un fait en vertu duquel un individu
déterminé ait le droit d'unir l'action de tous les associés pour le bien commun? Ce droit, cette force morale,
encore une fois peut naître de l'élection; personne ne
le conteste; mais nous ajoutons que dans certains cas
quelques individus ont cette force en vertu de l'ordre
universel, et sans l'avoir reçu du consentement des
associés.

153. — La démonstration de cette proposition ne sera
pas difficile si nous faisons attention à la dépendance
naturelle de l'homme. — L'homme est corps et esprit.
Pouvez-vous nier que le corps dépende nécessairement
de l'ordre physique, et que des changements dans cet
ordre en amènent d'autres dans l'ordre moral? Par
exemple, pouvez-vous nier « que l'homme sans nourriture ne vit pas? et que par une conséquence nécessaire
il est obligé moralement de se procurer des aliments?
que, pour cela, il doit travailler? Qu'il ne peut pas toujours choisir le travail de son goût, mais qu'il est obligé
de faire celui qui, vu ses relations physiques ou morales, peut l'aider à atteindre son but!... Eh! que dites-
vous donc parfois à ces mendiants sains et valides qui,
sur les chemins, vous accablent de leurs supplications?

« Va travailler, paresseux! N'as-tu pas honte, jeune et
« robuste comme tu l'es, de ravir l'aumône destinée à de
« vrais pauvres..? » — Or supposez qu'un de ces mendiants vous réponde : « Pardon, Monsieur : du travail?
j'en ai cherché ; j'ai demandé au roi de devenir ministre d'État; et je n'ai pu l'obtenir. » — Comment, lui
répondriez-vous; sont-ce là des choses qu'un de tes pareils puisse solliciter? — Allons; va prendre une pio-
che, et tu auras du pain! — Oh! cela! je ne puis le
faire, vous dirait-il; j'ai droit à mon indépendance;
jamais je n'y renoncerai; jamais je ne me ferai esclave. » — Bien, lui direz-vous; ne renonce pas à ton
indépendance; mais alors renonce à ton pain et vis sans
manger. Nous verrons si, l'estomac vide, tu apprendras
la grande loi du travail et la nécessité de la dépendance. »

154. — Que pensez-vous, cher lecteur, de ce petit
dialogue?

Vous convainc-t-il qu'il est des cas où l'ordre physique
produit un devoir de dépendance? Et qui ne voit même
que la nécessité matérielle dans l'homme, venant de son
corps, tous les hommes, depuis le dernier des sujets
jusqu'au monarque le plus puissant, sont inévitablement
dépendants? Quel prince ne dépend souvent d'un ministre habile sans lequel il ne pourrait se soutenir, d'un
savant médecin sans lequel il ne pourrait guérir, enfin
d'un cuisinier ou d'un barbier fidèles, qui l'empêche-
ront l'un d'être empoisonné, l'autre d'avoir la gorge
coupée? — Or faites bien attention : cette nécessité,
quoique matérielle de sa nature, peut engendrer un

véritable devoir moral — et la négliger sera une faute toutes les fois qu'il sera indispensable de lui donner satisfaction pour accomplir un autre devoir. D'où il suit que si un individu pèche en refusant de prendre de la nourriture, un prince pourra aussi commettre un crime en rejetant un moyen nécessaire pour bien gouverner.

155.— Vous le voyez : « Ce devoir a sa raison dans le corps de l'homme ; mais l'homme est aussi un esprit ; et il faut savoir si, en tant qu'esprit, il peut être également obligé *par un fait* à obéir à son supérieur qu'il n'aura point élu. La réponse est encore facile : nous l'avons déjà donnée dans le chapitre où nous avons dit que le droit était pour l'homme raisonnable un lien irrécusable. Si donc vous admettez ce commandement souverain du droit (et qui oserait le nier?), vous ne pouvez pas davantage rejeter la proposition suivante : « Toutes les fois que je ne puis conserver mon indé- « pendance sans violer un droit plus fort que le mien, « je suis obligé d'être dépendant. » — Que vous en semble? La proposition est-elle vraie? Est-elle évidente ?

156. — Si vous l'accordez, voici ce qui nous reste à rechercher. Peut-il exister un droit supérieur à votre indépendance? Par exemple : le droit de Dieu? Le droit de votre patrie? Dans vos parents, le droit à la vie? Dans un père, le droit d'élever ses enfants? — Si vous m'accordez cela, nous pourrons résumer ce que nous avons dit jusqu'ici dans cette formule générale d'obligation : « Lorsque le droit de votre indépendance est en conflit soit avec le devoir qui vous incombe de

vivre honnêtement, soit avec un droit supérieur de Dieu ou des autres hommes, vous devez céder et obéir. »

157. — Je ne crois pas que jamais homme sensé nie cette proposition conditionnelle. Mais, pour dissiper d'avance une obscurité possible, je vous prie de remarquer la différence qui existe entre les obligations résultant des deux autres causes : la première cause est matérielle; elle peut être combattue par l'homme ; et, s'il en triomphe, il sera, du même coup, dégagé de l'obligation qui en découle; — par exemple, vous trouvez un moyen de vivre sans servir autrui? Vous êtes par là même affranchi du devoir de la dépendance. — Au contraire ni les causes morales ne peuvent être raisonnablement combattues, ni le devoir qui en résulte ne peut être détruit, puisque vous devez respecter le droit qui en est la source.

Que si la cause de l'obligation composée de deux autres résulte et d'une nécessité physique et d'une obligation morale, elle donne lieu alors à un devoir qui se combine proportionnellement avec les deux... Ainsi, qu'un injuste agresseur mette votre vie en danger? Vous avez le droit de vous défendre; mais en vous défendant, vous avez le devoir de ne pas faire plus qu'il n'est nécessaire pour conserver votre vie... C'est ce droit que les moralistes appellent « jus sese defendendi cum moderamine inculpatæ tutelæ ». Il résulte de la nécessité où vous êtes de blesser et même parfois de tuer l'assaillant pour vous défendre et du droit de celui-ci à la vie.... Les différents faits produisent des devoirs différents, mais qui vous obligent tous tant que le lien n'en est pas légitimement brisé, et qui sont tous capables de détruire en vous le droit à l'indépendance, s'ils lui sont supérieurs.

158. — Afin que vous ne vous égariez pas dans la comparaison de ces différents droits et de leur valeur relative, mettez-vous en garde contre les déclamations oratoires de cette philosophie dont les ravages ont pénétré dans un si grand nombre de têtes baptisées ; de cette philosophie qui, dans les derniers jours de la révolution sicilienne, osa publier avec la signature des ministres (ceux-ci probablement ne l'avaient pas lue) cette proclamation odieuse aux catholiques : « *Le droit des nations comme des individus dans les malheurs extrêmes c'est de se suicider.* » — Qu'un païen ignorant de la félicité éternelle parle de la sorte, soit ; mais celui qui, éclairé par la raison et par la foi, sait qu'il doit rapporter toutes ses actions à la béatitude céleste, celui-là considère avec d'autres yeux même les infortunes de la vie présente et à plus forte raison la dépendance politique. Et en vérité quelle merveille que le chrétien se résigne plutôt que de violer le droit, quand les premiers chrétiens ont été obligés par les apôtres à supporter la servitude plutôt que de se révolter ?

159. — Avant donc de porter un jugement sur la valeur du droit d'indépendance, rejetez cette puérile admiration dont nous nous sommes épris, sur les bancs de l'école, pour l'héroïsme classique de Numance et de Sagonte et pour le suicide de Caton et de Brutus ;

ou au moins rappelez-vous que la dépendance politique n'est pas une servitude, comme l'enseigne du reste, après S. Thomas, l'anonyme Vénitien. Car la première est ordonnée au bien de la société, tandis que la seconde est ordonnée au bien du maître. Rappelez-vous que la dépendance politique est beaucoup moins lourde que la condition d'un domestique ou d'un artisan; et par conséquent que si l'homme est obligé d'être domestique ou artisan plutôt que de violer les droits d'autrui, le respect de ces droits peut, à plus forte raison, l'obliger à se résigner à la dépendance politique.

160. — Après ces remarques, et la question étant réduite aux termes fixés plus haut, il nous reste à passer de l'hypothèse à la thèse.

D'abord vous rappelez-vous l'hypothèse? — Toutes les fois, avons-nous dit, que je ne puis conserver mon indépendance sans violer un droit supérieur au mien, je suis bien obligé d'être dépendant... » Mais le cas est-il possible? Peut-il survenir un concours de circonstances tel que, si je ne me résigne pas à dépendre du gouvernement d'un autre, dans l'ordre politique, je violerai un droit plus fort que le mien? Tel est le point que nous avons à examiner : et pour cela, voyons un peu si, dans quelques cas, il ne pourrait pas arriver que la nécessité physique, ou le droit de Dieu ou les droits d'autres hommes fussent en conflit avec votre indépendance.

Commençons par le premier cas.

161. — Peut-il arriver, sans le consentement de la

multitude, un fait par suite duquel le *salut* de tout un peuple dépende de son obéissance à un individu déterminé, à un Camille, par exemple, à un Coriolan, à un Thémistocle, à un Agatocle, à un Charlemagne, à un Bonaparte? J'accumule, vous le voyez, des noms de moralité très diverse, parce que je ne cherche pas ici précisément si ces personnages ont eu le droit de commander, mais si les sujets ont été dans la nécessité d'obéir. — Si vous m'accordez que cette nécessité est possible, ma conclusion s'impose : car comment douter que cette multitude doive obéir, si de son obéissance dépend son salut? Pesez, de grâce, la gravité de ce devoir : il est d'autant plus impérieux dans chaque citoyen que plus étroite est pour lui l'obligation de ne pas précipiter ses frères dans toutes les horreurs de l'anarchie. Ne les avons-nous pas trop éprouvées, nous qui, aujourd'hui dans la vieille Europe, vivons sans cesse au sein du tumulte et des révolutions? Qui de nous n'a connu par expérience les angoisses de la terreur, l'horreur des meurtres et des luttes de factions, la désolation des veuves et des enfants orphelins, les tourments de la faim, les persécutions des proscrits, en un mot ces misères sans nombre, apanage de toute société privée d'un chef qui y établisse et maintienne l'ordre? Les raisons qui demandent ce chef sont aussi nombreuses que les relations des particuliers et que les passions toujours prêtes à les briser : relations de supérieurs à inférieurs menacées par l'ambition ; de père à enfants par l'inhumanité; de mari à femme par l'adultère ; de maître à serviteur par la cupidité sans entrailles; de marchands à acheteurs par la fraude et la falsification. Enfin toutes les relations sociales, celles surtout qui font vibrer au cœur de l'homme les fibres les plus délicates, ont toutes leur ennemi ou mieux leurs passions respectives; et ces passions, semblables à des aspics et à des hydres, ne peuvent être réprimées que par l'ordre social. Vous voyez donc combien est rigoureuse l'obligation de respecter et de défendre cet ordre! Aussi, beaucoup, avant d'en avoir fait l'expérience, n'ont pas compris où ils allaient en contribuant à donner un premier assaut à une autorité reconnue ; mais ils se repentent aujourd'hui de s'être armés pour la détruire sans prévoir les conséquences de cette ruine! Une société sans ordre est un enfer; un ordre social sans autorité est une chose impossible; enfin une autorité sans un homme qui la possède est une chose inutile, puisqu'elle n'agit pas ; donc...

162. — Vous voyez la conséquence :

« Pour vous, pour moi, pour tout citoyen, l'obligation d'obéir à un individu déterminé lorsque lui seul est capable de maintenir l'ordre social » est aussi stricte et urgente que l'obligation même de ne pas exposer des milliers et des millions de nos frères à tous ces massacres et à tous ces fléaux qui tombent sur une société sans gouvernement. C'est à ceux, dont ma désobéissance compromettrait la paix et le salut, que je suis principalement redevable des actes prescrits par celui qui pour leur bien possède l'autorité; ce sont ceux-là que j'offense proprement, quand je transgresse les lois, puisque ces lois, si elles sont justes et par suite obligatoires, sont faites non pour le bien particulier de celui qui commande, mais pour le bien commun de tous les sujets.

163. — J'insiste sur cette observation, parce que beaucoup se laissent ici éblouir et aveugler. Ils croient que le prince, lorsqu'il commande ou punit, se défend et se venge lui-même avant ses sujets... Et quand ils sont parvenus à éluder ou à violer ou à abolir impunément la loi, ils se réjouissent en eux-mêmes comme d'une victoire remportée sur leur oppresseur. Il est vrai, le prince, étant, comme nous l'avons dit, le possesseur de l'autorité, est personnellement offensé dans tout délit. Mais cette offense est secondaire. La première et la principale est faite aux membres de la société et à l'autorité, dont le prince n'est que l'instrument. C'est à la société et pour son bien que je dois l'obéissance aux lois; si par ma résistance, je mets la société et le bien commun en péril, je serai d'autant plus coupable que je suis plus obligé d'aimer ma patrie et mes concitoyens.

Si donc je puis trouver un cas, une hypothèse où l'ordre social dépende d'un individu déterminé, le peuple entier sera aussi obligé de lui obéir que chacun l'est d'éviter la mort et la ruine de ses concitoyens par la conservation de l'ordre social. Et cette obligation, répétons-le, tend, avant tout, non au bien du prince, mais au bien du peuple.

164. — Je réitère cette observation afin que vous compreniez le néant de ces déclamations par lesquelles les démagogues excitent trop souvent les sujets à la

révolte contre un tyran vrai ou supposé; en leur représentant qu'il est indigne, qu'il est inique de conserver sur le trône, au sein de la gloire et des richesses, celui qu'ils appellent *un monstre couronné !* Traîtres! qui, au lieu de faire connaître au peuple ses devoirs et ses intérêts, échauffent et déchaînent en lui toutes les passions ! Fût-il un véritable *monstre*, si ce prince *est seul le moyen* de conserver l'ordre public, briser le sceptre en ses mains sans lui substituer un autre chef capable d'assurer la paix, c'est précipiter la société au fond d'un abîme, sous prétexte de la délivrer d'un oppresseur, c'est tuer le malade pour le guérir d'un mal de tête.

165. — Mais peut-il se présenter un cas où un peuple dépende d'un individu ? Dans l'état normal d'une société déjà constituée, le fait est évident : l'organisation du gouvernement et les personnes qui secondent les hommes au pouvoir sont tellement nécessaires à cette société, que l'ordre public tomberait avec les organes de l'autorité. Par où vous voyez combien sont coupables ceux qui, sans raison, mettent en doute l'autorité des chefs légitimes, et exposent par là leurs concitoyens à méconnaître le principe réel de l'ordre public et à rejeter la personne seule capable de le maintenir. Réduire cette culpabilité à rien, accoutumer les peuples à traiter d'inepties les délits politiques, a été l'un des plus grands triomphes de l'esprit protestant, et un des maux les plus certains de la société européenne. Quant aux gouvernements, dont le devoir serait de ne jamais renoncer aux principes, et dont le premier intérêt, après

le principe d'autorité est *le principe de légitimité,*
quant aux gouvernements, dis-je, ils ont eux-mêmes
prêté la main à l'abolition de ce principe, et ils donnent occasion au peuple de le méconnaître en abolissant
pour les délits politiques seuls les peines terribles dont
les avait frappés la sagesse de tous les siècles.

166. — Mais avant de passer outre, permettez-moi,
cher lecteur, d'en appeler à votre bonne foi. Je m'en-
gage ici sur un terrain glissant, et je sais quel péril je
vais courir de la part de ces philosophes que l'assassinat d'un Rossi trouve froids et impassibles, tandis que
la potence si bien méritée d'un Zambianchi excite leurs
fureurs fratricides. Pour vous, vous êtes impartial : vous
comprendrez ma pensée, et vous ne vous exposerez
point à la fausser en écoutant les préjugés de la passion.
Je ne demande ici la peine de mort contre aucun délit.
Déjà je me suis expliqué sur ce sujet une autre fois (1).
Aucune peine n'est licite si elle n'est pas nécessaire,
et aucune n'est raisonnable, si elle est insuffisante. En
d'autres termes, toute loi est défectueuse qui prescrit un
châtiment destiné à punir un délit, lorsque ce châtiment n'est ni indispensable ni assez efficace pour rétablir l'ordre public. Cela doit se dire de toutes les peines, quelle que soit la nature du délit.

167. — Nos humanitaires entendent les choses autrement. D'après eux, tout délit qui blesse les intérêts
d'un individu doit être châtié. Pourquoi? parce qu'ils
sont intéressés eux-mêmes à arrêter la main du larron
et le poignard de l'assassin. Mais s'agit-il de la ruine

(1) Voir *Civiltà Cattolica,* vol. I.

non plus d'un individu, mais d'une société tout entière; s'agit-il non plus d'un délit d'ordre civil, mais d'un délit politique; s'agit-il du massacre non pas d'un citoyen, mais de centaines et de milliers de citoyens, alors le châtiment, au lieu de croître, devra diminuer, et la peine de mort, admissible pour d'autres crimes, paraîtra toujours excessive pour ceux-là. Qui ne voit que cette répartition du code pénal est un mensonge sanctionné par les lois? Qui ne voit que c'est l'abolition solennelle du principe de légitimité? Si la civilisation a tellement adouci les mœurs d'un peuple qu'il puisse être gouverné sans recourir à la peine de mort; qu'on l'abolisse à l'honneur de ce peuple; mais qu'on l'abolisse d'abord pour les délits d'ordre civil et beaucoup moins nuisibles; puis plus tard pour ces délits qui compromettent des millions d'existences. Par contre, si un peuple n'est pas mûr pour une civilisation aussi douce, et si le terrible spectacle du sang est toujours jugé nécessaire pour épouvanter le crime et défendre les individus isolés, *laisser maîtresses d'elles-mêmes* les multitudes, parce que celui qui veut leur perte a réussi d'abord à les tromper; accréditer par l'impunité cette opinion « qu'un tel délit n'est rien », en vérité c'est, en fait de lois, une monstruosité à faire douter non pas de l'intelligence, mais de l'honnêteté et de la bonne foi du législateur.

168. — Néanmoins en face d'opinions très répandues, il est toujours bon de rechercher l'origine de l'erreur afin d'excuser autant que possible les personnes. J'accorderai donc que, vu les temps où nous vivons et les

aberrations de l'esprit public, on peut, non pas défendre, mais excuser la grossière absurdité de pareilles lois. Le principe protestant dit à chacun : « Vos opinions religieuses vous sont suggérées par le Saint-Esprit ; c'est lui qui vous explique intérieurement le sens de la Bible. » Ce principe légitime toute erreur en morale et par conséquent en politique ; car la politique est une partie de la morale. Après cela, comment voulez-vous qu'on ait le courage de dire à un sujet : « L'Esprit-Saint vous a inspiré ce crime, et c'est pour ce crime inspiré d'en haut que je vous condamne à mort ?

169. — Il est vrai, ce raisonnement, applicable aux délits d'ordre civil non moins qu'aux crimes politiques, conduirait naturellement à l'abolition de toute loi et de toute morale ; nous l'avons démontré au chapitre précédent ; mais la force des circonstances en a accéléré l'application à l'ordre politique. Grâce à tous ces renversements de trônes et de pouvoirs légitimes, grâce à cette fureur dont les multitudes affolées se sont prises pour la discussion des principes de l'ordre public, l'erreur en une telle matière est devenue pour beaucoup comme une nécessité. Et la faute doit en être imputée non pas tant à ces malheureux sans défense, livrés à la merci de tous les séducteurs, qu'aux princes et législateurs. Car en accordant à ces séducteurs la liberté de la parole et de la presse, ils ont volontairement contribué à la fascination des foules et par là aux révolutions modernes. Dans de telles conjonctures, le public a naturellement ressenti de la sympathie pour les victimes de la séduction et la justice a mitigé leurs peines. Que si

l'on ne voulait pas, par cet adoucissement, contribuer, avec les fauteurs d'anarchie, à fausser les idées du peuple, il faudrait présenter l'atténuation de la peine comme l'exception, et non comme la règle, comme une grâce accordée à l'ignorance, et non comme une justice proportionnée au délit. Autrement, la loi pénale cesserait d'atteindre son but : et au lieu de faire connaître au peuple la gravité réelle des délits, elle le confirmerait dans cette idée « que les crimes politiques sont une bagatelle ». Elle accélérerait le mouvement révolutionnaire au grand péril de toute la société.

170. — Ces considérations regardent une société tranquille et où l'ordre est déjà établi. Là, l'importance d'un chef qui gouverne est plus facile à voir; car elle est liée à l'existence réelle de cet ordre. — Mais pourrons-nous rencontrer, dans une société non encore organisée, *un fait* en vertu duquel l'ordre public dépende d'une personne déterminée ?

Libre à vous, cher lecteur, de toucher du doigt la réponse historique. Par exemple, un Moyse vous paraît-il avoir été nécessaire aux Hébreux? ainsi que ces hommes extraordinaires qui, dans la suite, se sont successivement levés pour délivrer tant de fois ce peuple de la captivité ? — Vous me direz peut-être que ces hommes avaient un droit surnaturel en vertu du fait divin qui les a élevés au-dessus de la multitude. — Je pourrais d'abord vous répondre : Faites abstraction de cette vocation céleste, et dites-moi si, oui ou non, ils furent nécessaires à la nation Israélite. Le secours fut divin, je l'accorde; mais la nécessité était un fait naturel. Par conséquent si de ce besoin social résulte l'obligation d'obéir, ce fait démontre que le peuple aurait dû, en raison de cette nécessité, se soumettre à ces chefs lors même qu'ils n'eussent pas été choisis de Dieu.

171. — Mais en dehors du peuple Juif, l'histoire profane ne manque point d'exemples semblables; et vous pouvez ici vous les rappeler. Je le sais; souvent la monomanie démagogique affirme avec audace des gouvernements ce que l'impiété épicurienne a dit en blasphémant de la divinité : « Primus in orbe Deos fecit timor. » — « Tout Roi n'a été, à l'origine, qu'un tyran heureux. »

Mais écoutez votre raison, et l'histoire à la main vous comprendrez la sottise d'une telle affirmation. Bien plus, vous direz précisément le contraire : « Tout gouvernement a dû commencer par l'amour. » Car avec quels bras, avec quelle force un tyran pourrait-il nous terroriser, si auparavant une multitude ne se fût attachée à lui? En fait, quelle est, dans le cours des siècles, la nation, la dynastie, dont les annales ne nous présentent pas à l'origine quelque grand homme respecté du peuple comme un sauveur? Depuis Deiocète jusqu'à Louis Napoléon, des centaines d'exemples vous montreront que des peuples entiers n'ont eu souvent pour unique ressource qu'un grand génie ou un bras valeureux. Camille a sauvé Rome des Gaulois, Marius des Cimbres, Auguste des anarchistes, Bélisaire des Goths; Pélage a délivré l'Espagne des Sarrasins; Alphonse a été contre ces mêmes ennemis le sauveur du Portugal; un

Rurich a établi l'ordre social chez les Russes, un saint Étienne chez les Hongrois, les princes d'Orange et de Bragance se sont trouvés les chefs des Hollandais et Portugais insurgés contre l'Espagne, et ont été regardés comme leurs libérateurs. A l'époque de la Restauration, les anciens Princes ont reparu comme des sauveurs aux yeux de leurs sujets. Cette même idée de légitimité fit avancer pour Isabelle II l'âge de la majorité, lorsque, à la chute d'Espartero, on espéra trouver dans une Reine encore enfant un remède et une force contre l'anarchie. Bref! partout en histoire nous pourrions trouver des noms dont la puissance magique, soit à raison de leurs titres légitimes, soit à cause de leur génie, de leur réputation de justice ou de leurs grands desseins, a paru aux yeux des multitudes comme l'unique espérance de salut social. Je ne recherche pas maintenant si cette espérance a toujours été raisonnable; je veux seulement montrer qu'en certains cas *un individu* peut être considéré comme nécessaire et seul capable de sauver la société.

172. — Alors voici l'alternative : « ou les peuples sont obligés de rendre obéissance à celui de qui dépend leur salut, ou il faut dire que les citoyens ne sont pas obligés de concourir au bien commun et au salut de la nation. Laissons cette dernière opinion à ces scélérats dont la cupidité et l'ambition, toujours prêtes à immoler des hécatombes de victimes afin de s'enrichir et de dominer, trouveront toujours aussi des raisons pour mettre en doute tout droit et tout pouvoir, si ce n'est le leur. Tout cœur honnête accordera que, dans ces circonstances,

refuser l'obéissance au *seul* homme qui peut sauver la société, c'est non seulement de la folie, mais encore de la barbarie. Cette obéissance, je le sais, peut n'être que momentanée, et cette autorité relative ne pas aller au delà de la dictature; mais vous l'avouerez aussi, il pourrait devenir nécessaire que cette autorité durât; il pourrait se faire que, sous son action, l'ordre et la justice devinssent tellement prospères que demander un autre pouvoir serait demander le bouleversement de la société. Or, en pareille conjoncture, non seulement le pouvoir mais encore la durée du pouvoir serait légitime. Mais cela n'importe pas à la question : il suffit pour établir ma proposition qu'il y ait « *des faits* en vertu desquels l'autorité sociale se trouve parfois dévolue aux mains *d'un individu, non parce que le peuple veut, mais parce qu'il doit obéir.*

173. — Autre considération très importante : — Ces bouleversements dont la fortune se sert pour donner à un individu le privilège d'être l'unique sauveur de son pays proviennent ordinairement et des lois de la nature et de la liberté des hommes. — D'où il suit que les actions humaines étant ou bonnes ou mauvaise, d'une action coupable d'un individu peut résulter pour la société l'obligation de lui obéir.

C'est à quoi ne font point attention ceux qui discréditent les gouvernements, et en ébranlent les bases en recherchant jusque dans le sépulcre les fautes des pères et des aïeux. De grâce, laissons à la justice divine le soin de juger les morts et pensons plutôt à sauver les vivants. — Qu'importe que le sceptre ait été ramassé dans la fange sanglante de la Révolution par un Napoléon premier, si, monté sur le trône, il a été assez heureux pour réorganiser la société ! Et supposé que la chute de ce prince doive replonger la patrie dans le sang et le chaos, me sera-t-il jamais permis de rendre malheureux et de sacrifier pour ainsi dire trente ou quarante millions d'hommes afin de châtier celui qui seul peut les sauver?

Vous le voyez donc, cher lecteur : le droit de prendre et de conserver le pouvoir dans une société peut sortir d'un fait injuste, puisqu'un individu, un Stilicon par exemple, un Narsès, un comte Boniface peuvent se rendre nécessaires à l'État en le trahissant et en appelant dans son sein un barbare à qui seuls ils sont capables de résister. Je le sais; on mettra en doute l'existence de cette hypothèse : mais elle est possible; et une fois réalisée, direz-vous : « Périsse la patrie, pourvu que soit puni celui qui seul peut la sauver? » Mais dites-moi : pourquoi punit-on les coupables, sinon pour préserver de ruine la société? — Voici un médecin inhumain jusqu'à la barbarie : pour multiplier ses clients il répand dans le peuple les germes de la fièvre jaune ou d'une autre maladie pestilentielle dont *lui seul* connaît le remède. Direz-vous aussi : « Périsse tout le peuple pourvu qu'il ne dépende plus de ce médecin? »

174. — Si la dépendance est nécessaire au bien commun, elle devient un moyen... Et à ce titre elle doit servir à 1. G., bien que, cela va sans dire, on doive faire abstraction des dispositions personnelles de celui qui est ce moyen, et ne jamais coopérer à son crime.

La sangsue mord cruellement, et l'émétique, en général, est un poison. Nous abstenons-nous, malgré cela,
de recourir aux sangsues et à l'émétique? Non. Quand
donc un homme, par suite de révolutions sociales, et
cela, quel que soit le coupable, est devenu nécessaire au
salut public, le bien même de la société demande que
chaque citoyen lui soit soumis, non certes par respect
pour le crime ou pour l'usurpateur, mais par amour
pour ses concitoyens. En réalité aucune nation civilisée
n'a connu d'autre droit public : et quand le sort des
armes a fait passer le pouvoir d'un prince à un autre,
on a toujours respecté le gouvernement de fait, bien
qu'illégitime, afin de sauvegarder l'ordre civil. On sen-
tait qu'il était également impossible et de vivre sans
autorité et de résister à l'autorité du vainqueur.

175. — Comprenez par là combien est sage la loi de
l'Église, lorsqu'elle condamne comme abominable la
doctrine païenne du tyrannicide, cette doctrine remise
en honneur par les Brutus et Cassius modernes, et
qui n'est qu'un fruit empoisonné, mais naturel, de
l'individualisme protestant. N'est-elle pas ivre d'orgueil
cette raison qui ose dire : « Je suis le juge suprême du vrai
et du juste ; » cette raison qui, dans son indépendance,
se divinise elle-même et affirme hardiment : « Je prononce sans appel sur les crimes du tyran et sur les
intérêts de ma patrie ! Qu'elle périsse pour que périsse
avec elle un scélérat. La mort du tyran amènera tous
les bouleversements et tous les maux, j'en conviens :
mais plutôt la ruine de l'État que le triomphe d'un
tyran ! »

Ainsi raisonne le protestantisme indépendant. Mais l'Église est une mère. Elle regarde comme sacré et inviolable le droit des individus, le bien de la famille et l'ordre essentiel de la société. Aussi jamais elle n'accordera ni au caprice d'un fanatique, ni aux fureurs de la vengeance, ni à une ambition sans frein le funeste et terrible droit de tout bouleverser dans une société, sans se laisser guider par autre chose que par une conscience incertaine ou par une passion débordée. Les jugements qui regardent l'ordre public, dit avec sagesse saint Thomas, doivent être portés par la conscience publique ; d'où il conclut qu'un juge ne peut, à son tribunal, condamner ceux qu'il sait coupables seulement de science privée. Que dirait-il donc de ces hommes qui, simples citoyens, ne craignent pas de jeter tout un peuple dans les horreurs de la sédition et de l'anarchie ? Et cela, au nom de leur raison ou plutôt de leur passion ! Que ne dirait-il pas de ces hommes qui, simples sujets et de condition privée, s'arrogent le droit de condamner la société à mort sans le consentement du peuple, tandis qu'ils dénient à un monarque le pouvoir de promulguer une seule loi, sans ce même consentement ? — Quand des événements quelconques ont rendu un homme si nécessaire à la société que sans lui elle périrait, le bien commun exige que cet homme vive et exerce le commandement tant que le pouvoir légitime n'est pas rétabli, et tous les citoyens doivent lui obéir en tout ce qui regarde l'ordre public. Mais, dites-moi : si les citoyens lui doivent l'obéissance, ne s'ensuit-il pas que lui, qui possède le pouvoir, a *le droit d'obtenir* cette obéissance pour le bien public, puisqu'au « devoir correspond le droit ». Enfin, puisque le droit d'être obéi en vue du bien public s'appelle et est *l'autorité*, ne s'ensuit-il pas que cet homme possède *l'autorité ?*

176. — Cette autorité, on le voit, naît d'une nécessité : la nécessité pour l'homme considéré physiquement de se soumettre à une force supérieure. En créant la nécessité, cette force, à laquelle on ne peut résister, crée du même coup le devoir de la soumission. Mais, par ailleurs, la société, en obéissant, ne perd pas le droit de vivre dans l'ordre; et de ce droit découle, pour tous les citoyens, l'obligation de concourir au bien public par l'unique moyen qui leur reste, savoir : « Se laisser gouverner par celui-là seul qui a pris le pouvoir et l'a enlevé à tous les autres.

177. — Croyez bien, cher lecteur, que je n'ignore pas combien d'objections viennent assaillir votre esprit, en entendant ce langage. Vous vous écriez : « Quelle doctrine! Quoi! un droit créé par le crime? Et quel droit? Celui de la tyrannie; celui qui rend inviolable l'assassin, en vertu même de l'assassinat ?

178. — De grâce, laissons de côté toutes ces déclamations oratoires. Je vous ai déjà suffisamment expliqué que ce droit ne sort point du crime de l'usurpateur, mais uniquement du besoin de la société... Et il ne peut vous paraître étrange que des délits produisent indirectement un pareil droit ; à moins que vous ne vouliez affirmer que l'adultère n'a pas et le devoir et le droit d'élever les enfants qui sont le fruit de son crime; que le corsaire n'est pas obligé de conduire à bon port le

vaisseau dont il s'est emparé, en mettant à mort le capitaine ; que le larron, qui a volé la terre ou le bœuf de son prochain, n'est pas tenu de les garder en bon état. En commettant ces injustices, le voleur et l'usurpateur devraient, je le sais, avoir l'intention de restituer. Mais tant qu'ils n'y sont pas disposés, celui-là doublerait ou même décuplerait le mal qui rendrait la restitution impossible en détruisant et en ruinant les droits et les biens usurpés. Si les droits usurpés ont naturellement pour fin, non le bien de l'usurpateur, mais le bien des autres hommes, ces droits doivent plutôt s'appeler des *devoirs* et par là s'évanouit l'apparente contradiction de ces deux mots : « Un *droit* créé par un *délit.* » Qu'on dise : Un *devoir créé par un délit*, et l'on ne trouvera plus dans notre doctrine la moindre difficulté. Si enfin vous faites réflexion que quiconque est obligé de poser un acte tire de son obligation même le droit de le remplir, vous verrez clairement que des délits peuvent engendrer des droits.

179. — Mais ces droits sont-ils ceux de la tyrannie et de l'assassinat? Aucunement. On pourrait nous imputer cette conclusion, si nous raisonnions de la *possession* de l'autorité, comme nous raisonnons de ses devoirs et de ses droits; si nous confondions ces deux choses : *avoir le droit de gouverner*, et *avoir le droit de posséder le gouvernement;* si nous disions qu'il n'y a pas de différence entre commander avec justice (ce que peut faire l'usurpateur) et avoir le droit de commander, ce qui appartient proprement au seul chef légitime... L'anonyme Vénitien, dont nous avons parlé,

est tombé dans cette confusion. — Pour nous, nous avons distingué avec soin ces deux choses : *réalité de l'autorité*, et *possession de l'autorité*, et nous ne craignons pas qu'on nous accuse de favoriser l'usurpateur. Par suite de son crime, avons-nous dit, il peut être obligé de maintenir l'ordre dans la société, mais il ne peut avoir le droit de posséder l'autorité. Il est vrai qu'il doit être respecté et obéi dans les lois relatives à l'ordre civil... Mais de là ne suit pas qu'il soit inviolable dans l'ordre politique et international... Il n'est pas permis à un homme privé de se constituer et le juge et le justicier de l'usurpateur, nous l'avons dit. Mais cela peut être permis à un pouvoir légitime et reconnu comme tel, par exemple : à un parlement, à un sénat, ou même à un souverain étranger qui viendrait au secours de princes injustement détrônés.

180. — Cela soit dit en passant, pour montrer combien nous sommes loin de justifier les droits de la personne, en défendant la cause de la tranquillité publique. Développer pleinement ces questions nous ferait sortir du cadre tracé plus haut. Nous nous étions proposé de prouver que certains faits peuvent amener pour la multitude la nécessité irrésistible de dépendre du seul homme capable de rétablir ou de maintenir l'ordre social ; et cela dans l'intérêt du bien commun ; et cela, non seulement quand cet homme est arrivé au pouvoir par l'usage légitime de ses qualités et de son habileté, mais même quand le possesseur (détenteur) de l'autorité s'est poussé injustement à la dignité suprême d'où dépend l'équilibre dans l'ordre social.

Nous avons ainsi résolu le premier des trois problèmes proposés ; et nous croyons légitime cette conclusion : « La nécessité physique peut engendrer le devoir de la soumission politique, parce que la vie de votre corps demande que vous soyez dépendant du monde matériel. » Passons maintenant aux relations de l'ordre moral.

CHAPITRE IV

Légitimité de la possession

181. — La nécessité qui enchaîne la vie corporelle de l'homme au monde matériel engendre pour lui, dans l'ordre moral, le devoir de la dépendance politique. Nous venons de le voir. Mais cela est plus vrai encore des relations morales de l'homme considéré comme un être raisonnable et spirituel.

En effet, l'homme a des relations avec Dieu et avec les autres hommes. Or, à Dieu il doit un respect, un amour, une obéissance sans bornes. Par conséquent, soit que Dieu lui ait imposé un chef par voie de révélation proprement dite, soit qu'à raison de certaines circonstances il ne puisse se faire indépendant au point de vue politique sans violer du même coup les droits de son créateur, l'homme sera toujours obligé d'accepter pour son supérieur celui qu'il ne pourrait refuser sans fouler aux pieds les droits mêmes de Dieu.

L'homme doit à ses semblables le respect de leurs droits, s'ils sont certains ; et c'est pour lui une obligation de subordonner sa propre indépendance à la volonté d'autrui, toutes les fois qu'en s'y refusant il violerait un droit supérieur au sien. Bref, le respect des droits de Dieu et l'inviolabilité des droits d'autrui sont des obligations indépendantes de notre libre acceptation. Et de deux choses l'une : ou il faut prétendre que ni les droits de Dieu, ni les droits des autres hommes ne peuvent jamais créer le devoir de la dépendance politique, ou il faut avouer qu'en certains cas cette dépendance précède et commande le consentement du sujet... D'où il suit que, s'il écoute sa raison, il se soumettra volontiers à ce commandement. Mais alors, remarquez-le bien, le consentement sera l'*effet* et non la *cause* du commandement.

182. — Voilà donc notre doctrine résumée dans les termes les plus clairs. — Qui voudra l'attaquer devra démontrer que rien, ni la nécessité, ni la volonté de Dieu, ni les droits d'autrui ne doit prévaloir sur l'indépendance de l'homme.

Nous avons prouvé que la force matérielle et la nécessité de s'y soumettre pouvaient engendrer le devoir de l'obéissance; nous n'avons plus qu'à montrer comment ce même devoir peut avoir sa raison et dans la volonté du Créateur et dans les droits de nos semblables.

183.—Quant au premier point, nous avons peu de choses à dire. Car qui serait assez borné ou assez audacieux pour soutenir que la créature a le droit de se révolter contre le créateur ? En fait, les adversaires de toute légitimité ont coutume de mettre le peuple d'Israël en dehors de la question. Ils accordent que ce peuple, en raison même de son gouvernement théocratique, recevait ses chefs de la main de Dieu, et qu'il leur devait obéissance, non parce qu'il les avait élus, mais parce *que Dieu les avait* mis à sa tête.

184. — Mais le Très-Haut fait entendre aux hommes un double langage : le langage surnaturel de la révélation proprement dite, c'est celui dont il a usé avec les Juifs gouvernés théocratiquement; et le langage des faits naturels et constants, et c'est celui qu'il emploie d'ordinaire pour manifester ses éternelles volontés... Ce second langage, Dieu ne le fait-il pas entendre constamment dans la famille, afin d'établir l'autorité des

parents sur les enfants ; car, personne ne le niera, les
enfants dépendent de leurs parents en vertu même
des lois naturelles, de même qu'en vertu de la révélation positive tout homme est obligé de se soumettre à
l'autorité de l'Église. — Mais ici se présente une difficulté : Dieu n'emploie aucun de ces deux moyens pour
donner à un peuple des chefs politiques. Car d'ordinaire
leur élévation au pouvoir n'est due ni à une révélation
positive ni aux *lois constantes* de la nature. D'où il suit
que de l'hypothèse d'une élection surnaturelle nous ne
pouvons pratiquement tirer aucune conséquence générale.

185. — Mais en sera-t-il de même des droits des hommes les uns à l'égard des autres? Et n'arrivera-t-il jamais qu'un homme soit obligé à la dépendance politique
afin de ne pas violer les droits de ses semblables? Ici
il en va tout autrement que quand il s'agit de nos relations avec Dieu... car les hommes sont jaloux de leurs
droits; et toutes les fois qu'ils peuvent revendiquer de
leurs semblables la soumission politique, ils manquent
rarement cette occasion. — Reste donc à examiner si
nous trouvons vraiment la raison d'une telle dépendance dans les droits communs à tous les hommes.

Ces droits peuvent se diviser en droits individuels et
en droits sociaux; les premiers découlent de la nature
humaine considérée dans l'individu, les seconds de la
nature humaine considérée dans la société.

186. — Commençons par les seconds. — Auparavant, rappelons que nous devons ici raisonner comme
s'il n'y avait pas encore de société civile. Car, nous

l'avons dit, une telle société n'existe jamais sans une autorité réelle et incarnée dans une personne physique ou morale, et nous recherchons précisément un droit qui distingue et détermine cette personne.

Or, dites-moi, avant la société civile ou politique n'existe-t-il pas quelqu'autre société! — Pour vous, cher lecteur, vous avez, Dieu merci, le cerveau en place; et sans avoir approfondi les mystères de la philosophie, vous avez au moins cette rectitude de jugement qu'on appelle le *sens commun*. Aussi comprendrez-vous sans peine qu'avant la société politique, qui n'est autre chose qu'une réunion de familles, nous devons supposer l'existence de la famille elle-même ou de la société domestique; car les composants sont nécessairement avant le composé. Je le sais, tous n'admettent pas ce principe, par la raison que tous n'ont pas le privilège d'être fidèles à la lumière du bon sens, et d'entendre les propositions les plus évidentes, sans dénaturer les choses par leurs rêves ou leurs subtilités. C'est encore ici que l'individualisme protestant fait preuve d'une étonnante extravagance. Il ose affirmer que la société civile n'est pas une association de familles, mais d'individus; et il ne se préoccupe en aucune façon des dommages immenses que devra subir la société, si l'on détruit son organisme naturel. — Pour le moment, nous ne pouvons entrer dans cette question; elle est trop vaste. Nous demandons seulement qu'on nous accorde comme certaine, ou au moins comme un postulatum, cette proposition : *La société civile est une association de familles.*

187. — Cela posé, vous comprendrez facilement de quels droits sociaux je veux parler quand j'affirme qu'un homme peut être obligé à la dépendance politique, afin de ne pas violer des droits qui découlent de la nature même de la société. — Nierez-vous par exemple que dans la famille le mari ait un droit naturel sur sa femme et la femme sur son mari? Dispenserez-vous les enfants de l'amour et de la reconnaissance envers leurs parents, de l'obéissance à leurs maîtres, et le père de famille du soin qu'il doit prendre de la vie soit corporelle soit morale de ses enfants? Briserez-vous tous les liens de gratitude, de justice et de charité qui unissent réciproquement le serviteur et le maître? Permettez-moi de croire que vous n'êtes ni un sauvage ni pire qu'un sauvage. Vous êtes un homme civilisé, un chrétien et par conséquent vous sentez combien sont forts et doux à la fois ces liens qui nous rattachent, par le devoir et l'affection, au sein même de la famille. Vous comprendrez donc aussi que rien n'est plus fréquent et plus naturel que la nécessité où l'on se trouve de dépendre politiquement d'un gouvernement déterminé, — nécessité imposée à tous les membres d'une famille par les droits d'autrui.

188. — Telle est la condition ordinaire des hommes. Ils se trouvent soumis à un gouvernement public en raison de droits domestiques inviolables. Le jeune homme demeure dans telle ville, parce que son père l'y a placé pour son éducation; l'adulte, parce qu'il doit assister ses vieux parents; la femme, parce qu'elle est la compagne inséparable de son mari, et le mari lui-

même parce qu'il ne peut trouver ailleurs le moyen de nourrir ses enfants... Le précepteur, le maître s'est engagé à y rester pour faire l'éducation de ses élèves; le serviteur, pour s'adonner au labeur demandé par ses maîtres : ils ne peuvent résilier ce contrat sans violer les droits d'autrui. — Toutes ces personnes détestent peut-être la forme, l'esprit et les errements du gouvernement public dont elles dépendent. Cependant l'autorité irréfragable du devoir et des droits de la famille les maintient dans l'obéissance. De bonne foi, cher lecteur, trouvez-vous là rien de nouveau, d'insolite, d'étrange? N'est-ce pas au contraire la condition très ordinaire des familles, même aujourd'hui où la perversion des idées a corrompu les sentiments les plus naturels?

189. — A d'autres époques, la philosophie laissait l'homme vivre selon les lois de la nature, et la manie des transformations sans fin était rare. Bien plus, par un amour inné des choses et qui n'était pas exempt de fierté, on préférait la commune, le gouvernement, les usages et en général les habitudes et les professions de son pays natal. Cela s'appelait l'amour de la patrie, nom qui fait palpiter si délicieusement tous les cœurs, nom qui signifie le *pays du père* et qui nous montre avec évidence que le père est comme le trait d'union entre la famille et la société civile. Les rochers d'un vallon sauvage et inconnu, le campanile d'une petite Église, à l'ombre duquel il avait ouvert les yeux à la lumière et commencé sa vie de labeur, provoquaient sans cesse au cœur du montagnard des Alpes les souvenirs et les soupirs les plus ardents. Son pays lui était

présent au sein des grandes cités, au milieu des fêtes
les plus brillantes, des plaisirs les plus séduisants ; et la
nostalgie était, on le sait, le mal propre de ces populations rustiques qui respiraient l'air pur d'une nature
encore vierge. De tels sentiments fortifiaient l'âme, et
lui rendaient plus douce la fidélité à tous les devoirs
qui rattachent l'individu à la famille et la famille à
l'individu.

Aujourd'hui on a répudié ou perverti ces sentiments :
on leur a substitué je ne sais quel idéal prétendu social
et politique sous les noms de *liberté, nationalité, institutions* et *organisations modernes*... Mais ce système
de fabrique humaine est loin d'avoir cette douceur et
cette force que la nature communique à toutes ses créa-
tions. Il laisse le cœur sec et aride, plutôt condamné à
subir le joug de la nécessité qu'à porter avec courage
celui du devoir... Aussi bien rares sont ceux qui ne
déplorent et ne maudissent pas leur position sociale,
tandis que le monde civilisé vous offre sans cesse le
spectacle de bouleversements et de changements incessants, d'une agitation fiévreuse, et, ce qui est plus
grave, de plaintes, de critiques, d'ironies et d'injures
et contre les gouvernements et contre les gouvernants.

Eh bien ! malgré ce malaise et cette irritation presque générale, les familles continuent de rester soumises
à des gouvernements qui leur sont antipathiques ; elles
ne se croient pas libres d'aller chercher sous un autre
ciel un régime plus conforme à leurs idées et à leurs
goûts.

190. — Je vous le demande : Qu'est-ce que cela

signifie? sinon que très souvent, ou pour mieux dire ordinairement, les liens de la famille sont la vraie cause qui oblige les individus à dépendre de tel ou tel gouvernement, de tel ou tel prince. Or, où est ici cette prétendue libre acceptation et libre soumission sans laquelle un homme ne peut devenir sujet d'un autre homme? Tous ceux dont nous avons parlé sont-ils libres de s'exonérer de leurs devoirs de mari, de femme, d'enfants, de serviteurs, d'amis? — Je connais la réponse des sophistes : « *Ces personnes,* disent-ils, *consentent volontairement à une telle dépendance !* » Oui, leur volonté consent à cette dépendance. Pourquoi? parce qu'elle ne peut raisonnablement y faire opposition. Mais ce n'est point leur consentement qui produit l'autorité, qui la rend réelle et personnelle. L'autorité existe, parce que, sans elle, il n'y aurait pas de société ; elle est réelle, parce que, sans cela, la société n'existerait qu'en idée ; enfin, elle réside dans des personnes vivantes, parce que des faits antérieurs ont établi la forme de l'État et déterminé le sujet du pouvoir. Et cette famille, que mille relations obligent à vivre sous un tel gouvernement, devra, bon gré mal gré, l'accepter tel qu'il est, si elle ne veut pas violer les droits individuels de ses propres membres.

191. — Telle est d'ordinaire la condition naturelle de l'homme; telle en réalité, et comme les faits le démontrent, la condition des sujets en dépit de toutes les utopies des sophistes. Impuissants contre l'ordre du monde existant, ils n'ont abouti, en définitive, qu'à engendrer une perpétuelle irritation chez ceux qu'ils pro-

voquent à vivre dans un monde fantastique. Ils font pour la société civile ce que le roman produirait dans la famille. Ils donnent au peuple l'idée d'une félicité impossible, d'un ordre chimérique, d'une liberté intolérable... De là, dans les cœurs, le germe d'un perpétuel mécontentement, comme il appert par les discours et le style de tant d'écrivains modernes, historiens, journalistes, publicistes. Leur plume trempée dans le fiel distille sans cesse l'ironie, le sarcasme, l'invective... Et quand, après une heure de lecture, vous déposez leur écrit sur votre table, votre cœur est rempli du venin d'une sombre colère : c'est le jeune homme passionné en proie aux convulsions du désespoir, à cause de l'infidélité d'une femme ou de la trahison d'un ami. Au contraire, si publicistes, historiens, etc., avaient soin de peindre la société telle qu'elle est naturellement, c'est-à-dire comme une institution providentielle destinée à défendre des droits inviolables ; si, en parlant du souverain, ils disaient clairement aux sujets ce que l'on dit à un enfant en lui parlant de son père : « Vous êtes obligé d'obéir, même à un père sévère et rude, même dans une société domestique dont les usages ne vous plaisent pas, même au milieu de frères et de serviteurs antipathiques à votre caractère, car c'est la Providence qui vous les a donnés pour compagnons ; si, dis-je, on faisait entendre aux sujets ce langage, ils se feraient de la vie réelle une idée moins fleurie peut-être, mais plus juste et plus vraie ; ils souffriraient avec plus de courage les inconvénients des inégalités sociales ; enfin ils trouveraient dans cette patience, si conforme aux lumières de la raison, un repos qu'ils demanderont vainement à l'orgueilleuse conception des droits de l'homme et du citoyen.

192. — Ce ne sont pas seulement les liens de la famille qui obligent l'homme à dépendre de tel ou tel gouvernement... En dehors de la société domestique, l'homme trouve encore l'imposante majesté du droit qui resplendit dans l'ordre universel et dont l'éclatante lumière embellit et vivifie le monde moral. Voyons donc comment le droit s'exprime par la bouche et la volonté d'autrui pour nous assujettir à certaines personnes déterminées dans une société civile ou politique.

193. — Les droits naturels et individuels de l'homme se rapportent à *cinq* chefs principaux. Ils ont leur racine première dans la nature raisonnable, sont égaux et inaliénables, si on les considère en eux-mêmes et abstraction faite des relations sociales; mais à raison de faits extérieurs ils peuvent entrer en collision avec les droits d'autrui :

a) L'homme est essentiellement un être moral qui tend à sa fin dernière au moyen de sa conscience ; d'où il suit que sa conscience a le droit de ne pas être séduite ni poussée par la violence à des actes mauvais.

b) Pour atteindre sa fin, l'homme doit agir. Il a donc le droit, en observant l'ordre, de travailler pour son propre bien, il a droit à l'indépendance.

c) Pour travailler, il doit vivre, il a donc le droit de conserver sa santé et ses forces.

d) Il doit conserver sa vie, il a donc le droit de s'approprier et de s'assurer les aliments nécessaires à ce but immédiat. C'est le droit de propriété.

c) Enfin, pour que l'homme puisse défendre tous ces droits, Dieu, son Créateur, l'a mis en société, c'est-à-dire en communication physique et morale avec les autres hommes ; il a donc le droit d'être respecté et traité par les autres comme l'un d'entre eux ; il a droit à l'honneur.

194. — Considérez la nature humaine en tant qu'elle est commune à tous ses membres. Vous trouverez, et avec raison, que ces droits sont égaux dans chacun. Mais si vous tenez compte des faits particuliers et personnels qui ont amené des collisions entre les droits des individus, vous verrez que ces collisions ont produit des inégalités entre les hommes eux-mêmes.

Le 1er de ces faits et la 1re de ces collisions est, de l'aveu de tous les juristes, l'offense qui intervient entre deux hommes. Car par là le droit diminue dans le coupable et il croît dans l'offensé (1). Il est vrai, l'anonyme Vénitien ne veut pas que de cette prédominance du droit de l'offensé on infère en sa faveur une supériorité politique sur le coupable... De même, dans les nos précédents (126, 127, 128), il admettait bien que le délit d'une nation à l'égard d'une autre peut légitimer au profit de celle-ci une guerre, la guerre amener la conquête et la conquête devenir définitive. Mais

(1) Vous êtes attaqué et vous ne pouvez sauver votre vie qu'en tuant votre injuste agresseur... Entre lui et vous, il y a conflit pour le droit à la vie... Mais n'étant point la cause de ce conflit, votre droit l'emporte sur celui de votre ennemi, parce que vous pouvez sans injustice sacrifier sa vie pour assurer la vôtre « Anonyme Vénitien ». *Du pouvoir politique, no 143.*

il le concédait à la condition que cette conquête, non seulement ne fût pas un mal, mais qu'elle fût un grand bienfait pour le peuple vaincu, par exemple : la délivrance de la tyrannie, d'une domination étrangère ou de la barbarie, les avantages d'une plus grande civilisation, etc. Ces prémisses sont loin de renfermer toute la vérité : elles suffisent néanmoins pour tirer avec évidence cette conclusion : que l'autorité nouvelle du conquérant dérive proprement de son droit et non du consentement exprès ou tacite des vaincus, comme le prétend l'anonyme. Il ne distingue pas suffisamment « l'autorité obtenue par un consentement du consentement donné à l'autorité »; faits très différents que nous avons eu soin de distinguer et de mettre en lumière.

195. — Je ne veux point ici traiter du droit de conquête. Je prends telle quelle la concession de l'auteur anonyme. Seulement j'y ajoute une conclusion absolument conforme à ce que j'ai dit sur l'injustice de ces hommes qui, pour suivre leur jugement privé, se font les arbitres de nations entières et ne craignent pas de les jeter dans le chaos des révolutions politiques. D'après l'auteur, la conquête peut être un grand bienfait pour le peuple vaincu. Il est donc clair que, de son chef, personne n'a le droit de priver ce peuple d'un tel bienfait et conséquemment que chacun doit accepter cette nouvelle autorité dont dépend le bien commun.

196. — Jusqu'ici nous avons raisonné sur un fait qui, intervenant entre deux individus, les rend inégaux dans le droit de l'indépendance. Or, comme toute espèce de droit peut être violé par un délit, il s'ensuit, et cela est

facile à comprendre, que tous les droits fondamentaux de l'homme peuvent aussi devenir inégaux; en particulier celui de la conscience, le premier et le plus important de tous, parce qu'il légitime plus que tout autre la résistance, et plus que tout autre confère à l'offensé une juste supériorité sur le coupable. Ici éclate l'aveuglement de l'esprit de parti et de la théophobie voltairienne; elle a osé contester aux chrétiens le droit de combattre et de soumettre par les croisades les Musulmans et les hérétiques, ces peuples qui, avec un fanatisme et une fureur incorrigibles, s'efforçaient de détruire la chrétienté; obéissant en cela non à une passion éphémère, mais à une croyance superstitieuse, persistante par nature et toujours avide de nouveaux combats. Il nous plait du reste de constater les contradictions des philosophes. Ils ont refusé à la foi chrétienne le droit de conquête; ils l'accordent aujourd'hui à la civilisation; ils ont traité de sauvages et de barbares ces croisades entreprises pour arracher les chrétiens au cimeterre de l'Islam; ils proclament aujourd'hui comme un grand bienfait de civiliser les peuples à coups de canon.

197. — Le délit produit entre les hommes l'inégalité de droits au point de vue de l'indépendance, et le fait de *l'occupation*, avec ses suites, produit l'inégalité au point de vue de la propriété...; non pas l'inégalité quant à la racine même de ce droit, mais bien quant à son application et à ses effets. Lorsque j'ai vendu ma maison ou mon cheval, je puis certainement acheter une autre maison ou un autre cheval; mais j'ai perdu tout droit sur

les objets vendus, de même que je n'ai pas le droit de m'emparer du champ ou de la maison possédés par un autre propriétaire. Quiconque acquiert un droit de propriété sur une chose déterminée restreint ce droit par rapport aux autres; il leur interdit la possession d'un objet à l'acquisition duquel ils auraient pu prétendre, s'il n'avait pas été occupé. Cette exclusion est fondée, comme chacun sait, sur le besoin que nous avons de nous approprier des aliments, des vêtements, des habitations, et sur l'impossibilité de les faire servir en même temps et à nous et aux autres. C'est là comme le premier acte du droit de propriété. Mais il s'exerce encore de beaucoup d'autres manières : Je retire de ma fortune tous les avantages possibles; je la cède en tout ou en partie à autrui, je l'échange, je la revendique, etc... J'use ainsi de mon droit de propriété. Et si ce droit est bien fondé, nul ne peut m'empêcher de l'exercer, en dehors du cas de collision : car, dans l'hypothèse où la raison me donne le droit d'agir sans être empêché, elle ne peut donner en même temps à un autre le droit d'entraver ma liberté.

198. — Après avoir rappelé ces principes sur le droit de propriété, principes admis par tous les juristes qui écoutent la voix de leur raison, il nous sera facile de montrer que de l'inégalité dans ce droit découle aussi très souvent la nécessité de la dépendance sociale. En effet, supposez qu'un père de famille, avec ses enfants, reçoive d'une manière stable l'hospitalité dans la maison d'un riche, son protecteur. Lui et les siens ne devront-ils pas respecter les commandements de ce riche relati-

vement à l'ordre de la maison? S'ils les violent, ne violeront-ils pas aussi le droit de propriété ? Et prétendriez-vous que le maître n'a pas le droit de les bannir comme perturbateurs de la paix de sa famille ?

199. — Au lieu d'une maison, supposez l'immense domaine d'un très grand propriétaire, et sur ces terres de nombreux colons avec leurs familles. Tant que ceux-ci se renfermeront dans la sphère de leurs intérêts domestiques et vivront entre eux pacifiquement, le maître n'aura certainement pas le droit d'intervenir dans le gouvernement de ces familles ni dans leurs relations amicales. Mais si, parmi eux, se produisent des désordres notoires, si les droits des uns sont violés par les autres, le propriétaire ne pourra-t-il pas, après avoir tout examiné, imposer aux coupables des réparations légitimes et bannir de son domaine ceux qui ne voudront pas se soumettre ? La réponse affirmative n'est pas douteuse, si nous faisons abstraction des conventions particulières qui auraient pu modifier le droit naturel. Et cela parce que les réfractaires, en s'obstinant à demeurer sur ces terres, violeraient le droit de propriété, droit en vertu duquel ce maître peut faire de son domaine l'usage qui lui convient.

200. — Mais de quel droit le propriétaire prétend-il être juge entre ses colons? d'abord du droit universel inhérent et essentiel à toute société, et ensuite du droit particulier que lui donne sa propriété, laquelle le rend seul capable de maintenir entre ses fermiers l'ordre voulu de Dieu et, par suite, voulu également par tout homme raisonnable. Si les fermiers étaient isolés les

uns des autres, ils n'auraient pas besoin d'un ordonnateur commun, et ils pourraient vivre sans autorité sociale. Mais nous supposons la communauté et par conséquent l'autorité. Raisonnons donc dans cette hypothèse : Si l'autorité pouvait résider dans une autre
personne sans violer les droits du propriétaire, il n'y
aurait pas de raison pour que le propriétaire en fût investi exclusivement; mais cela n'est pas admissible. Le
sujet de l'autorité, dans cette société qui a besoin d'être
gouvernée, ne peut être différent du propriétaire... D'où
il suit que le propriétaire étant obligé en conscience
de vouloir l'ordre parmi ses fermiers, le droit de procurer et au besoin de venger cet ordre réside nécessairement en lui..., et c'est un devoir pour les colons et
leurs familles de se soumettre à son commandement.
Autrement il faudrait dire que le maître perd ses droits
de propriété en voulant l'ordre et que les fermiers l'acquièrent en commettant le désordre.

Certains de nos adversaires admettent cette doctrine : mais ils se retournent tout triomphants contre
nous : « Oui, disent-ils, cela est très vrai; les fermiers
sont obligés de céder pour ne pas violer le droit de leur
maître; mais rien ne peut les empêcher de s'éloigner
de ce domaine. S'ils y restent, c'est volontairement ;
et voilà de leur part le consentement tacite par lequel
ils élisent le propriétaire pour les gouverner. »

Cette réplique ne vaut pas ; le lecteur le comprend
après tout ce qui a été dit : car il est évident que ce
consentement, dans la plupart des cas, est imposé à
ces familles par une obligation antécédente, puisqu'ils

ne peuvent s'éloigner sans violer beaucoup d'autres droits domestiques.

C'est nous qui pouvons très justement retourner la réponse contre nos adversaires. En effet, ils veulent que l'autorité conférée à leur chef vienne d'un consentement exprès ou tacite. Bien, leur disons-nous, vous êtes mécontents? Qui vous empêche de quitter l'État, et d'aller, si vous le voulez, chercher dans la lune la république de Platon? — Que répondent-ils à cette invitation ? Eh! partisans de la légitimité, disent-ils, vous en parlez bien à votre aise, mais à nos dépens. On a bien vite fait de dire : Emportez votre grabat et marchez... — Mais comment emporter avec moi mes autres biens? Comment soutenir ma famille ? Comment accomplir mes devoirs de serviteur? mes obligations de reconnaissance et de parenté ? etc., etc. — Ah! vous reconnaissez donc vous aussi que vous avez des devoirs et des droits qui vous attachent à une société... Eh bien ! mettez votre réponse sur les lèvres des colons dont je parle et vous comprendrez que l'obligation de dépendance renferme, à la vérité, le consentement, mais *qu'elle ne vient pas* de ce consentement, comme l'effet vient de la cause.

201. — Cette doctrine a paru tout à fait étrange à l'Auteur anonyme dont nous avons parlé... Il écrit (*Du pouvoir politique,* nᵒ 121) : « Parmi les défenseurs « de cette *étrange* doctrine, Taparelli, dans son *Essai* « *théorique du droit naturel appuyé sur les faits,* « parle du titre de *Roi des Français* substitué à celui « de *Roi de France,* qui était en usage depuis tant de

« siècles. Il prétend que ce dernier exprimait une vérité
« de fait, à savoir : que le Souverain gouvernait les
« Français, parce qu'il avait hérité des droits du con-
« quérant de la France ; il était le seigneur de la
« France, et le souverain des Français... En un sens, la
« France, mais surtout le droit de la gouverner, était sa
« propriété, ce qui pourtant ne veut pas dire que les
« hommes gouvernés par lui fussent aussi sa pro-
« priété.

202. — « Rien d'étonnant qu'un écrivain recherche
« dans les faits historiques la doctrine rationnelle du
« droit : car on comprend, sans beaucoup de philoso-
« phie, qu'il faut recourir aux principes rationnels fondés
« sur la nature humaine et sur l'ordre essentiel établi
« par Dieu, si l'on veut juger de la justice ou de l'injus-
« tice d'un pouvoir nouveau. Mais ce qui est étonnant,
« c'est que Taparelli n'ait pas vu que le droit de pro-
« priété sur un domaine est d'ordre matériel et a sa
« cause dans les relations purement individuelles des
« hommes, tandis que le pouvoir politique est d'ordre
« social et s'exerce sur les hommes qui composent la
« société. »

203. — Nous avons certes un grand respect pour la
science et la modération de l'Auteur anonyme... Toutefois nous ne sommes pas médiocrement surpris de l'entendre appeler notre théorie *une doctrine étrange*. Si
elle mérite cette qualification, il faudra aussi appeler
étrange la série des propositions suivantes, qui en est
l'exact résumé : « Il est dans la nature des choses que
toute société ait une autorité ; — cette autorité n'est

pas simplement un droit de protection, c'est le droit de maintenir l'ordre dans la société ; — d'après la nature des choses, celui-là n'a pas l'autorité qui ne peut pas l'exercer ; — or celui qui habite dans la maison d'un autre ne peut exercer l'autorité sur le maître de la maison, puisque ce maître a le droit de l'en bannir ; — le maître au contraire peut exercer l'autorité puisqu'il peut bannir de son domaine tous ceux qui chercheraient injustement à troubler la société ; — donc dans cette société, ou il n'y a pas d'autorité, ou la nature elle-même la remet aux mains du propriétaire. »

Aucune de ces propositions n'est étrange, et la conclusion découle nécessairement des prémisses ; donc, si ces prémisses montrent clairement que le fait de la possession incarne en quelque sorte l'autorité dans un individu politiquement indépendant, on peut donner à l'autorité qui lui est ainsi dévolue le nom de *souveraineté* et le surnom de *territoriale*.

204. — Ainsi l'Auteur anonyme n'a pas le droit de reprocher à Taparelli d'avoir négligé, pour établir sa doctrine, les raisons tirées de la nature humaine et de l'ordre providentiel... Mais Taparelli a le droit de trouver cette accusation plus étrange que sa propre théorie. Car, combien de fois ne lui a-t-on pas fait un crime de s'inspirer sans cesse des principes de la raison et de l'ordre naturel, soit dans son *Essai théorique*, soit dans ses autres écrits ? Quant à la question présente, nous l'avons traitée tout entière en nous appuyant sur les vérités de l'ordre naturel, seule source où un vrai philosophe puisse trouver, en morale, la règle sûre des

actions humaines. — Mais ici, remarquons-le de nouveau, ceux qui prétendent pouvoir se renfermer dans
la sphère des abstractions purement métaphysiques (et
ainsi font nombre de publicistes en quête d'un antidote
contre nos doctrines), ceux-là, répétons-le, n'arriveront
jamais à une théorie vraie et utile. — Leur théorie ne
sera pas vraie, parce que celui qui ne considère pas la
nature dans les faits attribue aux êtres matériels une
perfection idéale dont ils sont incapables. Ils font en
réalité ce que font les romanciers et les poètes. — Les
physiciens sont plus avisés : pour ne point manquer leurs
expériences, ils ne se renferment pas dans la rigueur
d'un calcul abstrait; ils tiennent toujours compte des
observations fournies par les phénomènes réels et particuliers. Ainsi parviennent-ils à une science non seulement *vraie* mais *utile*, tandis que leurs calculs seraient
vains pratiquement, s'ils ne les avaient pas modifiés
d'après la réalité des expériences. La nature qui agit
est toujours réelle et concrète, et les théories qui ne
tiennent pas compte des individus ne fourniront jamais
de règles vraiment pratiques.

205. — Ajoutons que toute bonne théorie doit, dans
l'application, non seulement s'accorder avec les faits,
mais encore partir des faits et s'appuyer sur eux, quand
elle a pour auteur un homme. Dieu est le seul qui
puisse par sa pensée créer les choses. Et celui-là ne
sera jamais un bon philosophe qui, à l'instar de Descartes, se formera *a priori* une hypothèse de l'ordre du
monde, et puis se vantera d'avoir expliqué l'Œuvre du
Créateur. Cette sorte de philosophie n'enfantera jamais

que des *tourbillons,* soit dans l'ordre physique, soit dans l'ordre moral ; avec cette différence toutefois que la théorie des tourbillons ne troublera en rien le monde physique, car il est gouverné par le Tout-Puissant, tandis qu'elle faussera et pervertira, dans le monde moral, les règles des actions humaines.

206. — Notre illustre contradicteur, s'il méditait ces raisons, comprendrait qu'un philosophe peut très bien baser une doctrine rationnelle sur des faits historiques et principalement sur le grand fait de la création. Pour lui, il a dédaigné les faits. Aussi les vérités abstraites, qui seules lui ont fourni sa théorie, se sont-elles trouvées fausses quand il a fallu les appliquer au monde réel et concret. Car, nous l'avons fait remarquer souvent, le concept général de la nature humaine est toujours modifié dans les individus.

207. — Je ne m'arrêterai pas à justifier, au point de vue historique, l'assertion de Taparelli : cela demanderait un long développement, et du reste n'est pas nécessaire pour défendre une doctrine abondamment démontrée. Nous attendrons que notre critique réfute les six propositions que nous lui avons opposées. — Remarquons seulement et en général que le *droit féodal* a eu pour origine la propriété des feudataires, que les royaumes de l'Europe ont commencé la plupart par des *fiefs,* et *qu'un droit est vraiment la propriété* de celui qui le possède. Laissons le lecteur faire l'application de ces remarques aux faits historiques et se convaincre par lui-même de la rectitude d'un langage si longtemps usité chez les nations européennes.

Toutefois, pour que ces applications se fassent dans de justes limites, nous expliquerons la dernière de ces trois remarques ou propositions : *Un droit est vraiment la propriété de celui qui le possède.* Et nous montrerons que la distinction entre la propriété *du droit de gouverner* et la propriété sur les hommes eux-mêmes n'est point une vaine subtilité.

208.— Je l'ai fait voir précédemment : celui qui possède un territoire dans des conditions telles qu'il peut en bannir tout colon devenu perturbateur de l'ordre social se trouve par le fait même investi de l'autorité essentielle, d'après les lois de la nature, à toute société humaine.

Et maintenant je vous le demande : « Le maître ainsi investi de ce droit de gouverner peut-il en être dépouillé par ses colons? Si tous abandonnent les terres de ce seigneur ou propriétaire, il sera certainement privé de l'autorité; puisqu'il n'y aura plus sur ses terres de société réclamant un pouvoir social. Mais supposez que les colons ou ne veuillent pas, ou ne puissent pas, ou ne doivent pas s'éloigner, pourront-ils enlever à leur maître son autorité? Non; parce qu'ici l'autorité appartient au maître en tant que maître; d'où il suit que, dans cette société qui s'est formée sur ses terres et parce qu'elle s'est formée sur ses terres, il a le devoir et le droit de maintenir l'ordre et personne ne peut le spolier du droit de gouverner ceux qui sont ainsi associés.

209. — Que si le maître, fatigué du gouvernement, substitue quelqu'un à sa place, celui-ci aura-t-il le droit

de commander? Et ce droit pourra-t-il lui être cédé à perpétuité? A ces questions, tous répondent encore : Oui; puisque d'un côté le propriétaire peut faire cession d'un droit naturellement annexé à la possession de ses terres, et que, de l'autre, la raison, qui milite pour le maître, milite également en faveur du concessionnaire. En effet, répétons-le, toute société a besoin d'être gouvernée; et celui-là ne peut la gouverner qui peut en être banni justement... Mais en dehors du concessionnaire tout homme qui voudrait la gouverner pourrait être légitimement banni par lui... Donc, seul le concessionnaire a droit à l'autorité.

Supposez maintenant que les colons révoltés s'obstinent à rester sur les terres en question au mépris du maître. Aura-t-il le droit de revendiquer la libre jouissance de son domaine et par conséquent l'autorité qui lui est annexée? Ici encore l'affirmative n'est pas douteuse; elle est dictée par le sentiment de la justice. Et ce droit de revendication, le maître pourrait l'exercer, si les colons, en venant à la violence, l'attaquaient et le chassaient de ses terres.

210. — Vous le voyez, le maître peut avec raison exclure qui que ce soit du droit de commander sur son domaine; il peut céder ce droit, l'aliéner, le revendiquer. Or, la chose qu'on possède exclusivement, dont on jouit, qu'on aliène, que l'on revendique, n'est-elle pas une vraie propriété? N'est-elle pas la chose du maître : *res domini?* Je ne vois pas comment on pourrait le nier. Tous les juristes regardent ces droits aliénables comme une propriété; et c'est pour cela

qu'en cédant un fonds l'on cède aussi ou l'on retient en partie les droits de cens, de servitude ou d'hommage qui dépendent du fonds lui-même. Si le droit de commander dépend, dans notre hypothèse, de la propriété de la terre, si on peut en jouir, l'aliéner, etc., je ne saurais deviner pourquoi il n'aurait pas les caractères de tous les autres droits réels. Les adversaires m'accuseraient-ils de confondre la propriété qui *a pour objet le droit* avec la *propriété qui aurait pour objet les hommes eux-mêmes*, en d'autres termes, de confondre ces deux choses : « être propriétaire du droit et être propriétaire des hommes? » Ce serait une accusation tout à fait gratuite.

211. — En effet, l'obligation de se soumettre chez les colons et le droit de les gouverner chez le maître naissent de la nature de l'être social. Mais le maître doit gouverner pour le bien des sujets et non pour son intérêt privé... Le droit de posséder cette autorité et les avantages qui en découlent sont le bien du maître; il peut en user comme il lui convient pourvu d'ailleurs qu'il respecte toujours la justice et la fin même du pouvoir. Il peut disposer de son droit, mais il ne peut exercer son autorité que pour le bien commun; il peut aliéner son droit, et il ne peut commander que dans l'intérêt de la société.

212. — La distinction est donc très claire. Le commandement est chose différente du droit de commander et on peut aliéner le droit de commander sans aliéner les terres dont il dépend. On voit par là comment, dans le cours des siècles, les domaines sont souvent

restés la propriété d'un grand nombre de seigneurs, tandis que le droit de commander s'est concentré dans les mains d'un seul; comment ici et là un roi est devenu propriétaire du droit de gouverner sans l'être des domaines; comment, d'autres fois, il a cédé son droit sur ses propres terres, sans céder son droit de gouverner... Enfin, grâce à cette distinction, l'on comprend que la puissance politique est toujours un office réclamé par la nature de l'être social, bien que le droit de posséder cet office soit la propriété de celui qui l'exerce ; car la fonction ou l'office a son fondement dans la nature de la société, tandis que le droit d'exercer cette fonction est basé sur la propriété privée. Aussi n'y a-t-il rien d'absurde dans la proposition suivante : « Le citoyen se soumet à celui qui a l'autorité, non seulement parce que c'est une nécessité de l'ordre social, mais encore par respect pour le droit que le chef de l'État a hérité de ses aïeux en héritant de leur patrimoine.

213. — L'auteur anonyme n'approuve pas cette proposition, parce qu'il a établi sa propre théorie du pouvoir sans tenir compte des faits historiques et qu'il n'a pas réfléchi à une vérité que nous avons démontrée plus d'une fois, à savoir : que tout droit a son origine dans l'union de *l'idée et du fait*.

Cette vérité, l'expérience la confirme en maintes circonstances. — Pendant des siècles, les soldats se sont soumis à la volonté de leurs capitaines, même par respect pour la somme qu'il avait versée afin de posséder le droit de commander; les plaideurs se sont soumis au juge, même parce qu'il avait acheté sa charge ; tous les jours les habitants d'une paroisse doivent écouter un pasteur nommé par un bienfaiteur ayant droit de patronage ; et ils l'écoutent non seulement parce qu'il leur a été donné par leur évêque, mais encore par respect pour le fondateur qui, grâce à sa richesse, a institué ce bénéfice ; un hospice tout entier se soumet à son directeur, même en considération de ses liens de parenté avec ceux qui lui ont procuré cette charge ; sur un navire, la multitude des passagers obéit au capitaine même en considération des grandes dépenses qu'il a faites pour le construire. Bref, le droit de commander, si on considère la nature humaine seulement en général, n'appartient en propre à aucune personne, et il est nécessaire qu'un fait quelconque détermine le possesseur du pouvoir. Or, ce fait, *cause, non pas de l'autorité mais de son investiture*, peut très bien, quoi qu'en disent nos adversaires, être indépendant de la volonté des sujets dans beaucoup de circonstances. Et cela toutes les fois que le refus de soumission serait en même temps la violation des droits de Dieu soit dans l'ordre naturel, soit dans l'ordre surnaturel ou de droits de l'homme, lorsque celui-ci en a été comme investi par les lois naturelles.

214. — L'auteur anonyme reproche à Taparelli d'avoir basé sur les faits sa doctrine rationnelle du droit. Ce reproche est vraiment étrange ; car cet auteur nous déclare lui-même (n. 12) « que dans la société domestique le pouvoir des parents, et en particulier du « père, dérive du fait de la génération et de la néces-

« sité où sont les enfants d'être soutenus et élevés par
« d'autres ». Nous voudrions savoir par quel motif un
vrai philosophe doit voir la nécessité *dans un fait* pour
personnifier l'autorité domestique, et ne *doit plus recourir à un fait* quand il s'agit de la *société* civile.
A mon avis, il est plus philosophique d'expliquer par
les mêmes principes l'origine et la possession de l'autorité dans les deux sociétés... Et c'est ce qu'a fait
Taparelli.

215. — Nous avons cité les paroles de notre critique
(n. 12 de son livre). Là encore il se blesse lui-même
avec ses propres armes, et cela dans une comparaison
et dans l'explication qu'il en donne. — La comparaison
est tirée de la société domestique. Or, elle montre qu'il
n'y a aucune absurdité dans cette proposition : « la
possession de l'autorité peut dépendre d'un fait totalement matériel, sans que la dignité de l'homme en soit
offensée. » (V. l'aut. n. 124.) Car, y a-t-il un fait plus
matériel que celui de la génération d'où dérive cependant la plus noble des autorités dans la nature, l'autorité paternelle ?

L'explication qui vient ensuite fera comprendre aussi
dans quel sens Dieu peut imposer aux sujets l'obligation
d'obéir à une personne déterminée et donner à cette
personne la possession de l'autorité. « La société
« domestique, dit notre auteur, est certainement vou-
« lue de Dieu pour la conservation du genre humain ;
« et pour cette raison on peut dire que la puissance
« paternelle vient de Dieu. Toutefois, personne ne pré-
« tendra que c'est Dieu qui assigne formellement tel

« mari à telle femme, et par suite donne lui-même à
« cet homme l'autorité paternelle. Le mariage a pour
« cause le libre choix des époux et les enfants sont un
« effet de l'ordre naturel. »

Pour peu que notre illustre contradicteur y réfléchisse, il verra que, l'ordre naturel étant un effet de
la volonté créatrice, les enfants, précisément parce
qu'ils sont le fruit d'une force naturelle, sont en même
temps un effet de la volonté de Dieu. Par conséquent,
c'est proprement de Dieu que les parents ont reçu
les enfants qui leur doivent obéissance, et de Dieu
aussi que ces enfants ont reçu le père qui a sur eux
l'autorité.

Si l'on observe ensuite que l'ordre naturel s'étend à
tous les faits naturels, et qu'au-dessus de cet ordre il y
a l'ordre surnaturel voulu de Dieu d'une manière encore
plus explicite, on sera convaincu qu'en dehors de l'é-
lection beaucoup de faits peuvent déterminer le possesseur du pouvoir et l'investir de l'autorité et enfin
que ces faits sont aussi l'expression de la volonté
divine. — Ces brèves explications suffiront, j'espère, à
mettre les lecteurs en garde contre des jugements trop
précipités, si l'opuscule que nous réfutons venait à tomber sous leurs yeux : et elles persuaderont à l'auteur
de méditer plus attentivement un sujet dans lequel il est
si aisé de se laisser tromper par les apparences, quand
on ne le scrute pas à fond. — Nous ne discuterons
pas plus longtemps l'opuscule de l'auteur anonyme.
Car d'ordinaire l'exposition directe d'une doctrine plaît
et profite plus que la réfutation des erreurs opposées.

216. — Le respect du droit de propriété produit peu à peu, nous l'avons dit, une souveraineté vraie et durable. — Ajoutons ici certaines explications, afin de prévenir une difficulté qui surgit d'ordinaire dans les esprits ou trop métaphysiques ou trop positifs. Les uns et les autres en effet, bien que par des chemins opposés, s'éloignent également de la marche progressive que les choses humaines composées de deux éléments suivent naturellement à leur origine. Ils voudraient voir le droit constitué en un instant et formé tout entier, comme le *bronze* qui sort *parfait* du moule où on l'a jeté. Les métaphysiciens voudraient qu'il en fût du droit, dès sa naissance, comme il en est aujourd'hui de tant de lois inscrites en quelques heures dans un code. Les autres voudraient le voir, au premier moment de son origine, armé de tous ses titres et de toutes ses défenses, et faisant rayonner partout son influence. Les derniers ressemblent à ces peintres qui représentent S. Pierre avec la tiare et S. Jérôme avec la pourpre cardinalice. Quant aux premiers, ils sont semblables à ces mathématiciens qui rêvent de régir le monde moral par le calcul rigoureux des probabilités; tous voudraient mettre le droit, la société, le pouvoir en dehors de la loi universelle qui gouverne les choses créées en ce monde et les fait passer, dans leur développement, de l'enfance à la virilité, puis à la vieillesse. Tout ici bas doit parcourir ce cycle plus ou moins long : d'une graine sort la plante; d'un embryon, l'animal; de l'idée naît une œuvre d'art; l'art, d'imparfait devient parfait; l'ébauche mène peu à peu à la gravure; Cimabue pré-

pare Raphaël, et les ménestrels préludent à Dante et à Pétrarque. — Seul, le droit d'autorité devrait faire exception à cette loi universelle. Il devrait naître tout armé, comme Minerve, du cerveau de Jupiter !

217. — Point d'idée plus extravagante et plus pernicieuse. C'est de cette *idée* qu'est sortie la *théorie du consentement du peuple comme nécessaire* pour conférer l'autorité. Pour les partisans de ce système, l'autorité, ou du moins la possession de l'autorité, est un fait purement humain. Ils ne tiennent pas compte de l'action prépondérante que se réserve, dans les événements politiques, la Providence divine, cette puissance souveraine aux plans de laquelle concourent, pour une si grande part, les princes et les chefs des peuples. Ces philosophes, s'ils sont catholiques, lisent dans la sainte Écriture les passages où Dieu s'attribue à lui-même l'élection des rois : alors le fantôme du droit divin se dresse devant eux... Ils sont atterrés, et recourent immédiatement à des interprétations complaisantes. Ici, disent-ils, il est question du régime théocratique ; là, Dieu prend Cyrus par la main pour en faire le libérateur de son peuple..., et ainsi des autres témoignages. Ils ne peuvent nier l'action divine consignée par les auteurs sacrés ; mais ils la donnent comme une exception. Ils s'efforcent surtout de soustraire au gouvernement de la Providence les dispositions personnelles des rois. Ces monarques, disent-ils, n'ont agi que d'après le choix de leur volonté et de leur libre arbitre.

Dans ce système et avec cette idée préconçue, rien de plus facile que d'assigner le lieu, le jour, le mois, l'année où un droit quelconque a pris naissance ; car les volontés de l'homme se manifestent extérieurement dans des circonstances déterminées. Mais telles ne sont point les œuvres de la Providence. Elles portent le signe distinctif de cette Toute-Puissance qui, d'un mot, fait paraître devant elle et les êtres possibles et les êtres réels, les siècles futurs ou passés aussi bien que le jour présent. Par conséquent, puisque l'action de Dieu participe à la formation des droits, nous ne devons pas nous étonner que le droit de gouverner se forme lui-même peu à peu et avec le temps — et qu'un jour il apparaisse aux yeux de tous constitué, vivant, comme apparaît à la lumière la plante qui a germé sous terre et dont on soupçonnait à peine l'existence.

218. — Je n'ai point l'intention de soutenir ici ni le droit divin de Bossuet ni les conséquences qu'il en tire. Je m'empresse de faire cette remarque pour ne pas effrayer certains esprits. — Je *considère* la nature du *droit de gouverner* comme celle de tout autre droit ou propriété. La Providence contribue à sa formation ; mais cela n'empêche point qu'il puisse être vendu, confisqué, envahi, usurpé, recouvré. — Seulement, le lecteur doit bien comprendre comment, sous l'action de la Providence, se *produit insensiblement ce fait*, cause définitive de la possession du pouvoir dans une société particulière, *ce fait*, dont nous avons parlé plusieurs fois et par lequel un individu se trouve investi de la force morale nécessaire pour ordonner au bien commun les actions de la multitude. Je le répète, ce fait ne doit pas être mis au nombre de ceux que j'appellerai pure-

ment humains et par lesquels notre liberté donne naissance à certains droits positifs. Nous, simples mortels, voulons-nous obliger notre conscience ou celle d'autrui ? Nous appelons un notaire, il écrit un *acte* avec une date précise. Une demi-heure auparavant, j'étais libre ; personne n'avait droit sur ma signature, sur ce champ, sur cette maison. Une demi-heure après, je suis lié, je ne puis plus disposer de ce bien, sinon dans les limites stipulées par mon contrat. — Ainsi agissent les hommes. La nature au contraire procède en général avec lenteur et souvent à notre insu. C'est la marche qu'elle suit pour désigner le possesseur de l'autorité toutes les fois que celle-ci doit être comme l'efflorescence des événements humains, et c'est le cas le plus ordinaire. Considérons cette vérité à la lumière de l'histoire.

219. — Quel est le *caractère* du fait qui détermine le possesseur de l'autorité ? Nous l'avons dit (n° 24) : ce fait doit être tel que celui qui n'obéit pas à l'homme désigné pour commander rende la société impossible ou amène toutes sortes de malheurs sur les associés. — Et dans ce cas, disions-nous, à moins d'admettre cette absurdité « qu'il est licite de bouleverser l'ordre d'une nation et de ruiner les intérêts de millions d'hommes pour satisfaire une fureur d'indépendance », on doit convenir que la soumission est pour chacun des sujets le plus strict des devoirs.

Un individu pourra quelquefois être porté subitement au pouvoir suprême, et avoir tout à coup dans sa main le sort d'un peuple entier. Une émeute, une bataille amèneront en un jour ce résultat ; les destins de Rome

passeront ainsi des mains d'un Maxence dans celles
d'un Constantin, ou bien un Michel sera transféré de la
prison au trône de Constantinople.

220. — Mais ces transformations instantanées sont
rares. D'ordinaire, la puissance se forme peu à peu.
Elle se développe parallèlement à l'âge d'un homme, à
la propagation d'une famille, aux accroissements d'une
institution, d'une société particulière. — Quelques marchands anglais s'unissent pour le commerce des Indes.
Avec le temps, et grâce à une première et habile organisation, ils deviennent une force capable d'aspirer à
l'indépendance politique. Ainsi devint indépendante la
ligue Hanséatique, qui se survit encore un peu à Ham-
bourg. — Comment se sont formées ces institutions?
Et les associés ont-ils été libres de choisir et la forme
et les chefs de leur société? Non; ces institutions ont
grandi à l'ombre d'un commerce privé, d'une société
particulière de négociants. Elles ignoraient le terme où
les ferait aboutir la Providence; un jour elles revendi-
quèrent une sorte d'indépendance souveraine. Mais cela
ne se fit pas subitement. Depuis longtemps elles avaient
des gouverneurs appelés au pouvoir d'après la constitution et les lois qu'elles s'étaient données en progressant. Or, eût-il été libre à des associés de violer toutes
ces lois, de déposer les gouverneurs, de ruiner mille
familles, d'anéantir les espérances et de changer la
condition de ceux qui ne partageaient pas leur avis, en
disant : « Le peuple est souverain, à lui d'élire ses
chefs. »

Après l'invasion des Barbares, l'Espagne fut civilisée

par les conciles ; la France grandit et s'organisa sous
l'action des évêques ; en Allemagne, en Italie, on de-
manda aux prélats et aux abbés de prendre en main
la direction et le gouvernement des communes, parce
que, en dehors d'eux, on ne trouvait ni autant de savoir, ni autant d'habileté, ni autant de probité. Mais
pensaient-ils, ces abbés et ces moines, que, par leur
science et leur habileté à défricher les terres, ils éle-
vaient pour les siècles futurs la grande puissance politique de l'Église ; que les évêques seraient électeurs de
l'Empire, qu'ils siégeraient au premier rang dans les
États généraux et que le Pontife Romain aurait un
pouvoir temporel supérieur à celui des rois ? — Lisez
tout l'Épistolaire de saint Grégoire le Grand. Vous ne
saurez pas si c'est un sujet ou un prince qui écrit, tant
le ton de la dépendance et celui de l'autorité se trouvent bien harmonisés dans ces lettres... Cependant,
l'action des papes grandit insensiblement, si bien que
quand les empereurs de Byzance laissent tomber de
leurs mains débiles un sceptre devenu inutile, il passe
comme naturellement dans celles du Pontife Romain,
alors que celui-ci ne se doutait pas qu'il eût le pouvoir
suprême... Enfin, quelques lustres s'écoulent, et les
papes concluent des traités politiques avec les princes
de la famille d'Héristal... Pourtant, jamais encore on
n'avait dit : Le pape est roi.— Et les Médicis, comment
sont-ils arrivés à établir leur dynastie à Florence. Simples ducs, aspiraient-ils à gouverner l'État ? Leur aïeul,
Cosme de Médicis, en était l'arbitre sans avoir d'autre
condition que celle d'un négociant privé, comme le fut

plus tard, aux États-Unis, Washington qui poussa la générosité jusqu'à refuser le commandement suprême.

Par conséquent, si vous parcourez l'histoire, vous constaterez vous-mêmes qu'en mille circonstances l'autorité s'est personnifiée insensiblement... Et, pour peu que vous y réfléchissiez, vous avouerez que refuser l'obéissance à cette autorité le jour où elle a paru vivante et constituée, c'eût été compromettre gravement le bien d'une nation, et par conséquent une injustice et une sorte de sacrilège. Donc, en pareil cas, il n'est pas libre aux individus de se déclarer indépendants.

221. — Ainsi se sont formés naturellement, au témoignage même de l'histoire, la plupart des gouvernements. Ainsi continueront-ils de se former dans l'avenir, malgré les bizarres théories de ces politiques transcendants, qui, dans le délire de l'orgueil, s'imaginent avoir enchaîné la nature à leur système, tandis que cette maîtresse du monde se rit de leur système et de leurs vains efforts. Oui, même de nos jours, même quand ces politiques ont forgé, comme autant de chaînes, toutes ces constitutions artificielles et multiplié toutes leurs savantes lois, même quand retentit partout l'Hosanna en l'honneur du peuple souverain, qu'est-ce qui donne finalement le pouvoir et distribue les sceptres ? — Le suffrage universel par ses votes ? — Mais qui donc n'a pas suivi, le sourire sur les lèvres, toutes les péripéties par lesquelles a passé, depuis plus d'un demi-siècle, la grande nation française ? Elle s'est abaissée jusqu'à se soumettre aux expériences des utopistes politiques ; elle a construit avec beaucoup d'efforts la grande ma-

chine du suffrage universel. Et voilà qu'un beau jour, sortant de son rêve et se réveillant en République, elle s'écrie avec stupeur : « *La République! Mais personne n'en voulait!* » Or, je vous le demande, qui a formé ce pouvoir inespéré et mal venu? Car il a une cause... Et cette cause n'est certainement pas la volonté de la France puisqu'elle ne voulait pas de ce régime. Ce que nous disons de la France et ce qui est attesté par le cri public, nous pourrions le dire non seulement des chefs de nations ou d'empires, mais encore de la formation d'une multitude de droits privés. — Comment s'est produit, dans un grand nombre de communes, le droit de pâture, le droit de couper du bois dans les forêts, de puiser de l'eau à certaines sources? Comment se sont établies ces servitudes de passage, d'écoulement des eaux, etc. etc.? Tous ces droits se forment naturellement et peu à peu; et un beau jour on s'aperçoit qu'ils sont fermes et inviolables. Voilà pourquoi, dans sa prévoyance, un bon intendant a si grand soin d'empêcher la formation de coutumes et de prescriptions contraires à ses intérêts. Il sait fort bien qu'un droit, contre lequel on ne proteste pas, s'établit par la répétition des actes, et qu'une fois établi on ne peut plus le violer sans injustice.

Notez encore ceci : les transformations ne font rien perdre de leur inviolabilité aux propriétés privées. Et il en est ainsi de la propriété du pouvoir. Je fais cette observation à l'adresse de certains politiques qui, voyant des possessions affermies par une prescription immémoriale, leur opposent quelquefois, comme une exception injuste, la prescription elle-même, c'est-à-dire, ce qui en fait toute la force : « Plus de privilèges, plus de castes, s'écrient-ils ; plus de lois de faveur ; dehors la féodalité, à bas le moyen âge, etc. » — Si ces attaques allaient simplement à réclamer quelques-unes de ces améliorations légitimes que d'habiles législateurs savent introduire dans la société, soit par des lois, soit par des transactions, nous n'aurions rien à blâmer. Mais combien de fois, aux inconvénients du privilège, n'a-t-on pas substitué le mal beaucoup plus grand de l'injustice ? « Les fiefs trop étendus, et la propriété de main morte exagérée, voilà, dit-on, ce qui ruine l'agriculture. Mais le remède est facile. Nous allons dépouiller et feudataires et religieux. »

De grâce ! Avez-vous bien examiné sur quels titres sont fondées toutes ces propriétés ? Ce fief, savez-vous qu'un chevalier sans peur l'a payé de son sang ? Savez-vous qu'il a exposé sa vie pour défendre son pays et peut-être pour préserver vos ancêtres de l'esclavage et de la mort ? Ce vaste domaine n'a-t-il pas été acquis pièce par pièce par un colon qui l'a payé de ses sueurs et de ses privations, puis l'a légué en héritage à ses enfants ? Savez-vous que ces moines, dont vous enviez les richesses, les ont augmentées en défrichant ces landes, en assainissant ces marais, en endiguant de leurs propres mains ces rivières ? Voici donc votre justice : vous allez punir le chevalier de son ouvrage, le colon de sa prudente économie, et les moines de leur labeur industrieux.

Ce que nous disons des propriétés particulières, dites-le des propriétés d'ordre public. Un prince a cédé au peuple ses terres; mais, à cause de cela, il s'est réservé l'hommage d'un léger tribut; il a ouvert des routes, construit des ponts; dans une famine, il a nourri ceux qui allaient mourir; dans un temps de contagion, il les a sauvés, et en retour il a obtenu certaines redevances réelles ou honorifiques... Que des années, que des siècles s'écoulent : la famille du prince aura toujours les mêmes droits.

Dites-en autant des relations de peuple à peuple et des rapports de l'Église et de l'État. Est-ce une bonne raison, pour abolir la souveraineté d'un canton suisse ou les fueros d'une province d'Espagne, de dire à ceux qu'on veut dépouiller : « Nous avons besoin de vous enlever vos droits afin de vous rendre plus puissants et de perfectionner chez vous le mécanisme de l'administration; vos droits sont vieux, vos titres vermoulus; vos institutions datent de l'invasion des Goths...?» Est-il juste de dire à l'Église : « Vos privilèges sont odieux à notre siècle, gênants pour le gouvernement et revêches aux idées de nos modernes législateurs... Donc, nous allons vous en dépouiller? » — Avec un tel principe vous pourrez dire au premier citoyen venu : votre tête me gêne; je m'en vais la faire couper. Ainsi firent les bourreaux de la Terreur, ces héritiers des principes protestants, suivant lesquels, en bons logiciens, les princes avaient dépouillé l'Église, et le peuple à son tour dépouilla les princes.

Voilà donc où l'on aboutit, quand on ne veut pas reconnaître cette souveraineté de la loi naturelle qui détermine et affermit le droit au moyen des faits. Admettez que la possession des droits dépend uniquement des propriétés générales et communes de la nature humaine, vous ne pourrez plus recourir aux raisons tirées de titres personnels; la nature vous dira bien que le droit existe, mais vous ne saurez point en qui il existe.

222. — Que les philosophes courbent donc la tête devant cette loi universelle qui régit l'humanité, et qu'ils imitent en cela tous les peuples de la terre : car tous ont spontanément respecté cette loi. Il serait vraiment étrange de voir se rébeller contre la nature ceux-là mêmes qui font profession d'en étudier et d'en admirer les œuvres merveilleuses. Il serait étrange qu'eux seuls ne vissent pas la haute sagesse qui éclate dans ce dessein de donner et de conserver le gouvernement par le moyen de faits sensibles et matériels.

Mais les sophistes déclamateurs ne cessent de combattre en cela comme en toute autre chose l'ordre naturel et de calomnier la Providence du Créateur. Au lieu d'admettre la valeur des faits pour déterminer la possession du pouvoir, voici qu'ils proposent un nouveau moyen : *mesurer le talent et peser le mérite.* Du coup ils ont trouvé la vraie manière de tout rajuster dans la machine sociale! Ils ont volé son secret au Juge des vivants et des morts, à celui qui prononcera sur chacun selon ses mérites! Seulement, ces modernes Prométhées ont oublié de ravir au ciel sa lumière, afin de rendre les esprits et les consciences translucides, comme ils le seront au jugement dernier.

Ah! si, dans la société, chacun se portait naturellement à prendre la place correspondante à son mérite, comme dans le récipient du physicien les liquides se superposent selon leur gravité relative, ce serait chose très sage de donner le gouvernement des citoyens au citoyen le plus prudent et l'hégémonie des peuples à la nation la plus civilisée. Mais tant que sagesse, génie, activité, honnêteté seront ensevelis dans le cœur humain, comme dans un puits profond dont l'orifice est encore couvert par la dissimulation politique, prendre le mystère de secrets aussi impénétrables, comme une lumière pour se guider dans le choix des gouvernants, attribuer aux peuples civilisés le droit de conquête sur les peuples barbares (Aut. anonyme, n° 128. Gioberti, etc.), dire au peuple qu'il a le droit de se gouverner lui-même, parce qu'il est éclairé, c'est jeter dans la société un tison d'inextinguibles discordes. — Eh! quel est donc l'individu, le peuple, qui consentira à se dire moins civilisé, moins éclairé, moins capable, et à subir, pour prix de son humilité, le joug d'un autre individu, ou d'un autre peuple? Qui donc a donné aux Anglais le droit de préférer leur état de civilisation à celui des Français? A la France, de se préférer à l'Italie et à l'Italie de mépriser l'Allemagne? — Puis, quelle sécurité l'élection faite soit par le prince, soit par le peuple, nous donnera-t-elle sur le mérite des élus? Sans doute, ceux-ci auront droit à notre respect, parce que leur élection est un fait palpable comme tant d'autres. Mais malheur à nous, si nous devions faire un acte de foi et dire que ces élus dépassent en mérite tous leurs concitoyens. Un homme sensé peut-il ne pas sentir l'ironie et aussi la pitié prêtes à éclater sur ses lèvres, quand il . . .nd exalter comme *l'élite d'une nation* ces assemblées de hableurs qui assourdissent l'Europe de leur système ridicule et font rougir les quelques collègues encore raisonnables obligés de les combattre? Voilà ce que vaut le *criterium* du mérite pour déterminer les hommes chargés de gouverner ! Combien sont aujourd'hui ensevelis dans l'oubli, qui auraient aussi fait partie de l'élite de la nation, si, dans les cabarets où se joue la destinée du peuple, ils avaient su verser quelques rasades de plus aux électeurs !

223. — Nous le savons : les autres faits qui, en dehors de l'élection, désignent naturellement les possesseurs de l'autorité ne vont pas sans inconvénients. Les héritiers du trône, de la pairie, peuvent naître sans talent, et aussi dignes de pitié que les représentants sortis de l'urne populaire.

Mais outre que l'éducation a par elle-même la vertu de corriger beaucoup de défauts originels et que leurs titres, comme nous l'avons démontré, sont basés sur la justice, protectrice du droit, il y a pour une société un incomparable avantage à ce que le siège du pouvoir et le principe même de l'ordre soit toujours ferme, toujours visible; à ce qu'il ne subisse jamais ni les incertitudes du doute, ni les attaques de l'ambition. — Aussi entre toutes les formes de gouvernement et malgré les clameurs d'hommes ambitieux et avides du premier rang, tous les peuples ont préféré le gouvernement héréditaire. Pouvoir s'écrier : « Le roi est mort, vive le Roi » (et il faut en dire autant de tout régime qui se perpétue en vertu de faits palpables et indiscutables) est pour un peuple un si grand avantage qu'il contre-balance sans peine les graves inconvénients inhérents à toutes les institutions humaines.

Cela soit dit en passant : car je ne veux point blâmer une élection si elle est utile et juste. Je veux seulement mettre en lumière ces grands principes : 1° que, selon l'ordre naturel un fait doit déterminer le possesseur de l'autorité ; 2° que cette possession peut être illégitime à son origine, parce que, pour ne point périr, un peuple sera obligé de se soumettre à l'usurpateur; mais aussi qu'elle peut être très légitime, en vertu d'un fait obligeant tous les citoyens à dépendre politiquement d'un homme, s'ils veulent ne pas violer les droits de Dieu et les droits de leurs semblables.

La nature est très sage, nous l'avons montré, en voulant qu'un fait matériel et palpable détermine la possession de l'autorité. Mais afin de rendre plus respectables encore les ordres, j'allais dire les oracles de l'autorité, nous prions nos lecteurs de remarquer que la cause la plus efficace de l'unité sociale, c'est proprement une conviction commune à tous que *les faits* sont comme la voix de la nature.

En effet, l'unité sociale devant relier ensemble des hommes raisonnables ne peut avoir pour fondement qu'une vérité précise admise par tous les associés. Cette proposition est évidente. Mais le Protestantisme veut marier un mensonge avec une vérité, et il fait sortir de cette funeste alliance toute une lignée d'erreurs les plus pernicieuses. « Oui, dit-il, l'unité sociale naît de l'accord des intelligences. Mais les intelligences restent libres tant qu'elles n'ont pas l'évidence intime de la sagesse des lois... Donc l'autorité sociale doit rendre compte aux sujets de toutes les lois qu'elle promulgue; » conséquence qui a paru si claire aux peuples, aux ministres, aux législateurs, aux rois eux-mêmes, que, poussés par cet esprit novateur, les pouvoirs publics font maintenant précéder de ses « *considérants* » le texte de toute loi. Ainsi que d'autres formules, usitées à d'autres époques, ces considérants pourraient avoir un certain avantage, si on les regardait comme un moyen de tranquilliser le peuple, en lui montrant que l'autorité n'a usé de son droit suprême qu'après avoir pesé toutes les raisons. Mais si on le prend comme un moyen de produire dans le peuple une conviction évidente, sans laquelle les sujets ne seraient pas tenus d'obéir, ou encore, si on la considère, de la part du pouvoir, comme un acte de déférence au *peuple souverain*, alors cette *formule*, sortie du principe protestant, est également *insensée* et *pernicieuse*. Insensée : un gouvernement peut-il toujours faire connaître les raisons de ses lois ? Le vulgaire peut-il comprendre ces raisons? Peuvent-elles paraître évidentes à tous ? Et tous les sujets saisissent-ils le même genre de preuves ? Voilà pourtant quelques-unes des conditions supposées par la théorie protestante. Elle est insensée. Elle n'est pas moins pernicieuse; car elle accorde au sujet le droit de juger la loi, d'en fonder la valeur sur la valeur des motifs, et elle couvre le législateur de mépris, si les motifs qui l'ont déterminé sont ou paraissent faibles et insuffisants. Et combien de fois n'en sera-t-il pas ainsi aux yeux de la multitude!

— Vous me direz : Soit. Le législateur ne publiera pas les raisons de ses commandements. Mais alors comment produire dans des êtres raisonnables l'unité de jugement nécessaire à la société?

Cette unité s'obtient non par des raisonnements, mais par la force morale propre à toute autorité légitime. Quand les associés s'accordent à dire : « Telle personne doit être obéie, lorsqu'elle règle les actions sociales; alors la parole de ce gouvernant suffit à obliger la volonté des sujets; et, pourvu que son commandement soit honnête, elle suffit, par *ce seul motif* que c'est l'autorité qui parle par sa bouche. Telle est la vraie raison qui rend forts les gouvernants en inspirant aux sujets l'obéissance. Un *considérant* pourra ressembler à une persuasion amicale : il ne créera ni la nécessité pour l'esprit, ni l'obligation pour la volonté : seul le droit qui naît de l'essence même de la société et s'incarne dans une personne par des faits palpables et évidents est capable de produire dans une multitude d'êtres raisonnables ce mouvement irrésistible qui les pousse à l'unité.

Aussi combien est sage un prince catholique qui se dit *roi par la grâce de Dieu*, et préfère ce titre providentiel à tous ceux qui sembleraient signifier qu'il a reçu du peuple l'investiture de ses droits? Car, nous l'avons montré, si la cause première et formelle de la société, l'autorité, se concrète et se personnifie, grâce à des faits palpables, cela est dû à l'action lente, invisible, mais irrésistible et irrécusable de cette Providence qui conserve et gouverne les hommes. Sans doute, un prince n'a aucun mérite d'être le rejeton d'une vieille dynastie et le descendant de nombreuses générations. Il n'y a qu'un roi ici-bas qui ait jamais pu ordonner avant sa naissance la longue série de ses ancêtres comme il a ordonné la série de ses Vicaires pour les siècles à venir : *c'est le Roi immortel des siècles.* Tout autre chef de nation a été investi de ses droits par un ou plusieurs faits providentiels... Et ces droits, la *théorie du plus méritant et du plus habile* a pour but d'en dépouiller les légitimes possesseurs, afin de jeter le sceptre au plus offrant de ces ambitieux qui ne craindront pas de mettre en péril la société. Pour ceux-ci, ils peuvent bien, en flattant le peuple, obtenir ses suffrages ; mais ils ne peuvent faire sortir de leurs ancêtres des droits à la possession du pouvoir. Voilà pourquoi ils défendent si chaudement le système de la souveraineté du peuple... Et c'est chose naturelle... — Mais que ceux qui possèdent l'autorité par justice et en vertu de droits que leur a donnés et conservés par sa Providence le Maître du monde et des siècles, que ceux-là, dis-je, renoncent à ce titre légitime pour se livrer aux caprices aveugles de la multitude et s'abaisser jusqu'au niveau de rivaux ambitieux et vulgaires : voilà qui est d'une imprudence incompréhensible... !

224. — En outre, les faits qui ont donné naissance à la souveraineté auront pour la maintenir une force d'autant plus grande que la possession du pouvoir aura été plus longue.

Je le sais ; pareille doctrine sera attaquée par les

partisans de *la souveraineté du peuple*, ces hommes qui souvent, sans s'en douter, travaillent à la ruine de ce peuple en voulant l'élever sur un trône. Les grands mots de *liberté* à la bouche, ils déclareront solennellement que les peuples modernes ne doivent pas être esclaves d'un despote, par la raison que tel a été le sort de leurs ancêtres; que ceux-ci n'ont eu aucun droit d'enchaîner leurs descendants; et que si les pères ont, dans des siècles d'ignorance, trouvé avantage à se faire serfs, leurs fils, éclairés des lumières de la civilisation, ne peuvent plus être liés par des avantages anéantis depuis longtemps; bref, qu'il est par trop déraisonnable de vouloir priver une société plus jeune de ses attributs naturels, parce que sa devancière ne les a pas connus.

225. — Nous avons longuement démontré que ces *attributs naturels* sont absurdes en théorie et irréalisables dans la pratique. Le lecteur verra par lui-même la fausseté de toute cette doctrine... Mais elle n'en reste pas moins très pernicieuse, puisqu'elle tend à la ruine de la société et de la liberté elles-mêmes.

En réalité, qu'est-ce qu'un peuple, et qu'est-ce qu'une société? — Pensez-vous que l'être et l'existence d'un peuple se renferment dans les limites d'une génération? Et vous imagineriez-vous que le peuple toscan de 1850 est un autre peuple que le peuple toscan de 1820? — Si telles sont vos idées, si vous croyez que toute génération nouvelle constitue un peuple nouveau et indépendant de ses pères, une société nouvelle qui n'est point liée par les obligations de ses ancêtres, accordez-moi aussi qu'elle perd tous ses droits antérieurs... Car il faut raisonner de ceux-ci comme des devoirs... Brisez toutes ses alliances, effacez toutes ses gloires, changez enfin tous les noms des aïeux, puisque les noms sont destinés à distinguer les individus. — Le simple exposé de ces absurdités vous fait horreur : et vous reconnaissez la vérité contenue dans ce langage universel : un peuple grec, un peuple romain, un peuple français, etc., un peuple qui a duré des siècles, dont on a écrit l'histoire comme celle d'un être moral, dont on connaît les devoirs et les droits...; alors admettez aussi la conséquence nécessaire de cette unité; admettez que les gouvernements légitimes durent et se perpétuent, et dans l'absurde conséquence que vous déduisez vous-même de *la souveraineté du peuple*, reconnaissez une fois de plus et à un nouveau signe la fausseté du principe.

226. — Voilà le terme du voyage un peu long que nous avons entrepris au début de ce chapitre.

Maintenant, ne vous serait-il pas agréable de voir groupés ici, comme en un faisceau indissoluble, ces arguments qui, présentés un à un, vous ont paru décisifs? Volontiers, je me rendrai à ce désir : car si quelque erreur s'était glissée dans mon raisonnement, ce résumé la fera mieux ressortir et en facilitera la réfutation.

Je me suis proposé de faire voir comment il arrive naturellement qu'une société entière soit obligée à la dépendance politique vis-à-vis d'une ou plusieurs personnes déterminées qui ont le droit de la gouverner.

— Oui, à la dépendance, répliquent certains adversaires, mais parce qu'elle l'a voulu. — Cette assertion n'est pas seulement gratuite; elle est en contradiction avec toute l'histoire qui nous montre des millions d'individus réduits à la dépendance, lorsqu'ils eussent voulu être libres; ce témoignage de l'histoire devrait déjà convaincre nos adversaires de leur erreur.

Mais j'ai pris encore un autre chemin pour arriver à ce résultat. Sans nier que la *multitude* ait, en certains cas, un droit plus ou moins étendu de choisir ses chefs, j'ai affirmé que ce droit *n'était point essentiel naturellement à la multitude*, et qu'en dehors d'une élection d'autres faits pouvaient amener pour elle une véritable obligation de dépendance politique.

227. — Pour prouver ma mineure, j'ai commencé par établir que l'autorité, considérée en elle-même, était naturellement nécessaire dans toute multitude d'êtres intelligents qui doivent en venir à l'unité d'action. Cette unité d'action, étant, par excellence, comme chacun sait, un bien tel qu'elle peut surmonter les plus grands obstacles au salut commun, j'en ai inféré qu'il n'était licite à aucun individu de ravir à ses concitoyens un avantage si précieux et si manifeste ; donc, par une conséquence nécessaire, que tout homme raisonnable devait se soumettre à la personne en qui résidait la puissance morale de gouverner des êtres intelligents.

Or, très nombreuses et très complexes sont les causes en vertu desquelles cette puissance peut se trouver ou dans celui-ci ou dans celui-là. Mais toutes doivent nous la montrer résidant dans des individus raisonnables : car des êtres sans raison ne peuvent ni connaître l'ordre universel d'où le droit sort comme de sa racine, ni se soumettre à son empire, ni en apprécier la valeur. Nous devons donc toujours chercher les raisons dernières du droit d'autorité dans des êtres raisonnables naturellement connus de nous, c'est-à-dire en nous-mêmes, en Dieu, et dans les autres hommes.

Pour peu que l'homme se connaisse, il avouera qu'obligé envers lui-même et de se procurer la vraie félicité et de prendre les moyens pour l'obtenir, il peut aussi se trouver obligé de dépendre d'autrui ; et cela, toutes les fois que, sans cette dépendance, il s'interdirait et le bonheur et le chemin qui y conduit.

L'homme doit à Dieu un respect, un amour, une obéissance sans réserve, Dieu peut donc soit naturellement, soit surnaturellement l'obliger à la dépendance politique.

Enfin l'homme doit respecter le droit de ses semblables... D'où il suit qu'il doit aussi se soumettre à leur commandement, toutes les fois que, sans cette soumission, il violerait leurs droits.

La succession incessante et complexe des événements d'ordre physique et moral, à laquelle il faut appliquer les lois éternelles de la justice et de la charité, produit dans la société ces changements de droits et de devoirs... si difficiles à démêler... Ils se forment peu à peu et d'une façon inaperçue ; mais finalement ils revêtent un caractère de rigoureuse obligation, lorsqu'on ne pourrait les violer sans offenser les lois mêmes de la justice et de la charité... Or, c'est le cas qui se présente souvent et de mille manières dans la vie des nations. Donc aussi, pour beaucoup de raisons, un homme peut être obligé d'obéir politiquement à un prince qu'il n'a point été libre de choisir.

Telle est, si je ne me trompe, l'économie avec laquelle la divine Providence régit la succession des trônes. L'on n'a pas voulu reconnaître le caractère de ces faits, ni le droit qui en résulte, et la civilisation européenne a été bouleversée et mise en péril depuis trois siècles.

228. — Quelles sont les conséquences de cette doctrine? Elles sont claires : 1° renoncer aux rêves de sophistes qui veulent, après les avoir brisées et réduites en poudre, couler dans le moule de leur invention toutes les sociétés, afin de les en retirer toutes semblables; 2° accepter de la main de la Providence les formes si variées et si multiples des sociétés, voilà ce que devraient faire les peuples de l'Europe. On ne les voit plus occupés qu'à rechercher et à mendier, l'urne électorale à la main, huit ou neuf millions de suffrages, certains, même après le succès, de laisser à quinze ou vingt millions d'hommes et de femmes le droit de se plaindre, puisqu'ils n'ont pas été consultés. Ils lèguent à leurs descendants, y compris ceux de demain, le droit de protester contre une élection à laquelle, n'existant pas, ils n'ont point consenti et de mettre en échec l'autorité d'où dépend tout le bien social. Que n'interrogent-ils l'histoire et la justice? *L'histoire* leur ferait connaître les faits qui ont mis telle personne physique ou morale en possession du droit de gouverner; *la justice,* par l'application de ses principes aux

faits historiques leur dirait si cette possession est juste ou injuste. En cas d'injustice, ils pourraient déférer à un tribunal compétent le détenteur du pouvoir, mais sans ébranler l'autorité elle-même, ni mettre en péril la vie de la société. En cas de justice, ils se résigneraient beaucoup plus facilement à subir quelques inconvénients passagers, par respect pour la justice elle-même, surtout s'ils les mettaient en comparaison avec les maux et les terreurs de révolutions perpétuelles, avec les iniquités souvent sanglantes des discordes civiles et domestiques, avec les carnages, les assassinats et les guerres dont une philosophie contre nature a tant de fois couvert l'Europe.

Telle est la conséquence pratique de notre doctrine. Cette conséquence déplaira fort à ces barbares dont tout le bonheur est de vivre de rapines et de s'enivrer de sang. Pour vous, lecteur, vous ne croirez jamais qu'il soit utile de nier la nature pour déchirer la société.

229. — Si j'ai réussi à bien comprendre moi-même et à expliquer clairement aux autres la sagesse admirable avec laquelle la *nature* forme et fait agir, dans l'ordre social comme en tout autre, la force morale qu'on appelle le *droit*, il sera certainement très agréable à mes lecteurs de voir comment cette doctrine s'harmonise avec d'autres vérités universelles de la plus haute importance. Car, à mon avis, une doctrine particulière qui s'adapte parfaitement avec la synthèse du savoir humain porte en elle-même sa preuve la plus efficace ; puisque, pour la nier, il faudrait logiquement nier aussi d'autres vérités irrécusables. Faisons donc cette syn-

thèse, tout en laissant au lecteur le soin de s'en pénétrer davantage par ses réflexions personnelles.

Et d'abord comparons cette doctrine avec le communisme qui est la plaie de la société moderne. — Si la possession de l'autorité est une propriété réclamée, comme les autres, par le principe universel de l'ordre et personnifiée par un fait quelconque qui ait la vertu de déterminer cette possession, les communistes qui s'insurgent contre tout droit de propriété devront logiquement s'insurger aussi contre tout possesseur de l'autorité. Or, sur ce point, vous savez s'ils sont inexorables dans leurs conclusions. Le grand reproche que Proudhon fait aux socialistes modérés, c'est qu'ils se contentent de transférer la possession de l'autorité, quand ils devraient l'abolir absolument (1). Tant qu'on laissera à un seul homme, dit-il encore, le droit d'exclure les autres du pouvoir, le sens commun verra toujours dans cet homme un *propriétaire;* et ce propriétaire sera un larron, puisque la propriété est un vol.

En outre, comme il y a deux sortes de communistes, les uns plus et les autres moins radicaux, il y a aussi deux espèces d'anarchistes, les uns plus et les autres moins féroces. On peut, parmi les communistes, placer les Saint-simoniens. Or, ceux-ci, conservant un reste de pudeur, disent qu'il faut maintenir la propriété, mais dans ceux qui méritent de la posséder, selon leur adage bien connu : « A chacun selon sa capacité; à chaque capacité, selon ses œuvres.» Dupin, dans un rapport sur

_____

(1) On n'est pas à moitié ou aux trois quarts révolutionnaire : il faut l'être tout à fait ou se tenir coi. (*Voix du peuple,* 12 janv. 1850.)

les Saint-simoniens les combat précisément comme nous avons combattu ceux qui voudraient distribuer, d'après la théorie du mérite, la possession de l'autorité et l'hégémonie des nations aux individus et aux peuples les plus éclairés. Aux embarras de la concurrence des biens matériels qu'on ne saurait évaluer exactement, ils substitueraient la mesure bien autrement embarrassante des valeurs intellectuelles et des capacités morales. Ces partisans du mérite détruisent la propriété du commandement, comme les Saint-simoniens détruisent la propriété de l'argent, sous prétexte de justice distributive. Et remarquez-le : leurs raisons sont les mêmes. Les Saint-simoniens s'appuient sur les principes universels; mais ils ne tiennent pas compte des faits qui déterminent la possession de la propriété; ils envisagent le but pour lequel la nature a établi la propriété ; et ils ne font pas attention que si cette raison universelle ne se combine pas avec un fait particulier, loin de produire la propriété, elle la détruit avec tous ses avantages. Ils disent : « Les instruments de travail et la terre ont été donnés à l'homme afin qu'il les fasse fructifier; donc ils doivent appartenir à celui qui est capable de leur faire porter ces fruits. » — Raisonnement absolument pareil, vous le voyez, à celui des publicistes que nous avons réfutés. Le droit de gouverner a été donné à l'homme pour qu'il procure le bien commun de la société; donc le mérite doit en régler la possession, et il doit appartenir à celui qui est plus capable de faire le bonheur du peuple.

D'après la doctrine Saint-simonienne, toute propriété

est nécessairement *précaire*. Cette année, j'ai été propriétaire parce que, l'année précédente, j'ai fait preuve
de talent et d'activité ; mais si cette année mon mérite
n'est plus égal, je perdrai tout ou partie de ma propriété. Ainsi en est-il du gouvernement dans le système
des capacités. Tel qui, l'année dernière, a brillé à la
chambre législative, s'élèvera cette année jusqu'au
ministère ; mais que son étoile pâlisse, il disparaîtra
l'année suivante.

Et quelle est la dernière conséquence de la théorie
Saint-simonienne ? La voici : « Ma propriété est précaire, dira le cultivateur : Eh bien ! précaire sera aussi
mon travail de culture : à propriété d'un an, culture
d'un an. » Et il épuisera le sol ; il usera les instruments
de travail, et ne laissera au nouveau maître que ce
qu'il ne pourra pas emporter de la propriété. C'est ce
que Montesquieu constate pour la Turquie. Là le propriétaire craint avec trop de raison que le fruit de ses fati-
gues ne lui soit ravi tantôt par le Sultan, tantôt par le
Pacha. Il se contente de recueillir ce que le sol produit
de lui-même sans prodiguer ses labeurs au profit de ses
tyrans. — Et n'est-ce pas aussi l'effet naturel d'un
gouvernement sans lendemain ? Ces ministres qu'on voit
perpétuellement escalader la roue de la fortune pour
s'élever de la place publique au pouvoir et tomber
quelques jours après, peuvent-ils, en exerçant l'autorité, mener à terme un bien quelconque, même après les
plus belles promesses de dévouement et de sacrifices ?
Ils ne savent faire qu'une chose : ruiner la société
pour remplir leur coffre-fort.

Mais nous parlerons de cela une autre fois. Voyez donc quelle ressemblance entre la propriété de la fortune matérielle et la propriété du pouvoir ! Entre le Saint-simonisme qui altère l'idée de la première et la théorie du mérite qui bouleverse l'ordre naturel de la seconde !

Nous pourrions faire des réflexions analogues sur les communistes radicaux. Ceux-ci ne tiennent aucun compte des faits dans la répartition de la propriété. L'être naturel est le seul titre à la possession, et il est commun à la multitude. Tout homme, comme l'animal, a droit à la satisfaction de son appétit; et, par suite, au moyen nécessaire pour atteindre ce but, c'est-à-dire aux biens de la terre. — Les anarchistes leur ressemblent dans l'ordre politique : car ceux-ci attribuent à chaque homme le droit de posséder la souveraineté, par cela seul qu'il est au nombre des *bipèdes humains*. A tous et à chacun des hommes le droit à une égale félicité, parce qu'ils ont une nature égale! A tous et à chacun un droit égal au gouvernement, parce que le gouvernement est le moyen d'obtenir la félicité!

Cette comparaison nous montre donc clairement, comme je le disais, que se tromper dans la question de la propriété en refusant de reconnaître dans un fait la détermination du possesseur, c'est être amené à se tromper dans la question de l'autorité. Au fond, c'est toujours le communisme engendrant la rébellion.

230. — Mais si du communisme doit sortir la rébellion, à son tour, de la rébellion devra naître le communisme. C'est la loi *universelle de conversion* qui résulte du principe de contradiction et qui est si souvent

appliquée par les mathématiciens dans leurs calculs : ils placent indifféremment le premier membre d'une équation à la place du second et le second à la place du premier. Qui part du communisme arrive à la rébellion et qui part de la rébellion aboutit au communisme. C'est du reste un fait notoire et général. La Convention conduit à Babœuf et aux *sans-culottes*, les Cortès de Cadix aux *sans-chemises*, le « Réveil » (Risorgimento) à la *Gazette du peuple*.

231. — Cette fraternité de principes engendre un autre phénomène moral très digne d'attention. C'est cette sympathie qui se fait sentir, quoique dissimulée sous une écorce un peu rude, entre journalistes dont les programmes semblent à première vue tout à fait opposés. Ainsi certaines feuilles modérées et qui se disent conservatrices seront très indulgentes pour la *Gazette du peuple*. Mais un mot de l'*Armonia* ou de l'*Osservatore* les mettra en garde; et on les verra aiguiser leur plume comme le vieux tailleur son fil pour le faire passer dans le chas de l'aiguille... Ils sentent d'instinct ou la fraternité ou l'hostilité. Et ils sont logiques : *qui admet en principe qu'on peut dépouiller l'Église* au profit du souverain temporel dépouillera le souverain au profit de l'aristocratie, l'aristocratie au profit des bourgeois, ceux-ci au profit du peuple ; enfin tout propriétaire au profit des paresseux et des larrons. Naturellement celui-là éprouve donc pour ces derniers une certaine sympathie, puisqu'il se fait leur père... Et ils le paient de retour.

232. — Aussi faut-il être sur ses gardes, et ne pas

donner aveuglément sa confiance à certains ennemis prétendus du communisme. Ils l'attaquent aujourd'hui, et ils l'embrasseront demain : témoin le Piémont, qui vise à la spoliation totale de l'Église, et pour se faire la main a commencé par violer le droit des évêques, des religieux Servites, et par usurper mainte juridiction ecclésiastique... C'est cette usurpation qui arrache au successeur de Pierre, à Pie IX, un cri d'alarme, et un avertissement solennel, lorsque, dans son allocution consistoriale du 1ᵉʳ novembre 1850, il annonce que la violation des droits de l'Église *engendrera promptement la perturbation de l'ordre civil.* « En effet, dit-il, la raison qui a fait déchirer le pacte avec l'Église fera mépriser et fouler aux pieds toutes les autres conventions publiques ou privées ! » Et vraiment, après tant de bouleversements suscités en Europe par le communisme, on ne pourrait admettre que les politiques ne voient pas le précipice où ils courent tête baissée, si l'on ne savait jusqu'à quel point la passion peut aveugler les plus doctes et pervertir la notion des lois canoniques dans l'esprit des hommes d'État.

233. — Les rapports signalés ici n'échapperont à aucun de nos lecteurs, car ils sont renfermés dans la sphère des idées politiques où ils ont l'habitude de se mouvoir. Mais puisque plusieurs d'entre eux étudient ces questions non en administrateurs mais en philosophes, il leur sera sans doute agréable de constater encore l'harmonie de nos doctrines avec des vérités plus abstraites. Nous nous élèverons donc ici à des considérations plus métaphysiques. On pourra d'ailleurs les

omettre sans inconvénient, si l'on n'est point familiarisé avec ce monde transcendantal.

Le communisme, négation de la propriété est, comme nous l'avons dit, fils de la rébellion, et la rébellion contre l'État est, chacun le sait, fille du protestantisme, lequel n'est que la rébellion contre l'Église. — Or, vous savez, cher lecteur, que cette secte a conçu, dès son berceau, une haine irréconciliable contre l'Aristotélisme des scolastiques, et qu'elle a mené contre lui une guerre d'extermination dans toutes les écoles catholiques de l'Europe. Les formes rudes, la langue inculte, les subtilités ridicules de certains scolastiques ont servi de prétexte à la guerre et d'appeau pour prendre les esprits simples et sans défiance. Mais ceux qui ont regardé au fond des choses ont compris que tant de bruit et tant de haine n'avait point pour cause une question de grammaire ou de littérature. Ils ont découvert dans les principes des deux écoles la raison intime de cette irréconciliable hostilité.

Si vous avez bien saisi ce que nous avons dit de la souveraineté du peuple, et si vous ramenez tout cela à une formule transcendantale, vous serez surpris de voir que la rébellion contre l'autorité et la négation de la propriété se réduisent finalement à la négation ou à l'ignorance du principe sur lequel roule, comme sur son pivot, toute la philosophie d'Aristote. Quel est en effet ce principe, auquel on revient aujourd'hui après l'apaisement des passions? Car le *possible et le réel*, la *matière et la force*, si connus de nos jours dans le monde philosophique, ne sont autre chose que la *puis-*

sance et l'acte, la *matière et la forme*, ces deux éléments dont l'union constitue, selon les scolastiques,
l'ordre de l'univers.

234. — Or, les communistes, qui nient la propriété
matérielle, et les partisans de la souveraineté du peuple, qui nient le droit d'autorité, s'appuient tous également sur la même équivoque. Ils confondent la *puissance avec l'acte, le possible avec le réel*... Et Romagnosi en faisait déjà l'observation au temps des répu-
bliques subalpines. Voulant prévenir le peuple contre
l'équivoque de la prétendue égalité, sur laquelle on se
base pour dépouiller tous les propriétaires, il lui disait :
« Vous prétendez, avec Mirabeau, que *tout* est à *tous*,
parce que tous ont le droit de vivre. Mais ne voyez-vous
pas que si tout est à tous, rien n'est à personne. Si ma
fortune est votre fortune, elle n'est réellement ni à moi
ni à vous, puisque ce qui est mien est une chose de la
possession de laquelle je vous exclue, et ce qui est vôtre, une chose à laquelle je ne puis pas prétendre. Ne
voyez-vous pas, par conséquent, que ni vous ni moi n'aurions le droit d'user d'une chose possédée selon la théorie
communiste, afin de ne pas nous en priver réciproquement? Or si par exemple nous ne pouvons faire usage
du pain, comment vivrons-nous ? Vous voyez par là,
continue Romagnosi, que le droit universel de propriété
n'est pas un droit actué, un droit *en acte*, mais un droit
en puissance... Le bien matériel qui n'est pas encore
occupé pourra l'être par vous, par moi, par un autre
quelconque. Et c'est là ce que signifie au juste cette
proposition : *Tout est à tous*. Ce qui n'est pas encore

occupé *peut* l'être *par qui que ce soit*. Ma main est vide, mais elle peut être remplie par un fruit, par un livre, par de l'argent. Direz-vous qu'en raison de cette possibilité, je suis possesseur de ces trois objets? Certainement non. Avec ma main j'ai la puissance de les prendre, mais je ne les tiens pas actuellement. »

Tel était le raisonnement serré du publiciste de Pavie. Et maintenant considérez la *souveraineté du peuple*. Et dans cette question vous verrez encore la confusion de la puissance et de l'acte. En effet, quel est le grand argument de ceux qui soutiennent ce système : « La nature, disent-ils, qui veut l'autorité dans la société, *n'a point déterminé les personnes qui la posséderaient ; donc tous la possèdent.* » N'est-ce pas le raisonnement même des communistes? La nature qui nous a donné les biens de la terre pour vivre n'a pas déterminé à qui chaque chose appartiendrait en particulier ; donc, en vertu du droit naturel, tout appartient à tous. » — L'erreur, vous le voyez, se réduit à l'équivoque entre la *puissance* et l'*acte*. Tous peuvent commander ; donc, tous commandent. » *Tous* est le mot sur lequel roule l'équivoque, parce qu'il peut être entendu *collectivement* ou *distributivement*. Dans le premier sens, il est faux ; dans le second, il est vrai. Si vous voulez dire que, dans une nation, tous commandent *actuellement*, en réalité, de fait... vous dites (pardonnez-moi ce mot peu respectueux), vous dites une *sottise*. Si au contraire vous voulez dire que *chacun peut* être appelé à commander, vous exprimez une vérité évidente.

Dans ce chapitre, à quoi a tendu toute notre discussion ? A faire reconnaître dans le développement de l'humanité ces *faits* par lesquels la *puissance,* qui appartient à *tous,* devient *actuelle* et réelle dans la *personne de quelques-uns ;* à montrer ensuite comment ceux-ci excluent raisonnablement de leur droit tous ceux qui ne s'en sont point rendus participants par un fait ; enfin, comment, par suite de la détermination qui les désigne, les individus sont vraiment *propriétaires,* non pas des hommes, dont ils ne peuvent se servir pour leur utilité privée, mais du *droit,* dont ils tirent, comme nous l'avons vu, de notables avantages. La doctrine d'Aristote a donc une secrète affinité avec le droit des propriétaires et avec la possession de l'*autorité.* Ces droits *en puissance* appartiennent à tous; mais ce sont les faits qui les réduisent *en acte* et en désignent les possesseurs respectifs. Par contre, le système qui nie le respect dû aux propriétaires de la fortune matérielle et du droit part d'un principe opposé à la vérité fonda-mentale sur laquelle s'appuie le Stagyrite. Ce système discrédite et tourne en ridicule la distinction entre la puissance et l'acte; puis il considère comme un acte ce qui n'est qu'une simple puissance, comme une réalité existante ce qui n'est qu'une possibilité.

L'hostilité protestante contre la scolastique n'a pas été, à l'origine, une haine raisonnée. Les premiers sec-taires n'avaient pas conscience que cette double néga-tion conduirait, l'une au communisme, l'autre au Jacobi-nisme; mais, dès le début, elle a été logique; car, pour aboutir pratiquement à ces extrêmes, il fallait détruire la doctrine métaphysique de l'acte et de la puissance, c'est-à-dire l'union de ce double principe qui constitue toutes les existences créées.

Mais c'est assez sur ces comparaisons, les prolonger déplairait peut-être au plus grand nombre des lecteurs. J'ai voulu seulement les signaler, pour que cet aperçu synthétique fît mieux ressortir l'harmonie de notre doctrine avec l'ensemble de la science et l'importance des enseignements politiques que nous aurons à développer dans la suite.

Pour le moment, tenons pour solide la véritable théorie qui montre comment l'autorité est dévolue à tel ou tel individu. Afin d'expliquer ce phénomène d'ordre social, nous avons distingué *l'essence de l'autorité*, qui dépend de la nature même de la société; *l'existence de l'autorité*, qui date au moins de la réalisation de la société, puisqu'elle en est la cause formelle ; *la possession de l'autorité*, qui est un fait contemporain de cette existence ; enfin *la légitimité de l'autorité*, ou le droit de la posséder, droit dont nous avons recherché et les causes et la nature.

Mais toutes ces considérations avaient pour but l'examen d'une autre question très grave, qu'on peut dire comme soudée à la question du suffrage universel. Car les partisans modérés de ce suffrage sont persuadés, ainsi que nous l'avons dit, qu'il est impossible que *tous et chacun*, dans une nation, gouvernent la société. Ils restreignent donc leur prétention : mais ils veulent au moins qu'à mesure que les classes populaires progressent dans un pays, les individus les plus éclairés soient appelés par le prince au gouvernement ; ils prétendent enfin qu'à mesure que des peuples entiers montent dans l'échelle de la civilisation, ils *acquièrent le droit* de se gouverner par eux-mêmes.

QUATRIÈME PARTIE

SUR L'ÉMANCIPATION DES PEUPLES ADULTES

CHAPITRE PREMIER

La question

235. — L'émancipation *des peuples adultes* est une question traitée dans la *Civiltà cattolica* à propos d'une lettre publiée par le vaillant et illustre comte Matthieu Ricci. Il abordait ce problème hardiment, et sans crainte, disait-il, de réveiller un nid de guêpes... Supposant qu'à l'origine des sociétés l'autorité avait été, non par suite d'un contrat, mais en vertu de la loi naturelle, l'autorité même du père transformée en pouvoir civil, il regardait toutes les formes légitimes de gouvernement : monarchie, polyarchie..., comme sorties de cette première source plus ou moins reculée dans la suite des âges. Puis il demandait si le possesseur, et à ce titre

l'unique dispensateur de l'autorité pouvait, pour le plus grand bien, la transmettre aux plus capables ou s'il n'était pas astreint, dans cette question, à des lois morales positives?

236. — Exprimée en ces termes, la question semblera facile à résoudre, même à celui qui débuterait dans l'étude des actes humains; car peut-il y avoir une action libre qui ne soit soumise à la loi morale?

Mais l'auteur, dans sa réponse et dans ses preuves, fait voir qu'il ne s'agit pas d'un acte considéré seulement comme relevant de la conscience, mais d'un acte *de droit public*. Car, nous le verrons bientôt, il reconnaît aux peuples, bien que dans les limites de la prudence, le droit véritable et strict de se gouverner par eux-mêmes.

237. — Pour nous, nous avons démontré par la raison et par l'histoire que les sociétés humaines acquéraient leurs différentes formes de gouvernement par la simple application des lois universelles de l'ordre à des faits particuliers... Nous avons prouvé que ces faits pouvaient-être très variés, et par suite faire sortir d'un même principe des régimes très différents. Il est donc inutile de nous attarder à réfuter l'universalité du principe adopté par l'illustre comte..., comme si le patriarcat était l'unique source de toutes les autres formes du pouvoir; car cette proposition nous paraît et très douteuse dans son universalité absolue, et peu concordante avec le reste du système.

Comment, en effet, combiner avec le droit du père, unique source légitime de l'autorité, le droit rigoureux qu'aurait le peuple de le détrôner et de s'arroger le pouvoir en tout ou en partie ?

Pour éviter les redites, nous laisserons ce point de côté. Nous ajouterons seulement quelques réflexions qui, soumettant à l'examen certains principes secondaires et certaines conséquences de cette théorie, donneront au lecteur le moyen d'en apprécier la valeur réelle. Nous ferons cela d'autant plus volontiers que ces réflexions serviront de couronnement à notre précédent chapitre sur la possession de l'autorité.

238. — Pour résoudre la question posée, l'auteur émet les principes suivants :

1° On doit reconnaître la supériorité du droit à la supériorité intrinsèque et manifeste du mérite ;

2° La personne humaine est sans doute inviolable... Pourtant les facultés intellectuelles, morales et physiques de l'homme peuvent être l'objet d'une occupation et d'une possession légitimes ;

3° La durée de cette occupation ne peut dépasser le temps où, par leur développement naturel, ces facultés rentrent sous le domaine de la personne.

239. — Ces principes sont indéniables, dit l'auteur. Et il en déduit cette conséquence : un enfant devenu adulte a le droit de sortir de tutelle... Il en est de même d'un peuple chez qui les forces libres et intellectuelles acquièrent une conscience plus parfaite d'elles-mêmes et deviennent plus autonomes dans ce qui regarde la vie civile.

240. — Il est nécessaire, croyons-nous, d'examiner

cette théorie, afin de compléter notre doctrine sur la possession de l'autorité.

Commençons par la *seconde* des trois propositions énoncées plus haut. Est-il vraiment indubitable que les facultés des individus puissent appartenir au premier occupant? Cette affirmation, à moins qu'on ne veuille l'entendre dans un sens figuré, a je ne sais quoi de dur et de répugnant pour la conscience. Dites, si vous le voulez, que le droit d'élever un orphelin, un pupille, peut être un objet d'occupation; que cette occupation est un titre favorable pour celui qui a conçu des sentiments paternels à l'égard de ces orphelins ; dites que les facultés des individus ne son' pas encore développées et qu'elles ont besoin d'un guide qui forme les forces physiques à l'habitude du travail, la volonté au bien, l'intelligence au vrai... Oui ; c'est là une sorte d'occupation légitime de forces qui sont encore dans l'enfance ; et celui-là accomplit un devoir sacré qui les dirige et les aide dans leur développement normal. Mais on ne peut pas dire qu'il occupe un fonds propre à lui rapporter profit.

241. — Toutefois, même en laissant passer ce langage, pourrons-nous appliquer aux peuples ce qui a été dit des individus ? D'après l'auteur, le *fait* est identique. Donc, dit-il, logiquement les lois morales qui règlent ce fait doivent être identiques. J'avoue ne pas bien saisir cette identité entre ces deux êtres, l'un physique et l'autre moral. Personne qui ne reconnaisse entre les deux plusieurs analogies. Mais il y a loin de l'analogie à l'identité.

Arrêtons-nous donc un peu à analyser ce concept métaphorique de *peuples enfants* ; concept qui a séduit tant de savants philosophes. Et voyons si on peut en inférer également pour eux un véritable droit d'émancipation.

CHAPITRE II

Idée et fausses conséquences de l'âge des peuples

242. — *Idée juste des peuples enfants.*

Qu'est-ce qu'un peuple enfant? Tout enfant a besoin d'une tutelle. Cette tutelle doit-elle cesser pour un peuple adulte?

Ces questions et d'autres semblables nous aideront à éclaircir nos idées, et à en tirer des conséquences vraies.

Rien n'empêche que par métaphore on appelle « peuple enfant » une tribu qui peu à peu sort de la sphère étroite de la vie domestique, comme une fleur sort de son bouton. Pendant cette première phase, en effet, les individus se multiplient, les familles se développent : et la tribu ressemble à l'enfant qui commence à grandir corporellement.

On peut aussi appeler *enfant* un peuple qui n'a pas encore cultivé les sciences et les arts. Il est pareil à un enfant dépourvu des connaissances qu'il acquerra plus tard par une bonne éducation.

Enfin on peut qualifier du même nom un peuple qui, comme les petits cantons de la Suisse, se contente d'un gouvernement patriarcal aux mains d'hommes honnêtes et qui ignore ces institutions administratives par lesquelles nous nous efforçons de suppléer (Dieu sait avec quel bonheur !) à la conscience douteuse de nos gouvernants.

C'est à ces trois sens que se réduit d'ordinaire cette appellation métaphorique : *Un peuple enfant!*

213. — Or cette analogie équivaut-elle à une identité ou à une parité parfaite de façon que vous deviez raisonner de l'enfance d'un peuple comme de l'enfance d'un individu ? S'il est question d'un individu, voici les conséquences que j'en tirerai : le petit enfant naît dans la société où les adultes, et surtout les plus proches parents sont obligés d'aimer et de secourir leurs semblables... Ce petit enfant vient au monde par la volonté de Dieu et sans l'usage libre de ses facultés. La volonté de Dieu est donc que ses parents, et, à leur défaut, d'autres adultes l'aident dans le développement relatif de ses facultés naissantes jusqu'à ce qu'il arrive non seulement à connaître la vérité, mais encore à tendre

au bien par ses propres forces. Ce raisonnement me démontre que l'adulte a le droit et le devoir de suppléer aux facultés non encore cultivées de ce petit enfant. Et ce droit est précisément fondé sur son défaut de maturité : l'enfant ignore encore son bien, ses intérêts. Voilà pourquoi Dieu le confie à la société; et celui qui, même par pure bienveillance, assume la charge de l'élever, a le droit de la remplir.

244. — Mais pouvez-vous en dire autant des *peuples enfants,* quel que soit celui des trois sens expliqués plus haut que vous attachiez à cette expression? Commençons par le premier.

245. — Un peuple enfant, avons-nous dit d'abord, est celui qui, sortant peu à peu des limites de la famille, se transforme en tribu ou en commune. Or croyez-vous vraiment que dans ce peuple les intelligences, les volontés, les forces soient, aux yeux de la raison, pareilles à un bien inoccupé et qu'on puisse par conséquent soumettre à la tutelle d'un ou de plusieurs maîtres? Quel est l'homme qui, en voyant une famille grandir et donner naissance à d'autres familles, bâtir de nouvelles maisons et se transformer en commune, penserait sérieusement à réunir tous les membres de cette société, et à leur tenir ce langage : « Mes chers amis, je vous ai « convoqués pour vous faire observer que la famille, « lorsqu'elle a procréé déjà d'autres familles, s'appelle, « d'après les règles de la rhétorique, *un peuple enfant.* « Or, vous ne l'ignorez pas, les enfants ne savent ni « parler, ni raisonner; ils ne connaissent pas leurs « intérêts; ils ne recherchent pas leur véritable bien.

« C'est donc un droit et un devoir de tout homme adulte
« de les prendre sous sa tutelle et de les diriger dans
« leur éducation. Or, ce devoir, je veux l'accomplir à
« votre égard, puisque vous n'êtes encore qu'un peuple
« enfant... En conséquence, nous avons décrété et dé-
« crétons ce qui suit... »

246. — Je le crois ; notre bienveillant tuteur n'aurait
pas le temps de dérouler le code de ses lois protectri-
ces : il serait interrompu de suite par les risées plus
encore que par les cris d'indignation de ses braves au-
diteurs. Ils lui répondraient probablement en ces termes : « Savez-vous, Seigneur, qu'un *peuple enfant*
« pourrait aussi bien s'appeler, selon les mêmes règles
« de la rhétorique, une famille parfaite et arrivée à sa
« maturité. D'où il suit que si, comme enfants, nous
« avons besoin d'un maître, comme adultes nous avons
« le droit de nous gouverner par nous-mêmes. Si nous
« n'avons pas l'intelligence d'un grand peuple, nous
« avons l'intelligence de toute famille adulte. La nature
« nous l'a donnée proportionnée à notre être : avec elle
« nous connaissons à merveille nos vrais biens et nos
« vrais intérêts. Et ils seraient probablement plus obs-
« curs dans votre esprit que dans le nôtre. Vous préten-
« dez avoir le droit d'en assumer la défense et la ges-
« tion. C'est là, nous vous le déclarons, une grave vio-
« lation de notre droit à jouir de la liberté. Ce juste
« ressentiment doit vous faire comprendre, même
« d'après vos principes, que nous sommes un peuple
« mûr pour obtenir la liberté, si nous ne l'avions pas, et
« non pour la perdre, quand nous la possédons.

247. — « La connaissance que nous avons de notre
« véritable bien pourra sans doute, comme ce bien lui-
« même, se développer et se perfectionner. Mais pour
« cela quel besoin avons-nous de perdre notre liberté,
« ce bien dont nous jouissons aujourd'hui, et qui est la
« fin même où vous voudriez nous conduire ? La nature
« dirige avec un ordre parfait toutes les évolutions qui
« se font en ce monde. Elle donne une science moins
« parfaite aux peuples encore jeunes : cette science
« leur suffit pour atteindre un bien moins parfait. Avec
« ces lumières et stimulés par cet aiguillon qui excite
« à chercher le mieux, au moins dans l'ordre matériel,
« nous parviendrons par degrés, n'en doutez pas, jus-
« qu'à ce point de civilisation qui convient à notre tem-
« pérament, à notre climat, nos habitudes, nos insti-
« tutions, nos traditions... en un mot à tous nos antécé-
« dents. Ainsi, quittez ce souci de vouloir briser toutes
« les fibres de notre cœur et enchaîner nos tendances
« naturelles, afin d'implanter au milieu de nous une
« civilisation exotique. Elle serait probablement inca-
« pable de croître sur une terre qui n'est pas faite pour
« elle. »

248. — Que répondre à un raisonnement si juste et si
plein de dignité ? Je ne le vois pas. Il a toute sa force dans
la distinction du sens propre et du sens métaphorique.
On ne peut dire d'un peuple qu'il a *une intelligence,
une volonté* qu'autant qu'il est obligé de faire sienne la
volonté de ses chefs. Mais lorsque, pour l'affranchir de
l'obéissance, vous opposez au supérieur l'intelligence et
la volonté de la nation, alors vous partagez la société

réelle en deux êtres, l'un physique et réel, le *supérieur*, l'autre imaginaire ou tout au plus idéal : l'unité des intelligences et des volontés du peuple. Et cet être contradictoire qui, séparé de son supérieur, perd son unité et par conséquent sa réalité, vous l'opposez au chef même de la société. Or, comment, de prémisses aussi imaginaires et aussi contradictoires, faire sortir des conséquences raisonnables et pratiques?

249. — Oui, vous trouverez un être réel à mettre en opposition avec l'être du prince ou du supérieur de la société : ce sont les intelligences et les volontés individuelles. Mais celles-ci, même dans un peuple enfant, sont des volontés adultes et mûries souvent par de longues années. Il est donc faux de dire que ce sont des facultés encore dans l'enfance; et absurde de vouloir revendiquer sur ces facultés un droit de tutelle.

250. — Entendons l'enfance des peuples dans le second sens, et disons : les peuples enfants sont ceux qui sont encore grossiers et n'ont aucune teinture des arts et des sciences. Eh bien! quelle force aura ici le raisonnement de l'auteur pris dans son sens propre ? « Vous ne connaissez pas, dirons-nous à ces peuples, les fruits de cet arbre de la science planté dans l'humanité par Bacon, cultivé par les Encyclopédistes, puis par les Ampère, les Gioberti, etc..; vous ne connaissez pas les orbites des nouvelles planètes, les télescopes avec lesquels nous les contemplons, les calculs de la mécanique céleste, les découvertes de l'électricité, les chiffres de la statistique; vous ignorez ces démonstrations de tout l'ordre moral déduites des idées transcendantales de

l'*impératif*, du *catégorique*, de *l'être*, de *l'absolu*...
et de mille autres merveilles qui excitent l'admiration
de l'Europe... Donc, il est clair que vous ne pouvez pas
connaitre davantage la véritable félicité et vos vrais intérêts. Voilà pourquoi, émus de compassion pour vous,
nous allons vous prendre sous notre tutelle bienfai-
sante... Nous allons vous donner des leçons sur le bonheur. Vous les paierez, il est vrai, quatre ou cinq millions. Mais elles vous prépareront peu à peu au bienfait de l'émancipation; et un jour vous secouerez ce
joug que nous vous imposons aujourd'hui pour vous
rendre heureux. »

251. — Ce discours n'est point une parabole, mais
de l'histoire : le lecteur l'a compris. Il sait que, depuis
nombre d'années, on tient pareil langage aux peuples
ignorants, afin, dit-on, d'en faire des peuples éclairés
et par là dignes d'être émancipés... Il sait que certains
peuples acceptent volontiers, quand il s'agit d'avantages
matériels, cette *lumière* avec laquelle on achète la liberté à si bon marché... Mais seraient-ils également disposés à accepter toutes les conséquences de ce système,
c'est-à-dire le titre de *peuples enfants* et les liens avec
lesquels on voudrait les enchaîner en raison même de
ce titre? Du reste, ces conséquences seraient-elles raisonnables? Étaient-ils raisonnables ces radicaux de la
Suisse qui voulaient enlever leur droit de Souveraineté
aux montagnards d'Uri, d'Unterwald et du Valais : et
cela, sous prétexte qu'ils n'étaient pas civilisés?

252. — Les vaillants et nobles héritiers des vainqueurs
de Sempach auraient pu répondre à ces partisans effré-

nés d'une civilisation fardée : « Messieurs, toutes vos
« inventions sont sans doute admirables. Et elles doi-
« vent procurer au peuple qui en sent le besoin beau-
« coup de lustre, des occupations pleines de charmes
« et des plaisirs exquis. Mais ce n'est point là la civi-
« lisation essentielle qui convient à la nature humaine
« et constitue la base solide de la félicité sociale. Celle-
« ci en effet est très peu exigeante : la liberté de gagner
« notre vie, liberté assurée par une éducation qui for-
« me des citoyens honnêtes et par une justice qui fasse
« trembler les coupables, voilà tout le fond de notre
« gouvernement civil. Et il suffit à faire de nous un
« peuple vaillant, honnête, heureux. Le surplus peut
« faire plaisir à ceux qui en ont contracté le besoin ; mais
« il n'est certainement pas nécessaire à une nation qui
« ne s'est point asservie à tous ces usages. Permettez-
« nous donc de ne pas sacrifier notre liberté plusieurs
« fois séculaire à un luxe de science et de bien-être
« dont nous n'avons pas souci. »

Qui donc oserait contredire à des raisons et à un
droit aussi évident? Qui oserait charger de liens ce
peuple enfant, afin de le corrompre par les excès de la
civilisation, et de briser ensuite ses chaînes lorsque,
amolli par les commodités de la vie et dépourvu des
vrais principes, il serait devenu incapable de jouir de
la liberté politique ?

253. — Finalement certains auteurs appellent *enfants*
les peuples dont le gouvernement très simple se passe
de code écrit, de contrôle, de chambres, de budget, etc.
Si, l'absence de ces institutions rendait chez eux l'admi-

nistration moins juste, l'esprit public moins soumis, la famille moins libre, les citoyens moins dévoués à la patrie, les coutumes moins honnêtes, on pourrait peut-être traiter ces peuples comme des enfants. Mais si un peuple, avec un gouvernement simple et patriarcal, inculque à tous la sainteté du devoir, s'il fait en sorte que l'union de tous soit pour chacun la meilleure défense de ses droits et qu'il n'ait point besoin de recourir à des institutions artificielles, si ce peuple a une idée plus obscure du droit mais une conscience plus délicate, prétendre que c'est un peuple enfant, parce qu'il gère ses intérêts sans parlement, se gouverne sans démêlés, administre ses affaires avec justice, mais sans contrôle, et vit en paix sans force armée ; — oui, prétendre que ce peuple n'est pas encore mûr pour la liberté, et que chez lui le gouvernement est un bien sans maître et de bonne prise pour le premier occupant, ce serait certainement aller contre toute raison et contre toute justice. Matt. Ricci revendique pour les nations capables de se gouverner par elles-mêmes le droit de conserver leurs privilèges, bien qu'elles en abusent. Comment consentirait-il à enlever à des peuples moins corrompus cette liberté politique dont ils font un usage beaucoup plus modéré ?

254. — On peut conclure de ces raisonnements que *l'enfance des peuples* n'a rien à voir avec l'enfance des individus. Car, au point de vue de la liberté, on ne peut appliquer à celle-là ce qu'on dit de celle-ci. L'illustre auteur en sera convaincu, s'il réfléchit sur le caractère qu'il a donné lui-même, afin de distinguer un

peuple adulte d'un peuple enfant. — « Le premier, dit-il, est celui qui a le sentiment du droit parce qu'il a con-science de sa propre personnalité. » Or, qui ne sait par l'histoire que les peuples enfants ont toujours, je dirai le *mérite*, d'autres diront le *défaut* de ressentir vive-ment la violation de leurs droits? Par exemple, qu'un seul homme, dans une tribu sauvage, dans une horde de barbares, soit outragé. Voilà une guerre acharnée qui éclate immédiatement entre deux nations. — Ne sait-on pas enfin que plus est profond chez un peuple l'atta-chement à la *commune*, et plus aussi est vif chez lui le sentiment du droit; témoins les insulaires eux-mêmes en qui l'amour de la patrie croît en raison de leur iso-lement.

Si donc le sentiment du droit est le signe caractéris-tique d'un peuple mûr pour la liberté, les peuples en-fants sont, sous ce rapport, au moins égaux aux nations adultes et aux nations qui ont le plus vieilli. Jamais par conséquent il ne se rencontrera dans la vie d'un peuple un seul jour où l'on pourra dire que son in-telligence, sa volonté, ses forces sont un bien inoccupé et appartenant légitimement à qui s'en emparera le premier.

255. — Dan·   .. ce que nous venons de dire, nous avons pris cette expression : *le sentiment du droit*, dans le même sens que Matth. Ricci. — Mais ce senti-ment est-il véritablement le signe distinctif d'un peuple mûr pour la liberté politique ? — Qu'est-ce que ce sen-timent ? Un effet, une manifestation accidentelle de l'unité nationale. C'est l'unité nationale qui fait de plu-

sieurs familles et de plusieurs provinces un seul peuple... Et, on ne peut le nier, le sentiment du droit est en réalité un signe de la maturité de ce peuple, parce qu'il le fait voir avec évidence en possession de l'unité nationale.

256. — Celle-ci consiste dans l'unité d'intelligence, de volonté, d'intérêts, de territoire, de langue, de régime. Le peuple qui est un par l'intelligence et la volonté a l'esprit national ; un par les intérêts et par le territoire, il a l'unité matérielle ; un par la langue et le gouvernement, il a l'unité civile et politique. Or, quand le faisceau de ces unités relie toutes les parties d'un peuple, il y a dans les citoyens communauté de pensées, d'attachements, d'intérêts. D'où il suit que remuer l'une quelconque des fibres qui composent ces différentes unités, c'est faire vibrer toutes les autres. Un droit blessé dans un seul membre de la nation émeut dans tous les autres le sentiment du droit; la vue d'un bien qui commence à poindre excite l'espérance de tous; la crainte d'une ruine fait trembler tous les intérêts et l'erreur qui vient ébranler un principe social trouble toutes les intelligences.

257. — En généralisant et en simplifiant la théorie de Ricci, nous pourrons donc dire qu'un peuple est mûr et capable de se gouverner quand il a acquis l'unité nationale: assertion qui exprime une vérité reçue communément, à la condition qu'on l'entende dans son vrai sens; à savoir : *que tous les peuples ou tous les États « sont naturellement autonomes »*. Mais, qu'on le remarque bien, cela ne signifie pas que dans

tous les États les citoyens doivent *se gouverner par eux-mêmes*. Car *autonomie* d'un peuple et *gouvernement républicain* sont deux choses fort différentes. Un peuple est une société ; et toute société est essentiellement composée d'une multitude et d'un supérieur. *Peuple autonome* veut donc dire une multitude et son supérieur indépendants d'une multitude étrangère commandée par un supérieur également étranger ; mais cela ne veut pas dire « peuple qui n'aurait point de supérieur propre » ; car, dans ce dernier sens, une multitude n'est plus un peuple mais un rassemblement d'individus. Si donc un peuple a droit d'être autonome parce qu'il a l'unité nationale, il ne s'ensuit pas que chez lui tous aient droit au gouvernement. La détermination de la forme du gouvernement dépend d'autres principes que nous avons développés dans le chapitre précédent, en traitant de la possession de l'autorité. Le principe de l'unité nationale se traduisant par le sentiment du droit national peut bien montrer que le gouvernement d'un peuple a le droit d'être autonome, mais non qu'il doit être nécessairement républicain.

258. — Nous nous sommes appliqué à établir en droit la parfaite égalité politique des peuples enfants avec les peuples adultes. Elle est attaquée aujourd'hui, illogiquement, croyons-nous, par certains philosophes et philanthropes qui défendent ensuite, presque l'épée à la main, la liberté et l'égalité individuelles, et qui sont si admirateurs de notre civilisation qu'ils voudraient la rendre maîtresse de tous les peuples barbares.

Ricci n'irait pas volontiers jusque-là : mais sa doctrine

y conduirait facilement; car il s'appuie sur l'enfance des peuples pour établir qu'ils ont besoin d'être gouvernés, et sur la conscience plus éclairée qu'ils acquièrent de leurs forces sociales pour prouver leur droit à être émancipés.

259. — Après ces raisonnements, consultons l'histoire. Facilement nous nous convaincrons que les faits sont conformes à notre théorie et contraires à celle de notre illustre contradicteur. En effet, quels peuples, d'après les documents historiques, ont joui d'une plus grande liberté? Ce sont les peuples enfants; et presque tous l'ont connue dans sa plénitude. Cette proposition paraîtra étrange à de grands publicistes qui nous montrent la plupart des peuples naissant et se développant à l'ombre de la monarchie. Pourtant, ils verront bien vite qu'elle est d'accord avec leur opinion, s'ils réfléchissent à la nature des souverainetés primitives. Car elles étaient, en réalité, mélangées de démocratie, d'aristocratie et même de théocratie. Nous en trouvons des preuves manifestes dans les annales les plus reculées de Rome, de la Grèce, de la Germanie et de la Gaule; aujourd'hui encore, chez nombre de nations barbares, et enfin jusque dans les vieux royaumes despotiques de l'Orient où l'absolutisme des monarques n'empêchait pas leurs satrapes de les enlacer dans un réseau de lois qu'ils devaient observer, selon la juste remarque de Cantù à propos de Darius et de Daniel.

260. — Or, si l'histoire nous montre l'arbre de la liberté ombrageant le berceau des peuples et arrosé par des eaux qui découlent naturellement des hauteurs de

la raison, nous pouvons conclure sans crainte de nous tromper que le droit de gouverner et la nécessité d'être gouverné ne dépend point de l'enfance des peuples, mais bien d'autres principes que nous avons développés ailleurs. L'âge d'un peuple n'a donc pas de rapport avec la question de son émancipation.

CH. II. — AGE DES PEUPLES : FAUSSES CONSÉQUENCES   285

la raison, nous pouvons conclure sans crainte de nous tromper que le droit de gouverner et la nécessité d'être gouverné ne dépend point de l'enfance des peuples, mais

CHAPITRE III

Idée et conséquences vraies de l'âge des peuples

naturel. — 302. Il est détruit par l'excès de centralisation. — 303. Tout en combattant la centralisation, il faut conserver l'unité.

261. — Résumons toute cette réfutation dans le syllogisme suivant. Le motif pour lequel un enfant doit être placé sous la tutelle de personnes adultes dans la société humaine, c'est que, n'ayant pas encore au degré suffisant l'usage de sa raison, il lui est impossible de pourvoir à son propre bien. Or, les peuples que l'orgueil de la civilisation européenne appelle des peuples enfants ont le plein usage de leur raison ; ils pourvoient à leurs intérêts, même à l'époque où ils sortent de l'état domestique pour se transformer en société civile, même lorsqu'ils ne cultivent ni les arts ni les sciences, même lorsque leur gouvernement a encore la simplicité de l'âge patriarcal. Donc, vous ne trouverez dans l'enfance des peuples aucun motif raisonnable pour les priver de leur liberté politique. L'histoire, nous l'avons vu, est ici d'accord avec les principes. Que si vous en trouvez à certaines époques et en certains pays qui ont été gouvernés par un pouvoir plus fort, il faut en chercher la cause ailleurs que dans leur enfance. Donc enfin l'âge adulte d'une nation n'est pas davantage pour un gouvernement une raison de se transformer, et d'accorder à ses sujets la liberté politique.

262. — Qu'on me permette, ici en passant, une réflexion sur toutes ces analogies dont on tire des arguments boiteux et souvent si faux, quand on veut les introduire en guise de principes dans les questions philosophiques. On nous parle beaucoup de l'enfance des peuples ! Or, je vous en prie, voudriez-vous nous dire après combien

d'années, de lustres, un peuple est encore un peuple
enfant, puis un peuple adulte, enfin un peuple qui a
atteint ou la virilité ou la vieillesse? Je gage que nombre
de ces écrivains ou orateurs qui aiment à discourir sur
l'enfance des nations seraient bien empêchés pour me
répondre? Et ils le seraient plus encore, si on leur demandait à quel signe on reconnaît qu'un peuple passe
d'un âge à un autre. — Pour l'homme pris individuel-
lement, rien de plus clair. — L'enfant devient *un petit
garçon* quand il commence à discerner le bien du mal;
il est adolescent quand il use déjà assez facilement de sa
raison; il est homme quand sa raison a atteint toute sa
puissance.

La philosophie a aussi des signes organiques pour
reconnaître ces différentes phases de la vie, et chacune
est comprise dans une période plus ou moins longue...
Mais avez-vous observé rien de pareil dans les différents âges des peuples? Non seulement ces âges prétendus n'ont ni un temps déterminé, ni des signes ou
des formes organiques quelconques... Mais la philosophie de l'histoire, après beaucoup d'études et de discussions, se demande encore si les peuples ont un âge.

263. — Sans doute, les peuples ont le sort de toute
créature : ils sont emportés, comme les feuilles, par le
torrent des siècles. Pourtant la question reste; et il
s'agit de savoir si les peuples tendent toujours à une
plus grande perfection, comme le prétendent les pro-
gressistes, ou s'ils marchent vers la décadence, comme
le veulent les pessimistes; ou bien s'ils tournent dans
un cercle, comme le pense Vico, ou enfin si, après une

phase de recul, ils reprennent leur marche en avant selon l'opinion de Balbo. (*Médilat. historiques.*)

Nous ne savons donc pas si la vie des peuples a une marche normale et constante... Mais serait-il possible au moins de diviser la durée de leur existence en périodes régulières? Supposé que Cuvier ait trouvé dans les entrailles de la terre un fossile dont il ne pourrait dire auquel des trois règnes minéral, végétal, animal, il appartient. Il ne connaîtrait pas les phases successives par lesquelles cet être a passé... Eh bien! dans ces conditions pourrait-il savoir à quel âge cet être a été surpris par un cataclysme et enseveli dans le sein de la terre ?

264. — Pour moi je ne voudrais jamais dire que la vie des peuples passe, comme celle des individus, d'un âge à un autre. — A moins qu'on appelle leur enfance ce temps où chez eux la société domestique se transforme en société civile. — Pendant tout le reste de leur existence, on voit des forces élémentaires se développer successivement, et si chaque génération considère que ce qui était en germe dans celle qui l'a précédée est maintenant chez elle en pleine évolution, elle peut donner à sa devancière le nom d'enfant et se croire elle-même ou adulte ou arrivée à la maturité, comprenant pourtant qu'en vertu de la même comparaison la génération suivante la traitera comme elle a traité sa devancière. — Mais toutes ces comparaisons vaniteuses ne sont que des jugements très relatifs... Ils ne reposent point sur une base absolue et constante. Aussi qu'arrive-t-il ? Les uns donnent le nom d'enfants à certains

peuples que d'autres élèvent jusqu'au ciel ! Les uns regardent comme un progrès ce qui pour les autres n'est qu'une décadence. — Du reste toutes ces fluctuations dans la vie des peuples ont leur raison profonde et radicale dans la nature de l'homme : et il est facile de s'en convaincre.

265. — La société est composée, il est vrai, d'êtres physiques ; mais elle constitue aussi un corps moral, dont les qualités résultent de la libre opération de ses membres. Les hommes sont sans doute soumis par la loi morale à la société dans laquelle ils vivent. Cependant, grâce à leur libre arbitre, ils peuvent violer ces lois ou les suivre avec plus ou moins de perfection ; ils peuvent en modifier l'accomplissement, et ainsi faire produire à leurs actions, si différentes selon les circonstances, des résultats aussi variés que ces actions elles-mêmes. Prenons un exemple dans les grands faits de l'histoire : lorsque Constantin, Clovis, saint Étienne de Hongrie implantèrent dans leurs nations respectives l'idée catholique, ils y jetèrent, pour ainsi parler, une semence qu'ils auraient pu ne pas y répandre, et, de leur côté, Mahomet, Luther, Voltaire auraient pu ne pas arracher ou stériliser cette semence. S'il est donc vrai que la liberté humaine modifie en bien ou en mal la vie des peuples, vouloir assigner à cette vie une marche normale, avec des phases successives qui aient des caractères constants, vouloir lui appliquer ces dénominations propres par lesquelles on distingue les âges d'une personne humaine, tout cela, disons-nous, répugne à la nature morale de la société ; car encore

une fois cette nature morale résulte des actions libres
d'un grand nombre d'hommes. Et ces actions physiquement libres et si variées déposent au sein d'une
nation des germes qui ne manqueront point de se développer.

266. — Appliquez cette vérité à la doctrine que nous
examinons. Elle nous fournira une nouvelle preuve que
de l'enfance ou de l'âge adulte des peuples on ne peut
rien conclure pour ou contre leur émancipation. En
effet, avons-nous dit, toute génération suivante peut
se dire adulte par rapport à la précédente : d'où il suit
que toute génération suivante aurait le droit de s'affranchir politiquement. Pour celle qui précède, elle n'est,
par rapport à la génération postérieure, qu'à l'état
d'enfance : et des gouvernants auraient le droit et le
devoir de la mettre en tutelle. Ensuite, comme les développements auxquels est soumise la vie d'un peuple
conduisent ou au bien ou au mal, selon le principe et le
germe dont ils procèdent, il faudrait, d'après les résultats, ou relâcher ou resserrer, c'est-à-dire augmenter
ou diminuer le frein du gouvernement, l'influence du
peuple dans la conduite des affaires publiques.

267. — Aussi, cher lecteur, l'hypothèse de plusieurs
âges pour un peuple fourmille-t-elle de difficultés au
point de vue de l'action politique. — Mais en voyant
que je m'attarde à en faire la critique, peut-être me
croirez-vous partisan d'un gouvernement moins libre...
Peut-être supposerez-vous que je veux totalement
anéantir la doctrine de l'illustre comte Ricci. Cette supposition serait mal fondée, car quand il s'agit d'auteurs

sincèrement catholiques, sérieux, modérés, non seulement je n'ai pas tendance à tout nier dans leurs affir-
mations, mais j'aime mieux croire que leurs songes
sont l'effet d'un éblouissement et que cet éblouissement
est lui-même produit par le reflet d'une vérité aperçue
confusément. J'aime à croire que cette doctrine pourra
être dégagée des ombres de l'équivoque et répandre
alors une grande et pure lumière. — Cet espoir, je
voudrais l'appliquer à la théorie de Ricci, et examiner
en quel sens vrai les peuples peuvent être appelés enfants, comment ils parviennent à l'âge mûr et ont droit
d'obtenir une influence plus grande dans le gouvernement.

268. — Nous l'avons dit plus haut : la vie des peuples, après leur première formation, est dans un perpétuel changement. L'évolution présente est chez eux
le fruit d'un état antérieur et le germe d'un état futur.
Ces différentes phases de la vie d'un peuple ne sont
point des âges proprement dits, comme les périodes
normales par lesquelles passe la vie individuelle pour
arriver à sa maturité. Par conséquent, les formes de
gouvernement ne dépendent en rien de l'âge des peuples.

Mais cette assertion regarde chaque peuple isolé et
indépendant. Eh bien! cet isolement est-il, dans le
genre humain, une propriété essentielle des nations ?
Ne seraient-elles pas appelées à passer par certaines
phases avant d'arriver à leur dernière perfection et ne
peuvent-elles pas espérer pour cela de nouvelles transformations ? Il y a une chose facile à constater : c'est
que toutes les sociétés semblent poussées par une loi

constante de la nature et par une sorte d'instinct vers un agrandissement futur.

269. — Sur ce point, le témoignage de l'histoire est très net. A l'origine des nations, chaque famille, pour ainsi dire, s'érige en cité et devient un royaume dont le territoire ne s'étend pas au delà de quelques arpents de terre. Ainsi en fut-il, nous dit l'Écriture, des royaumes d'Orient et en particulier de la Palestine. Elle contenait une foule de très petits États qui ne s'étendaient guère chacun au delà de leur capitale... Et cinq étaient renfermés dans cette étroite vallée qui est aujourd'hui la mer Morte.

Même conclusion, si vous étudiez les documents de l'histoire profane; par exemple : de la grande et de la petite Grèce, du Latium, de l'Étrurie, etc... Après ces premières sociétés, on voit se former des nations divisées en *fiefs* et communes..., lesquels peu à peu s'agglomèrent et finissent par composer ce que nous voyons aujourd'hui, de grands États et des Empires.

270. — Or, ce fait historique est-il un simple accident ou le résultat d'une foi constante? La philosophie de l'histoire, qui a beaucoup parlé, n'a pas toujours parlé juste... Comme les sciences naissantes, elle s'est montrée très facile à tirer de quelques faits particuliers des conclusions universelles... Trois ou quatre pareils à ceux que nous venons d'indiquer lui suffiraient pour formuler une loi générale. Mais pour donner une vraie valeur à une induction basée sur un si petit nombre d'éléments, il faut remonter aux principes de l'ordre métaphysique. Ceux-ci sont essentiellement nécessaires

et immuables ; ils pourront donc nous donner l'assurance qu'un fait qui s'est reproduit quelquefois dans le
genre humain se reproduira constamment en raison
même et en vertu de sa nature.

271. — Or il est facile de trouver dans l'essence même
de la société humaine les éléments d'une démonstration apodictique pour établir que la société est naturellement *progressive*... Progressive, non dans le sens
que nous avons réfuté et selon lequel chaque peuple
acquerrait toujours de nouvelles lumières, de nouveaux
droits à la liberté ; mais en ce sens que toute société
d'abord élémentaire tend, en se développant, à acqué-
rir sous un nom nouveau de nouvelles propriétés et
une nouvelle forme, passant de l'individu à la famille,
de la famille au municipe, du municipe à l'État, de
l'État à la nation, de la nation à la confédération ou à
l'Empire, et enfin à la société universelle. Telle est (à
moins de catastrophes qui troublent l'ordre et la vie
dans un peuple) le progrès véritable, naturel, régulier
et constant de toute société humaine. Vous comprenez
que si cette loi physique du progrès social est constante,
nous pourrons à bon droit en déduire des lois morales
pour le gouvernement des sociétés... Peut-être même
pourrons-nous tirer de ces principes des conséquences
analogues à celles de Matth. Ricci ; à la condition toutefois de les appliquer à un autre objet ; car l'illustre
auteur, supposant, ce qui est faux, que chaque peuple
croît en instruction et en sagesse, fait sortir de cette
hypothèse une loi impraticable et funeste. Pour nous,
nous attribuons ce progrès à la marche générale de

tout le genre humain. Et si cette marche est vraiment telle que nous la jugeons, une loi morale en sortira qui sera non seulement possible, mais très utile. Or, que cette loi guide les sociétés, nous pouvons le démontrer par de nombreux arguments.

272. — Considérez-vous la société dans son être physique? Vous voyez qu'elle est créée pour croître indéfiniment, comme le prouve avec évidence le grand fait de la génération et de la fécondité... Et remarquez-le bien, cette fécondité multiplie d'autant plus les individus de l'espèce humaine que ceux-ci observent plus fidèlement la loi morale naturelle... Une honnête chasteté, une vie sobre, un travail assidu, une prudente économie, telles sont les vertus naturelles qui contribuent à multiplier, à entretenir et à faire prospérer la race humaine. Enfin, cette multiplication est limitée non par les années, mais uniquement par les bornes de la terre et la quantité d'aliments qu'elle peut produire. Donc le genre humain tend physiquement à une société toujours plus grande.

273. — A cette première cause de progrès, joignez celle de l'intérêt... Les intérêts, en effet, obtiendront une satisfaction d'autant plus parfaite qu'on aura plus d'intelligences et plus de bras pour se la procurer. Si donc on réussissait à unir tous les efforts des hommes qui exploitent les richesses du globe entier, les hommes retireraient de leur labeur le plus grand profit qu'ils pourraient désirer. Mais ces désirs d'une satisfaction toujours croissante, l'homme la trouve précisément dans sa nature sensitive éclairée par la

raison. Donc, parce qu'il recherche toujours de nouveaux moyens pour satisfaire ses intérêts, l'homme est naturellement poussé à constituer une société composée de tous les individus qui sont sur la surface du globe.

274. — Considérez maintenant l'homme en tant qu'il est raisonnable. La réponse sera la même. Altérée de vérité, la raison pousse l'homme à nouer de nouvelles relations avec les intelligences qui lui communiqueront, espère-t-il, de nouvelles lumières. L'amour du bien et de l'ordre toujours contrarié par la violence des passions ne le stimule pas moins à former une société plus vaste. Par là, en effet, il pourra plus facilement trouver l'accomplissement de ses justes et légitimes désirs. Car l'homme ne peut vouloir le désordre pour le désordre... Et s'il commet une injustice, c'est qu'il y cherche la satisfaction d'un intérêt privé. Or, dans les grandes multitudes (dans les sociétés nombreuses) les intérêts sont toujours plus divisés. Donc le triomphe de l'ordre y est aussi (toutes choses égales d'ailleurs) plus probable et plus facile. C'est pour cela que la famille espère obtenir, et de fait obtient, protection dans la ville, contre les excès d'un fils dissolu ou d'un père trop rigoureux ; pour cela que les villes se sont unies afin de se défendre contre la tyrannie d'un seigneur ou les attaques d'un voisin puissant et ambitieux. De ces alliances sont nés les États... et les États eux-mêmes, en s'unissant, ont formé des royaumes toujours plus vastes... Aujourd'hui enfin l'Europe est comme partagée en deux grandes familles. Dans la

première, les catholiques, qui s'inspirent du principe de l'ordre ; dans la seconde, les sectes et les factions dominées par l'esprit d'irréligion et d'anarchie. Il y a donc dans l'homme raisonnable une tendance innée à perfectionnner l'unité sociale en augmentant la société.

275. — Voulez-vous finalement donner à cette démonstration la forme transcendantale d'une abstraction métaphysique (cette forme, je le sais, ne plaît guère aux esprits moins cultivés : c'est elle pourtant qui imprime le sceau de l'évidence à des preuves moins abstraites) ? Eh bien ! vous pouvez trouver dans la métaphysique et l'ontologie de l'être social une preuve manifeste de cette vérité : que toute société tend à un progrès indéfini. Voici cette preuve. Je l'exprimerai en termes que tous pourront comprendre.

276. — La nature a une tendance essentielle à faire des œuvres parfaites. Vous ne pouvez pas le nier. Il serait absurde qu'elle tendît à l'imparfait, car la nature n'est pas autre chose que l'impulsion primitive donnée par Dieu à une créature, et nous savons par l'Écriture non moins que par la raison que les œuvres de Dieu sont parfaites : « *Dei perfecta sunt opera !* » Si donc, partant de l'idée même de la société, je démontre que sa perfection consiste dans des progrès indéfinis, chacun devra conclure que la société tend naturellement à ces progrès.

277. — Eh bien ! qu'entendez-vous par ce mot : la société ? Vous entendez très certainement *l'union d'êtres raisonnables conspirant à un bien commun.* Or, dites-moi, je vous prie, quelle est la plus parfaite de ces

deux unions, l'une qui comprend un grand nombre, l'autre qui comprend un petit nombre de membres? Impossible de penser que c'est la seconde; puisque toute puissance, toute force est d'autant plus parfaite qu'elle est plus étendue dans son action... Par exemple, vous avez une vue plus parfaite que moi, si, avec vos yeux, vous embrassez plus d'objets que moi avec les miens; vous avez une intelligence plus puissante que moi, si votre intelligence comprend plus et mieux que la mienne, et ainsi du reste. Or, qu'est-ce que l'union? C'est l'acte même de la force associante... Donc, plus cette force sera parfaite et plus elle poussera à l'association ; et par ailleurs plus nombreux et plus étroitement unis seront les associés et plus aussi devra être grande la force qui les unit. Si donc la nature dans tous ses ouvrages vise au plus parfait, la tendance naturelle de la société doit être de viser à l'union la plus grande du plus grand nombre d'hommes, c'est-à-dire à l'union de toutes les intelligences.

278. — Aussi la plus grande œuvre de Dieu est cette société universelle à laquelle il appelle tous les hommes, et dans laquelle il les unit extérieurement par des actions et par des prières et intérieurement par la foi et par la charité, les préparant ainsi à cette union immense dans laquelle l'Être divin sera le lien infiniment parfait de tous les esprits créés. Vous le voyez; c'est là la société parfaite par excellence et en même temps la plus digne de cette main créatrice, seule capable de la former, et qui donne à tous ses ouvrages une beauté inénarrable...

Cette perfection de l'œuvre divine brille encore d'une autre manière. La société n'est pas seulement une union : c'est une union qui tend au bien commun ; d'où il suit que la société sera d'autant plus parfaite que ce bien sera plus élevé et l'union des associés plus efficace pour l'atteindre. Mais le plus grand bien de l'homme étant la vérité et l'ordre moral, la société aura sa plus haute perfection lorsque ses membres, aussi nombreux que possible, conspireront avec la plus grande unanimité et la plus grande force à la possession de la souveraine vérité et du Bien absolu. Or, n'est-ce pas'là la fin de la société universelle, fondée immédiatement par le Verbe Incarné, Jésus-Christ, et n'est-elle pas très parfaite quant au nombre, quant à l'unité et à la fin infiniment noble à laquelle elle aspire... ? Ce fait, que nous donnons comme une application de notre argument métaphysique, pourrait aussi être considéré comme une preuve théologique de notre proposition. Nous ne voulons pas pour prouver une tendance naturelle recourir à une raison d'ordre surnaturel. Toutefois, personne n'ignore que, de fait, la fin dernière de l'homme et sa perfection suprême est surnaturelle... et il y a là au moins une forte présomption pour affirmer que toute société est naturellement progressive.

279. — Concluons donc nettement que toute société sortie de l'individu comme l'arbre de la semence naît avec la tendance à un progrès perpétuel, et que ce progrès ne trouvera son terme que dans l'union de tous les hommes. Mais la société ne marche vers ce terme que pas à pas... Et les petites sociétés se fondent

les unes dans les autres, en formant une plus grande sans s'anéantir.

Voilà une seconde vérité que je voudrais mettre en évidence.

280. — S'inspirant de l'esprit païen, le protestantisme, comme nous le verrons, a fait de l'État une sorte de monstre qui absorbe et anéantit tous les autres éléments de la société. Mais cette absorption, loin d'être naturelle à la société, la ruinerait tout à fait, et, avec elle, ses opérations propres en détruisant son organisme.

En fait, comment devons-nous concevoir l'*être* de la société publique? Beccaria croit avoir fait une grande découverte en disant que la société était une agrégation non pas de familles, mais d'individus, et en tirant de là certaines conséquences que nous examinerons une autre fois.

281. — Nous nous bornons pour le moment à discuter l'assertion de Beccaria. Et nous croyons pouvoir affirmer tout le contraire et dire en termes rigoureusement philosophiques, que la société publique n'est pas une agrégation d'individus, mais bien une union de familles et d'autres sociétés inférieures. Car où est la différence précise entre la famille et la société publique, sinon en ce que la première est composée d'individus tandis que la seconde est composée de sociétés moindres. — De fait quelle différence y aurait-il entre la société civile et la famille, entre la ville et la province, si toute société n'était en définitive qu'une agrégation d'individus? La nature a-t-elle le même but en organisant la famille qu'en amenant la société publique jus-

qu'à son entier développement ? Si elle n'a qu'un seul et même but, pourquoi multiplie-t-elle les moyens ? — La multiplicité de ces moyens indique donc aussi la multiplicité des buts au moins partiels.

282. — Voyez comment cette vérité éclate dans le corps humain. Il est créé tout entier pour servir l'intelligence. Cependant si quelqu'un s'avisait de vous demander pourquoi Dieu nous a donné nos yeux, nos mains, nos pieds..., vous ne répondriez pas en physiologue, si vous vous contentiez de dire : Dieu nous a donné ces sens pour servir à l'intelligence? La fin du corps est aussi la fin de toutes ses parties ; rien de plus sûr ; puisqu'il est impossible que les parties ne tendent pas en dernière analyse au même but que le tout. Mais suit-il de là que chacune des parties, outre la fin générale, n'a pas encore une fin immédiate, propre et particulière, qui du reste est subordonnée à la fin de tout le corps ? Si cela était, pourquoi Dieu aurait-il doté le corps d'un organisme si varié? Il aurait pu nous créer en mettant au service de notre intelligence simplement un cerveau. Et en vérité l'homme eût été, dans cette hypothèse, un curieux animal. Mais dans le plan de Dieu, l'intelligence avait besoin d'une imagination, celle-ci de sensations; les sensations avaient besoin de la vie, la vie de nourriture, et par conséquent de mouvement et de travail, etc. Et voilà pourquoi Dieu a dû composer cette machine si complexe de l'organisme humain; voilà pourquoi chaque partie a sa fin immédiate et propre et par conséquent une forme et des énergies proportionnées à cette fin; voilà pourquoi il serait absurde de vouloir assigner

aux organes si délicats de la vue le travail des dents et
des pieds, et aux organes si fermes et si durs des pieds
et des dents l'office de la pupille et du tympan. Or, ce
système, qui réduirait le corps humain à n'être plus
qu'une masse inorganique, ridicule non seulement aux
yeux des savants mais du bon sens le plus vulgaire, ce
système est précisément celui de ces philosophes si van-
tés qui ne veulent voir dans la société qu'un agrégat
d'individus. Beccaria le formule explicitement et ceux-
là doivent logiquement l'admettre qui soutiennent avec
le protestantisme que chaque homme est indépendant
et qu'il n'y a d'associations légitimes que celles qui ont
été formées du consentement des individus. Avec un tel
principe, il est clair qu'il n'y a plus d'organisme dans
la société. Je ne suis plus relié à la cité par la famille ;
à la province par la cité, à l'État par la province. Si
j'ai consenti au gouvernement de l'État, j'en serai le
sujet et j'en dépendrai immédiatement; sinon, je ne
lui serai point soumis, quelle que soit d'ailleurs la condition de ma famille.

283. — Une autre fois, nous examinerons plus longuement cette théorie funeste. Pour le moment, il nous
suffit d'avoir prouvé ce fait : « Que naturellement la
commune est composée de familles ; la province de
communes, et l'État de Provinces. Cette composition
a sa raison d'être; cette raison d'être détermine la
forme et les droits propres de chaque société particulière. Et c'est précisément de cette forme particulière proportionnée à la fin particulière et coordon-
née à la fin générale, avec tous les autres membres,

que dépend l'action et la vie parfaite de tout le corps social. Par exemple : la famille est destinée à pourvoir aux besoins incessants de la vie quotidienne. Elle ne demande pas d'être nombreuse ni d'avoir une grande puissance coercitive; mais elle veut plus d'intimité et plus d'amour, etc... A cette fin la nature l'a dotée d'affections qui, par leur vivacité, suppléent chez elle au défaut de la force coactive. La commune a des intérêts différents de ceux de la famille : elle a aussi une organisation différente : toutefois, parce qu'elle est immédiatement destinée à défendre les familles et leurs intérêts, les chefs de ces familles ont une certaine capacité naturelle pour la gouverner.— Au contraire, la société publique est complexe dans ses besoins et dans les moyens dont elle use, son gouvernement et la direction de ses forces requièrent une intelligence et une sagesse supérieures au talent qui suffit à gouverner une commune. Mais, d'ailleurs, si les affaires politiques sont moins accessibles au peuple, elles ont aussi sur lui une influence plus éloignée et n'agitent guère les dernières fibres du corps social... Tout est donc ici proportionné : les objets, les besoins, les tendances, la capacité. Tout est ordonné avec une harmonie parfaite, de façon que les développements progressifs de la famille, de la commune, de la province, de l'État, aient respectivement leur propre fin, leur tendance, leur capacité et leur autorité motrice, toujours en parfait accord avec les intentions de la nature.

284. — Nous n'entrerons pas plus avant dans ces considérations sur la fin et les moyens de ces différen-

les sociétés qui progressent naturellement et font progresser avec elles le genre humain. Ce que nous avons dit suffit à l'explication de notre dessein…C'était, on s'en souvient, de montrer comment il est vrai que les progrès naturels de la société humaine doivent amener les sujets à obtenir une certaine influence dans le gouvernement. Or, après ce que nous avons dit en dernier lieu, cette vérité commence à se faire jour. Car à mesure que les sociétés inférieures se rattachent aux sociétés supérieures les chefs des premières entrent nécessairement en relation avec ceux qui commandent les secondes et participent ainsi à leur autorité. Donnons de ce phénomène social une explication pratique.

285. — Voici un grand nombre de familles européennes qui émigrent, par exemple, sur les côtes orientales de l'Amérique. Tant qu'elles vivent isolées, il n'y a point de raison pour qu'elles s'immiscent réciproquement dans leurs affaires. Mais individus et familles s'augmenteront ; ils se rencontreront sur le même territoire ; et alors leurs droits et leurs intérêts respectifs entreront en collision. Alors aussi il leur faudra un pouvoir qui maintienne au droit toute sa force ; il faudra que ce pouvoir réside en un seul ou en plusieurs, élus par la commune, ou envoyés par un gouvernement supérieur. Or comment celui qui aura reçu ce pouvoir exercera-t-il son influence sur les familles autrement que par les chefs mêmes de ces familles ?… Pourra-t-il, pour chaque groupe domestique, se charger de tous les offices qui incombent à tous et chacun des maîtres de maison ? Non, évidemment… Donc il devra avoir re-

cours à la coopération des chefs de famille, lesquels lui feront connaître leurs intérêts et recevront en échange le concours de la communauté. Voilà, comme vous le voyez, les chefs de famille amenés à avoir une influence d'ordre politique. Cela ne veut pas dire qu'ils doivent avoir le gouvernement de la commune, mais que la commune ne peut être bien gouvernée sans qu'ils aient dans ce gouvernement une certaine influence.

286. — Supposez, en effet, que celui qui gouverne la commune veuille se passer de leur concours et leur enlève toute autorité. Qu'arriverait-il? La famille cesserait d'être une société organique, puisqu'il n'y a pas d'organisme sans subordination, ni de subordination sans autorité. Les individus privés de la prévoyance qu'exerçait en leur faveur l'autorité domestique devraient recourir pour les plus petites nécessités à l'autorité communale, et celle-ci, incapable d'étendre son action à tant de détails, serait convaincue d'avoir détruit, sans aucun profit, une charge qui appartient naturellement aux pères de famille... La loi naturelle exige donc impérieusement que les affaires de la famille soient gouvernées par l'autorité domestique, même lorsque la famille fait partie de la société publique.

287. — Ce raisonnement vous montre qu'en entrant dans la commune le père de famille agrandit son pouvoir et son influence personnels. Appliquez-le à toutes et chacune des communes qui par leur union constituent une province; et vous verrez que les chefs de ces communes croissent eux-mêmes en pouvoir et en influence en vertu de l'irrésistible nécessité que produit un tel

développement... Appliquez-le enfin aux autres progrès successifs, et vous constaterez que plus la société sera étendue, plus aussi il sera impossible à une seule tête, morale ou physique, et à un seul bras, de pourvoir à tous les besoins particuliers des sociétés inférieures. Le chef de la société publique devra donc être renseigné au sujet des sociétés inférieures, par des hommes qui les connaissent bien et il devra communiquer à ces chefs l'impulsion générale en leur laissant le soin de pourvoir aux besoins particuliers. De cette façon, les sociétés concourront au bien universel sans perdre leur propre nature et sans cesser de tendre à leur fin spéciale.

288. — Faisons une autre considération : Supposez pour un moment que la société dont je vous parle est profondément pénétrée de la sainteté du droit, pleine de respect pour la religion, forte jusqu'à l'héroïsme pour accomplir ces obligations sacrées, comme elles doivent être accomplies, c'est-à-dire sans attachement aux richesses, à la grandeur, à la fortune, à la vie elle-même; supposez que, dans le même temps, le chef suprême de cette société emporté par l'erreur et par la passion en vienne, par une funeste direction, par des injustices et des énormités de tout genre, à compromettre gravement et les intérêts privés et les intérêts publics... Eh bien ! dans cette double hypothèse, qu'arrivera-t-il ? Il ne pourra obtenir de coopération sociale à de telles injustices qu'en faisant partager ses volontés à toutes les parties organiques de la société et cela par le moyen de leurs chefs respectifs. — Mais ceux-

ci, nous l'avons supposé, sont inébranlables dans leur respect du droit et de la conscience. La plupart de ces chefs particuliers, pour ne pas dire tous, sans exciter ni troubles ni mouvements populaires, trop souvent tragiques, *us discréditer le principe de l'autorité légitime, mais uniquement par la force d'inertie, rendront vains tous les ordres de ce chef égaré... Dans sa fureur despotique, il pourra faire disparaître un individu isolé, un Thomas Morus, un Giriodi, un Thomas Becket ou un Fransoni ? Mais il n'osera jamais promener l'extermination dans toutes les provinces, dans toutes les communes et toutes les familles, en persécutant ce qu'elles ont de plus noble et de plus respecté, c'est-à-dire leurs chefs eux-mêmes. Vous voyez donc comment l'organisme naturel dans une société honnête en même temps qu'il fournit aux gouvernants le moyen le plus efficace de promouvoir le progrès social oppose aussi une digue insurmontable à leurs excès de pouvoirs.

289. — Je comprends très bien que, si l'honnêteté et la religion sont vacillantes dans l'esprit des citoyens la digue perdra de sa force en proportion, et le torrent du despotisme pourra déborder... Voilà pourquoi, à mesure que diminue, dans une société, la force de la conscience, et la conscience de cette force, on sent croître à l'opposé le besoin et le désir de trouve une sorte de mécanisme social pour gouverner le peuple et suppléer à l'affaiblissement de l'honnêteté. — Mais d'où cela vient-il ? De l'organisme naturel à la société ou de ce que la société a abandonné l'ordre prescrit par la nature ? Et quand

vous supposez que les lois de la nature, la probité, la religion, ont perdu toute vigueur, pouvez-vous encore vous illusionner jusqu'à espérer du mécanisme social des garanties de paix et de progrès? Lorsque j'affirme que, les peuples progressant naturellement, la nature leur octroie une légitime et salutaire influence dans le gouvernement, je suppose, cela va de soi, des peuples respectueux observateurs de leurs lois, de même que les partisans du régime constitutionnel supposent observées fidèlement les prescriptions de ce régime. Autrement nous devrions dire « que les médecines guérissent grâce à l'ordonnance du médecin, même lorsque le malade n'en fait point usage ».

290. — La nature des choses veut donc que le chef suprême soit obligé de communiquer l'autorité, en proportion même de l'extension de la société. Elle veut que cette communication n'altère en rien, mais au contraire conserve intact l'*organisme* des sociétés inférieures; elle veut que toutes les parties organiques de la société, pénétrées ainsi que leurs chefs du sentiment de l'ordre et du devoir, opposent, s'il est besoin, une résistance passive aux erreurs et aux passions du gouvernement supérieur lequel, du reste, ne peut rien sans le concours de tout l'organisme social.

Tout cela est *très éloigné* de cette participation au pouvoir politique tant vantée par les admirateurs du régime constitutionnel. Et pourtant c'est ce qui a donné occasion à l'équivoque de ceux qui prétendent qu'à mesure que la société progresse un plus grand nombre d'individus doivent nécessairement participer au pouvoir. Oui certainement : plus une société est nombreuse, plus ses organes subalternes doivent se multiplier, et cette multiplication introduit un plus grand nombre d'individus dans les pouvoirs politiques et donne ainsi au peuple une plus grande influence dans le gouvernement.

291. — C'est par là que l'action du gouvernement peut s'appeler vraiment une action publique. En effet, en quoi l'ordre public diffère-t-il de l'ordre privé ? Dans un sens très général les choses d'ordre privé sont celles qui ne dépassent point la sphère d'une société subordonnée et sont par conséquent soumises à l'autorité particulière de cette société ; les choses d'ordre public sont celles qui regardent le corps entier de la société et sont du ressort de l'autorité suprême. Or, puisqu'il est dans la nature qu'une société humaine agisse humainement, c'est-à-dire par la connaissance, par la volonté et par les actes extérieurs, comment ces trois modes d'action pourraient-ils être sociaux ou publics si toute la société n'y participait pas, même par la plus petite influence ?

292. — Les actes d'un prince sont des actes privés, tant qu'ils n'ont pour but que son bien personnel ; ils sont actes publics, lorsqu'ils sont ordonnés au bien commun.

Mais comment le prince pourra-t-il connaître ce qui importe au bien commun, si son regard n'atteint pas toutes les fibres du corps social ? C'est donc pour tout gouvernement et une nécessité et un devoir de s'enquérir des intérêts de la nation. De quelle manière ? Ici on peut proposer différents systèmes ; ou celui de députés

qui se réuniraient au siège même du gouvernement,
ou celui d'inspecteurs envoyés dans les provinces; et
on peut rechercher s'il vaudrait mieux que l'autorité
supérieure reçût des information⸱ ⸱ ontanées de la part
des autorités subalternes ou fùt renseignée par des
hommes élus pour cette fonction... Mais quelque système que l'on admette, une chose est certaine, c'est que
cette information ou connaissance publique doit résulter du concours de toutes les parties organiques d'un
peuple.

293. — Ce que nous disons de la connaissance sociale,
nous le disons aussi des lois ou de la volonté sociale.
Tant que cette volonté reste cachée dans le cœur du
prince, elle n'a pas de publicité; elle devient publique
alors seulement que, par des moyens qui assurent
une proclamation authentique, le prince la communique à tous les organes subordonnés de l'autorité
sociale.

294. — Enfin, ceux pour qui la volonté sociale est
devenue la volonté publique accomplissent eux-mêmes
une action publique, en passant de la volonté à l'exécution.

295. — Réfléchissez à cette propriété naturelle et
nécessaire de toute société civile, et vous comprendrez
qu'elle rend comme impossible cet absolutisme despotique, dont le fantôme a excité de nos jours tant de ma-
lédictions. Sans doute, telle forme de gouvernement
peut être en soi plus efficace pour le bien du peuple, et
mériter d'être préférée à une autre ! Mais je crois pourtant pouvoir affirmer que le créateur de la société, tout

en laissant à l'homme la gloire d'achever son œuvre lui a préparé par les mains de la nature une ébauche si parfaite, qu'il a rendu le désordre absolu à peu près impossible. — C'est cette ébauche ou plutôt cette œuvre de la nature que nous avons essayé de mettre en lumière, en démontrant que les accroissements naturels de la société amenaient la nécessité d'accorder aux sujets une plus grande participation à l'autorité publique. Car cette participation, comme nous l'avons dit, est la meilleure des garanties contre les excès du pouvoir, tant que vit dans les esprits le respect de la conscience, de la justice et de l'ordre. — Pour moi, si je devais me mettre à la merci d'un maître et que j'eusse à choisir entre deux gouvernements, *l'un constitutionnel*, doté de toutes sortes de libertés artificielles, mais sans conscience; l'autre, régime absolu, mais ayant gardé son organisme et sa hiérarchie naturelle, et servi par des ministres et des fonctionnaires franchement catholiques, je le déclare, c'est à ce dernier que je préférerais confier mon sort. J'espérerais, en supposant quelques excès de pouvoir dans le prince, trouver parmi ses ministres quelqu'un qui saurait lui répondre comme le gouverneur de la *Rochelle* à Charles IX : « Seigneur, vous avez ici beaucoup de sujets; mais vous n'avez pas pu trouver un assassin. » Et comme moi, j'en suis sûr, penserait ce prélat qui, poursuivi par le despotisme ministériel, s'en va recueillir en exil les hommages et les services des catholiques français. Où ce prélat a-t-il, en effet, trouvé la meilleure garantie de ses droits? Dans la loi de l'*Habeas corpus* ou dans l'intégrité de ce magistrat, qui osa répondre au ministre persécuteur : « De tels jugements ne sont pas de ma compétence (1) ? »

296. — Le misérable état de scepticisme où l'esprit indépendant du protestantisme a réduit la société nous empêche de comprendre comment l'esprit catholique élevé à sa plus haute puissance opposerait une digue à peu près insurmontable aux usurpations du despotisme. Mais quand on étudiera, sans préjugés et sans passions, l'histoire des âges catholiques et que l'on comparera les libertés naturelles, si fécondes pour le bien des peuples, avec ces libertés artificielles achetées aujourd'hui à si gros deniers, au prix de tant de tumulte, de discordes et de sang, je crains que plus d'un ne regrette qu'on ait substitué aux institutions naturelles les inventions de l'homme.

297. — Quoi qu'il en soit, il me paraît évident que ces considérations ont beaucoup de force pour justifier en un certain sens l'assertion de Matthieu Ricci à savoir : que les peuples, en passant d'un état social élémentaire à un état de maturité complète acquièrent, d'une certaine façon, le droit d'avoir une réelle influence dans leur propre gouvernement. Mais cela, non pas en vertu du progrès des lumières, progrès toujours variable et incertain, mais bien en vertu de cet organisme naturel, qu'il n'est permis à aucun gouvernement de détruire,

____

(1) Le lecteur sait comment Mgr Fransoni, archevêque de Turin, fut chassé avec violence, sans jugement et sans procès... On voulut ensuite légitimer cet acte tyrannique en obtenant la sentence d'un tribunal. Et ce fut alors que le comte Giriodi, président de ce tribunal, se déclara incompétent, et se vit enlever comme récompense de son inaltérable intégrité ses droits de juge inamovible.

la chose fût-elle possible ?... Les institutions naturelles auront toujours sur les institutions artificielles beaucoup d'avantages et en particulier celui-ci : les institutions d'invention humaine, les faits le prouvent, sont toujours fort difficiles à réduire en pratique ; elles dépendent entièrement de la volonté des hommes et exigent du prince et des chefs subalternes une force et une sorte d'audace d'autant plus énergiques qu'elles sont moins naturelles ; les institutions de la nature, au contraire, s'établissent d'elles-mêmes ; elles sont faciles, bien coordonnées, et avec cela presque indestructibles à n'importe quel pouvoir humain.

298. — C'est là un avantage pratique d'une souveraine importance. Il y en a un autre d'un grand prix, qui est d'ordre philosophique, et n'aura point échappé aux lecteurs habitués à voir les conséquences dans leurs principes : celui de nous montrer toutes les lois naturelles de l'univers réduites à l'unité. En effet, tout, dans l'Univers, est soumis à la loi de subordination, depuis la molécule broyée dans le mortier du chimiste jusqu'à ces soleils immenses qui, en parcourant les routes du ciel, proclament la gloire de Dieu. L'élément dépend de la molécule ; la molécule dépend des attractions et des affinités ; les attractions et les affinités de la vitalité ; celle-ci de la sensation ; la sensation de l'intelligence ; les corps inférieurs de corps plus grands ; les plus grands enfin dépendent de mondes supérieurs et plus complets contre lesquels ils réagissent. Et cette perpétuité d'action et de réaction est précisément ce qui maintient un principe d'ordre au milieu *de ces vicissi-*

tudes incessantes de mouvements et d'existences, dont le physicien veut connaître les lois.

299. — Introduisez maintenant cette loi de subordination dans le monde moral... Et vous y verrez renaître l'ordre détruit par l'indépendance protestante ; cette indépendance qui, en faisant l'homme libre d'obéir, s'il veut et à qui il veut, détruit du même coup le vrai principe de toute subordination hiérarchique, de toute stabilité et restauration sociale. Tant que la famille sera respectée par l'individu, la commune par la famille, la province par la commune, quand bien même l'autorité suprême de la société périrait dans une catastrophe quelconque, l'ordre social ne fera pas naufrage tout entier : il sera sauvegardé par les pouvoirs inférieurs, lesquels, en s'unissant et en dirigeant légitimement la volonté de leurs sujets respectifs, le rétabliront vite, au moins en substance. Vous le voyez donc, la nature avait formé ces institutions permanentes pour qu'elles fussent dans les nations une sorte de sénat. Et c'est du reste à un sénat que la sagesse des publicistes modernes voudrait rattacher l'ordre public dans les heures de crise... Mais quelle différence entre l'œuvre de la nature et le sénat moderne ! Celui-ci entrave et divise souvent les forces gouvernementales ; tandis que les autorités secondaires naturelles remplacent au besoin les pouvoirs supérieurs. Et si ceux-ci viennent à chanceler, elles tendent par elles-mêmes à les défendre et à les soutenir. Les chefs des familles, des communes, des provinces sont essentiellement unis par un même intérêt ; ils sont essentiellement conservateurs, et ennemis

irréconciliables de toute tyrannie, parce qu'ils sont les premiers à en souffrir. A l'opposé, les sénats de création humaine, étant composés d'individualités égrenées, n'ont guère pour règle que la rivalité et la vénalité. Ils sont toujours prêts ou à irriter ou à encenser le pouvoir, tant que dure le pouvoir et la constitution. Mais que celle-ci vienne à s'effondrer, ils perdent *ipso facto* tout droit d'agir et de légiférer pour le bien commun, puisqu'ils n'ont pas reçu de mandat pour refaire et proclamer une *charte*.

300. — Dans les jours de crise, cette loi de subordination résout par elle-même un problème qui fait le tourment des gouvernements de facture humaine.

En effet, lorsque la constitution elle-même d'un pays est dévorée par l'incendie révolutionnaire, les sages, vous le savez, sont dans l'angoisse et dans la torture : il s'agit, pour eux, de désigner ceux dont le suffrage créera une nouvelle charte,... destinée elle aussi à être dévorée par un autre incendie. Conformément à leurs principes, ils devraient recourir au suffrage universel. Mais le suffrage de tous les hommes et de toutes les femmes doués de raison est chose tout à fait impossible... Que fait-on alors? On imagine des conditions de vote et d'éligibilité. Elles font prévaloir les riches qui les remplissent, frémir de rage les petites gens qui ne les réalisent point, et rire de pitié les hommes de sens qui en voient toutes les contradictions. — Or, je l'ai dit plus haut, introduisez la loi de subordination dans le corps social, eût-il été broyé dans une tourmente de désordre et de rébellions : est-ce que la famille périra jamais? Est-ce que la voix des grands intérêts de la commune cessera de se faire entendre? Ces deux éléments premiers de la société, en maintenant vives et actives certaines parties organiques du corps social avec leur autorité respective, vous fourniront à l'heure même un nombre limité de représentants du peuple... Ces représentants seront soutenus dans leurs droits non par un suffrage aveugle et accessible à toutes les fureurs des passions, mais par un fait connu de tous et qui porte avec lui-même la raison de leur choix ou de leur exclusion. Si la femme, le fils, le serviteur, l'homme qui fait partie de la société domestique à un titre quelconque, vous demandent pourquoi on ne leur accorde pas *le droit* de suffrage, la nature leur répond à votre place : « Le chef de maison, qui a à cœur votre bien, l'exerce pour vous; et l'administrateur de la commune (lorsque la société est bien organisée) l'exerce pour tous les pères de famille.

La loi naturelle de subordination est donc dans les jours tranquilles une loi de progrès pour les gouvernements, si elle a pénétré jusque dans les entrailles du corps social... et aux jours de perturbation elle devient un principe de réorganisation pour la société qui menaçait de se décomposer. C'est ainsi que la *subordination* des forces moléculaires, chimiques, physiques aux forces vitales assure dans le corps humain les phénomènes de nutrition et de développement; tandis qu'on pourrait très difficilement réparer ses forces avec des substances indigestes et rebelles aux énergies vitales.

301. — Mais pour obtenir ce résultat dans les temps

de trouble, il est nécessaire que, pendant la paix, l'organisme naturel de la société soit respecté et affermi; que la famille soit gouvernée au point de vue de ses intérêts, de l'éducation, de l'instruction, des professions et métiers, etc..., par celui qui en est vraiment le supérieur, par le père; que la commune soit réellement, comme son nom le dit, la *conspiration* des familles particulières au bien de tous; il faut enfin que les communes trouvent l'unité provinciale en parfaite harmonie avec leurs intérêts respectifs, de façon que la subordination, qui est un devoir, soit à la fois un intérêt véritable. Or, jamais ceci ne s'obtiendra à moins que les autorités intermédiaires, qui font passer dans leurs inférieurs l'impulsion du pouvoir suprême et reportent à celui-ci les doléances et les besoins des sujets, ne forment de tous les éléments sociaux un système de parfaite subordination dans lequel se contre-balancent l'action et la réaction. Mais, cette condition une fois réalisée, les différents pouvoirs formeront avec les organes qui dépendent d'eux une *véritable unité sociale*.

302. — Qu'on veuille bien considérer l'importance de cette condition, sans laquelle l'organisme social est comme impossible...

Alors, on comprendra en quoi consiste proprement *la faute de ces politiques* qui ont substitué à l'unité sociale, élément capital de la société elle-même, le système qu'on appelle la *centralisation*, et on verra du même coup la cause de tous les maux qui en dérivent. Si la société publique est, comme nous l'avons dit, non pas une agglomération d'individus, mais un composé organique de sociétés inférieures, ces sociétés inférieures doivent avoir chacune leur vie et leur activité propre, distincte (mais non pas séparée) de l'activité de toutes les autres; de même que, dans le corps humain, l'activité de la pupille est distincte de celle du nerf acoustique, de celle de l'estomac, de celle des poumons, etc. Or, nous l'avons démontré, l'activité vitale des organes sociaux, c'est *l'autorité*. Toute autorité subordonnée doit donc être elle-même une partie de la société inférieure qu'elle gouverne de façon que le bien de cette société particulière soit le bien du supérieur lui-même. Et c'est ici qu'apparaît un défaut très grave des gouvernements révolutionnaires et napoléoniens. Sortis d'abord des sectes maçonniques, qui envoyaient leurs adeptes commander les provinces, comme la Rome antique envoyait ses proconsuls exploiter les pays conquis; confirmés ensuite dans leurs habitudes despotiques par ce géant, qui tenait en sa main de fer toutes les rênes du gouvernement et aurait voulu que pas un être vivant ne se remuât sans sa permission, ils ont placé l'administration de l'État entre les mains d'une *caste*, ou, pour mieux dire, d'une armée d'employés. Ceux-ci, ne tenant à aucun pays, passaient sans cesse de l'un dans l'autre, et n'avaient par conséquent d'autre intérêt que celui de plaire au maître... Or, c'est précisément cet intérêt qui les empêchait de devenir une même chose avec la partie du corps social auquel ils étaient préposés... Aussi, qu'est-il arrivé de l'autorité, lorsque le colosse, déjà fracassé par le souffle de l'aquilon, s'est brisé en éclats sans qu'il restât même quelques débris du pouvoir municipal? Elle est devenue odieuse, parce que cette autorité n'était point une autorité vraiment municipale ni provinciale, mais une autorité tout impériale.

303. — Je le sais : il y a ici un problème très compliqué; car si les autorités subalternes doivent être une même chose morale avec l'organe dont elles sont la vie, il faut aussi qu'elles rattachent cet organe, c'est-à-dire unissent cette société inférieure à la société principale dans laquelle elles vivent; et il faut cependant éviter l'erreur où sont tombés, dans ces dernières années, plusieurs gouvernements révolutionnaires, par exemple la Sicile, lesquels, par horreur de la centralisation, ont détruit l'unité sociale.

Mais la difficulté du problème, loin de pousser au silence, doit exciter le publiciste vraiment philosophe à faire clairement connaître toutes les conditions vitales de la société, afin que, les ayant toutes présentes à l'esprit dans ses applications, le politique sache éviter également l'excès et de centralisation et de *particularisme*.

Or, nous avons montré, au moins d'une manière générale, comment éviter cet inconvénient. Nous avons dit : les autorités secondaires qui donnent l'impulsion aux sociétés subalternes doivent être en même temps une partie des organes sociaux auxquels elles communiquent la vie publique. Le manque de cette intime union, et, par suite, la nécessité d'un lien violent qui relie les familles en communes, les communes en provinces, les provinces en États..., est, à notre avis, une des grandes plaies que la civilisation moderne a héritée du régime napoléonien.

Le grand pontife qui, avec un amour tout paternel, a pris l'initiative des réformes italiennes, détruites ensuite par l'insouciance et la trahison, et qui a commencé de rétablir dans leurs droits le municipe et la province, a montré qu'il connaissait jusque dans ses racines la véritable faiblesse de la civilisation moderne.

CHAPITRE IV

Examen de deux réponses de Matthieu Ricci

304. — Telle est avec ses conséquences le développement normal de toute société. Il diffère totalement de ce prétendu progrès *des lumières* d'où l'on veut faire sortir pour un peuple éclairé le droit de se gouverner par lui-même. — Et il est plus propre que tout autre à donner une véritable satisfaction aux amis de l'ordre, de la paix et de la liberté publiques, parmi lesquels l'illustre seigneur Matthieu Ricci mérite un rang distingué. S'il lui plaisait, en poursuivant toujours le même but, de modifier un peu ses doctrines, il obtiendrait un avantage qui n'est point à dédaigner. Il se délivrerait du même coup des étreintes de certaines objections qui, le dirai-je, menacent d'étouffer *son système*.

Il prévient trois difficultés, développe les deux premières et réserve la troisième pour une autre lettre.

1° A quel signe reconnaître qu'un peuple est suffisamment adulte pour avoir le droit d'être émancipé ? 2° Si l'on admet les conséquences de ce principe en faveur des peuples adultes, quel sera le sort des monarchies héréditaires ? 3° Enfin, que faut-il entendre par cette expression : « Un peuple à émanciper ? »

305. — A la première difficulté l'auteur répond : On reconnaît qu'un peuple est suffisamment adulte *au sentiment* qu'il a de ses droits, sentiment qui se manifeste en chacun, lorsqu'il a conscience d'être lésé dans son droit personnel à la liberté.

La seconde objection est celle-ci : « Il faudra alors abolir toute souveraineté héréditaire au moins en principe. » — L'auteur lui oppose les conventions fondamentales en faveur des monarchies héréditaires, vu qu'en raison de la possession concrète et continue du pouvoir, elles sont éminemment conservatrices de l'autorité. Ces deux réponses modifient un peu la difficulté, mais la laissent debout.

306. — En effet, la première veut que le *sentiment du droit* soit le signe caractéristique d'un peuple mûr pour la liberté. — Mais quand est-ce que ce sentiment pourra être regardé comme vraiment juridique? Quand il procède, dit l'auteur, non pas d'un esprit d'indépendance réfractaire à toute espèce de frein, mais bien de la conscience intime qu'on a de sa personnalité, *devenue adulte en parvenant à la plénitude de l'intelligence.* — L'auteur comprend très bien que ces deux carac-

tères peuvent déplacer, mais non terminer le litige ; parce que tous les peuples qui ont le sentiment de leur droit sont en même temps persuadés qu'ils ont raison... Aussi voudrait-il qu'on recourût à un arbitrage. Un arbitrage sera toujours difficile. Et par ailleurs comme Ricci, esprit modéré, ne veut pas accorder à un peuple le droit absolu de rébellion, il dit que ce droit ne pourra exister qu'à trois conditions : la première, que la rébellion ne puisse amener des maux pires que ceux dont on veut se délivrer ; la seconde, qu'elle soit unanime; la troisième, qu'elle soit proclamée juridiquement, c'est-à-dire par un des organes autorisés de la conscience publique.

307. — Or, ces trois conditions, qui annulent en réalité le droit d'insurrection, seront toujours rejetées par les anarchistes, comme le droit lui-même l'est par les légitimistes. Ces derniers répondront à Ricci qu'en accordant le droit d'insurrection à des conditions dont finalement le peuple reste le juge, il laisse en définitive ce peuple pleinement maître de lui-même. Et alors qu'arrivera-t-il ? Le voici : la révolte sera d'autant plus effrénée que les imprudents ou les furieux sont les premiers à ignorer ou à mépriser le mal à venir. — Les anarchistes, de leur côté, lui diront : « Beau droit que vous nous accordez-là ! Un titre illusoire et rien de plus ! car quelle est la révolution qui puisse se promettre de ne pas aggraver le malheur du peuple. — Toute révolution est un coup de dés. Puis, une révolution se fera-t-elle jamais unanimement?... Et n'y aura-t-il pas à s'y opposer, au moins ces légions d'employés qui per-

dent tout en perdant le régime despotique ? — Enfin ou l'organe de la conscience existe et peut parler; et alors il est évident que le prince n'est pas oppresseur; ou le prince est vraiment oppresseur, et dans ce cas l'organe de la science publique sera ou supprimé ou au moins bâillonné. C'est ce qui est arrivé, sous Bonaparte, pour le sénat et le corps législatif. Donc le droit que vous nous accordez est une illusion dérisoire !!

308. — Je l'avoue. Je ne vois pas que l'on puisse répliquer à ces objections, à moins qu'on ne consente à recourir à la marche naturelle de la société et à se reposer un peu sur la Providence divine et sur la conscience des honnêtes gens. Sans cela le problème sera insoluble, même dans le système d'un certain libéralisme qui appuie toutes ses espérances sur la *division des pouvoirs.* Car, où trouvons-nous ici division de pouvoirs, quand le peuple lui-même a le droit de juger de ses maux, d'y remédier et d'employer pour cela la force dont il est pourvu ? Cessons une bonne fois de nous duper nous-mêmes : « Qui a la force est porté comme naturellement à en abuser. Si, pour mettre un frein aux excès du prince, vous armez le peuple d'une puissance supérieure à la sienne, à qui donnerez-vous ensuite et le droit et la force de s'opposer aux excès beaucoup plus formidables du peuple ?

309. — L'auteur espère avoir prévenu cette difficulté en refusant le nom sacré de *peuple* à la plèbe la plus ignorante et la plus débordée. — Évasion illusoire ! car les partis politiques se composent d'hommes de toute condition qui ne manquent point de s'attribuer récipro-

quement les titres d'ignorants... Ainsi nous demandons toujours un juge, et nous ne trouvons que des partis... Et c'est justice : car, résolus à ne chercher qu'en nous-mêmes la solution de tous les problèmes sociaux, nous usurpons les droits incommunicables de la justice éternelle. — Nous voulons accomplir ici-bas ce que le Très-Haut s'est réservé pour le dernier jour : la répartition des récompenses et des châtiments selon les mérites de chacun.

310. — Ceux qui partagent les convictions de Matt. Ricci sur les avantages de la monarchie héréditaire trouveront très bonne sa seconde réponse. Il n'en sera pas de même de ceux qui ont un avis différent... Puis il y a une grande distance entre l'utilité et le droit. — Celui-ci est un bien auquel la *volonté raisonnable* ne peut pas se soustraire ; l'utilité est un mobile qu'elle est libre d'accepter ou de rejeter. Si donc on accorde aux peuples adultes le droit de n'être plus soumis à aucune tutelle et d'être proclamés *maîtres de leurs destinées* par celui qui les gouverne, la question d'utilité, question, après tout, secondaire, devra être laissée au jugement du peuple lui-même : et il aura toujours raison parce qu'il aura toujours la force ! Que quelqu'un s'avise de lui dire : « Je crois que vous auriez avantage à être gouverné par un monarque dans les mains duquel se concentrerait l'autorité, il pourra très bien répondre : et moi je regarde comme plus avantageux d'avoir un président, comme en France et aux États-Unis ; parce que je pourrai le changer, s'il ne me plaît pas.

311. — Quand une fois on a dit à un peuple que sa soumission doit décroître à mesure qu'il grandit *en lumière et en sagesse*, il est tout naturel que sa raison, d'accord avec ses passions, lui fasse tirer cette conséquence : « donc, pour un peuple parfait, nulle soumission. » — Cette conclusion est d'une logique rigoureuse, comme vous pouvez vous en convaincre par toutes sortes d'exemples. Ainsi, permettez-moi d'entrer un instant dans la sacristie, et vous entendrez saint Augustin raisonner absolument de la même manière. L'accroissement de la charité, dit-il, est la diminution de la cupidité ; donc où la charité est parfaite, plus de cupidité. « *Augmentum charitatis, diminutio cupiditatis ; perfecta charitas, nulla cupiditas.* »

Mais laissons saint Augustin. Le sens commun ne comprend-il pas lui-même cette vérité? Par exemple : qui ne voit que si les médecines sont d'autant moins nécessaires que la santé est meilleure, là où la santé est parfaite, il n'y a plus besoin de médecine? Vous présentez l'autorité comme un *correctif* de l'ignorance et de l'indocilité du peuple? Ce pauvre peuple, à moins qu'il ne soit humble jusqu'à l'héroïsme, sera comme forcé d'abolir l'autorité! Oui, pauvre peuple! car, de deux choses l'une : ou tu devras dire : «gouvernez-moi; je suis encore sot et indocile; » ou, si tu parviens à te persuader le contraire (chose si facile à l'amour-propre) l'abolition du régime monarchique devient une nécessité!

312. — Mais si l'on comprend, d'un côté, que, pour coordonner les opérations des êtres libres (et ceux-ci,

en se perfectionnant, ne perdent pas leur liberté), il faut toujours une autorité suprême qui soit la tête de l'organisme social, de l'autre côté, que cette autorité n'empêche point les parties organiques du corps social d'agir avec ordre et librement, chacune dans sa sphère respective; alors, on comprendra aussi que le peuple, content d'être respecté dans ses droits individuels, domestiques et civils, de les voir garantis par une hiérarchie de personnes en qui il a confiance, parce que le voisinage lui permet de mieux les connaître, on comprendra, dis-je, que ce peuple ne briguera point le droit de décider de la paix ou de la guerre, ni de faire des traités de commerce ou d'extradition avec les États voisins. Ceux-là le savent bien, qui déplorent si souvent le sort des peuples trop jeunes encore pour les bouleversements politiques; qui se brisent les poumons pour les convaincre qu'ils trouveront des avantages inappréciables dans le droit de suffrage. D'ordinaire, quand le pays est gouverné paternellement, ces premiers appels sont accueillis avec indifférence. Et pour ébranler les masses, il faut que les réformateurs finissent par leur persuader que les nouveautés politiques abaisseront le prix du pain et feront disparaître tous les abus de la justice civile. Oh! alors, le peuple commence à se remuer et à appeler les réformes.

313. — Vous voyez par là que la suprématie du pouvoir politique n'est point l'objet des désirs du peuple... Car, il le sent bien, il restera toujours en grande majorité, sur les derniers degré de l'échelle sociale. Aussi lorsque la nature établit cet ordre que

nous avons expliqué, et dans lequel le peuple a beaucoup d'influence dans le gouvernement des sociétés inférieures, et très peu dans le gouvernement suprême, elle lui accorde réellement des libertés et des franchises d'une utilité constante ; — tandis que les libertés et les franchises politiques artificielles ont bien parfois quelque avantage, mais un avantage qui est loin d'être certain et durable : il n'est pas le fruit des lois stables de la nature.

CHAPITRE V

Conclusion

314. — Terminons par une récapitulation pratique
de cette quatrième partie.

Est-il vrai que les peuples enfants ont besoin d'être
gouvernés, mais qu'en acquérant des lumières ils
acquièrent aussi le droit de se gouverner par eux-
mêmes? Les peuples enfants entendent aussi bien leurs
propres intérêts que les peuples adultes, bien que ces
intérêts puissent être différents. Ainsi un laboureur et
un journalier connaissent aussi bien leurs propres
affaires qu'un banquier et un riche propriétaire ; bien
que les premiers n'aient à faire valoir que quelques
centaines de francs, tandis que les derniers exploitent
des millions. Personne donc ne peut s'autoriser de

l'ignorance des peuples enfants pour les contraindre *à accepter un joug politique*, pour les priver de leur liberté politique. Si l'ignorance ne peut les asservir à un pouvoir étranger, la science et la sagesse ne peuvent les affranchir de l'obéissance à un souverain légitime... Et par conséquent le progrès des lumières n'oblige point les princes à changer la forme de leur gouvernement.

315. — Néanmoins, la nature veut que les peuples participent au gouvernement dans une mesure d'autant plus grande qu'ils se développent davantage. Et cette participation, dans un peuple honnête, et à plus forte raison catholique, oppose une digue presque inébranlable aux excès du pouvoir suprême, qu'ils viennent d'ignorance, de fragilité ou de malice. Comme il est impossible que, dans une société *très populeuse* et répandue sur un vaste territoire, le pouvoir central subvienne seul aux besoins presque infinis de toutes les provinces, de toutes les communes, la nature lui a fourni un ensemble de sociétés inférieures subordonnées les unes aux autres et constituant l'organisme social. Comme les parties organiques du corps humain, elles ont avec leur fin propre un ordonnateur ou supérieur spécial et celui-ci *adapte* à cette fin des moyens particuliers, grâce à d'autres organes inférieurs relevant de lui.

316. — L'influence de ces supérieurs *secondaires* identifiée avec la partie organique dont ils sont la tête et bien dirigée par l'autorité suprême est, dans *l'état normal* de la société, un des moyens et les plus efficaces

et les plus doux pour communiquer avec sagesse et discernement l'impulsion du pouvoir central aux sociétés inférieures. *Dans un état d'oppression*, dû aux abus du pouvoir suprême, c'est un principe de réaction légitime et efficace : car, sans le discréditer, il met un frein aux excès du pouvoir, au moins tant que la conscience et la religion sont respectées par la majorité de la nation. — Dans *un état de dissolution* produit par le désordre ou l'anarchie, *cette influence* est un principe de réorganisation sociale, grâce à une représentation nationale d'autant plus légitime et plus sainte qu'elle sort de la nature elle-même et non de l'urne électorale, qu'elle est conforme au vrai principe de l'autorité, le principe catholique, et non au système protestant, qui est le système de l'indépendance.

317. — Voilà donc deux théories opposées sur l'organisme, la résistance et la restauration sociale.

La première est fondée sur le droit des individus que l'on suppose éclairés ; elle accorde à ces individus le droit de révolte plus ou moins limité, il est vrai, mais réel et rigoureux, favorable aux passions du peuple et par conséquent enclin à tous les excès. Pour être appliquée, elle exige un *organisme artificiel* très dispendieux pour la société, odieux et souvent hostile à celui qui possède le pouvoir suprême, et qui, cédant au mobile de son propre intérêt, est souvent poussé à le détruire ou au moins à le paralyser.

La seconde théorie repose sur le principe d'autorité et par conséquent sur la nécessité où se trouve l'homme plus ou moins éclairé de dépendre de cette autorité.

Elle établit un droit de résistance passive prescrite par la conscience. Elle exige, pour être appliquée, le simple organisme naturel que le pouvoir suprême a intérêt de maintenir et qu'il est impuissant à détruire tout à fait.

Le premier de ces deux systèmes appartient aux gouvernements modernes... Il a été la source des perturbations que les politiques modérés ont eux-mêmes déplorées, étant impuissants à les arrêter. — Le second a été en vigueur dans les gouvernements tempérés du moyen-âge... Après avoir adouci les mœurs de peuples indépendants, il s'est affaibli peu à peu, à mesure que la réforme a enlevé à l'Europe, avec la foi et la conscience catholique, le respect de l'Église. — Le premier système est donc faux dans son principe, périlleux dans l'application, d'un organisme d'autant plus difficile qu'il est moins naturel, enfin condamné dans ses effets par ceux-là mêmes qui l'ont vu glisser aux excès sans pouvoir l'arrêter. Le second est vrai dans son principe; lent peut-être, mais juste dans l'application; presque indestructible parce qu'il est naturel; enfin, accessible à la critique *uniquement dans ses effets*, parce qu'on n'a pas poussé l'application des principes jusqu'à leurs dernières conséquences, ni anéanti, comme cela eût été possible, la révolte de l'orgueil protestant.

318. — Quelle serait la conséquence à tirer de cette comparaison? Pour moi, sincèrement convaincu qu'on doit obéir à tout gouvernement légitime, quelle que soit sa forme, persuadé que naturellement il n'y a aucun gouvernement absolu ni en droit, ni en fait; parce qu'en

droit tout gouvernant doit observer les lois de la justice, et qu'en fait il dépend de la coopération de toutes
les autorités sociales subordonnées, pour moi, dis-je,
j'en tirerai cette conclusion : « Que chacun de nous,
content du régime gouvernemental auquel la divine
Providence l'a soumis, mette son soin principal, non à
en changer les formes, mais à les comprendre, et à les
vivifier, par *l'application efficace de ces forces morales qui sont le principe actif de l'ordre* sous quelque
régime que ce soit; de ces forces, je le répète, dont l'u-
nique défaut est qu'on n'en fait pas une application suffisante. — Telle me paraît être la conséquence pratique des doléances que nos adversaires eux-mêmes nous
font entendre, lorsqu'ils déplorent l'affaiblissement du
catholicisme sur les consciences : « Ah ! disent-ils, si la
« doctrine catholique eût été appliquée à la société
« dans toute sa pureté et son énergie, la terre serait
« aujourd'hui un paradis; mais il faut bien l'avouer,
« ou la religion fait défaut à la société, ou la société
« fait défaut à la religion. Et dans des conditions si dé-
« plorables, il n'y a qu'un remède qui puisse sauver la
« société, disent-ils, c'est de lui donner pour base l'in-
« térêt individuel et, pour défense, la force des masses.
« L'intérêt suppléera à la conscience; et la force sup-
« pléera au droit! »

319. — Étrange remède, en vérité. Ce serait le cas
d'un médecin qui, s'apercevant que la nature d'un malade ne peut réagir par le moyen des médicaments et
de la nourriture, s'aviserait de la réveiller par le poison et les bastonnades! — Si, de l'aveu de tous, le re-

mède catholique est efficace, et s'il reste infructueux uniquement parce qu'il n'est pas appliqué, appliquez-le; mais avec une logique rigoureuse, mais constamment, mais universellement. Si c'est l'esprit du protestantisme qui, introduit dans le corps social, vous empêche de faire cette application, combattez, détruisez l'esprit du protestantisme. Si cet esprit jette la perturbation dans la société, en *déclarant choses saintes* l'intérêt dans les individus, la violence dans les multitudes, efforcez-vous de raviver la conscience dans les individus et l'obéissance dans les masses. Enfin, si l'expérience vous a fait constater qu'à ce torrent des intérêts et des violences ne peut résister la digue de ces mécanismes politiques, dont la souplesse et la vénalité deviennent des instruments d'oppression et d'injustice aux mains d'une insolente oligarchie, pourquoi ne vous mettriez-vous pas à étudier un peu plus à fond les véritables lois et l'application efficace d'un organisme social formé par la main paternelle du Créateur et indestructible comme la nature elle-même ?

320. — Ici je m'éloigne un peu de la dernière conclusion par laquelle Matthieu Ricci termine sa lettre.

La conclusion est logique, c'est-à-dire conforme au principe de l'auteur. Mais comme le principe est faux, la conclusion l'est également. J'ai examiné la théorie avec une respectueuse franchise; que Ricci me permette d'agir de même par rapport à la conclusion et de la remettre aussi dans le creuset. Son ouvrage m'inspire trop d'estime pour que je soupçonne jamais l'auteur d'être incapable ou de supporter une discussion amicale ou d'entendre une vérité désagréable.

Voici en propres termes la conclusion de cette lettre.

« Pour conclure, je dirai qu'au lieu de crier *haro*
« sur la monarchie représentative et civile (le seul
« régime juste et possible avec la civilisation de nos
« jours), uniquement parce que certains gouverne-
« ments constitutionnels ne sont pas sans inconvénients
« et sans tache, on ferait œuvre beaucoup plus sage et
« plus chrétienne, si l'on recherchait quels sont les
« vices intrinsèques et essentiels des constitutions
« modernes, et si l'on nous proposait de bons remèdes
« contre ces vices; enfin, si l'on se désistait une bonne
« fois de vouloir malhonnêtement déraciner l'arbre,
« parce que quelques plantes parasites se sont attachées
« à ses branches. »

Quatre choses sont à noter dans cette conclusion :
1° le fait qu'elle suppose; 2° la politique qu'elle consacre ;
3° l'explication de la théorie; 4° enfin le conseil qu'elle
donne aux sages.

321. — Le fait ici supposé c'est que tous les peuples
sont aujourd'hui arrivés à un tel degré de civilisation
et par conséquent d'instruction et de probité qu'ils doivent être émancipés par leurs souverains et traités
comme des peuples adultes. Il ne m'appartient pas de
juger les peuples de l'Europe. Mon humble cellule n'est
visitée que par les rayons du soleil levant et les zéphirs
embaumés qui montent des jardins et de la petite
vallée situés entre le Quirinal et l'Esquilin... Et au
milieu des révolutions de l'Europe, je ne saisis point
les preuves d'une sagesse et d'une vertu qui nous

montreraient les nations mûres pour la liberté politique.
Je les félicite, si elles se sont élevées jusqu'à ces hauteurs ! — Pour moi, si je ne puis leur accorder, à ce titre, le droit de s'émanciper, j'aurai au moins une raison
pour me consoler, celle-ci : « le spectacle d'une telle
perfection va sans doute réduire au silence ces détrac-
teurs qui ne cessent, même de nos jours, de gémir sur
l'*ignorance*, la *sottise* et la grossièreté du peuple, spécialement en Italie ! »

322.— Ce fait présupposé, l'auteur, fidèle à ses principes, affirme que désormais l'unique forme juste et possible de gouvernement, c'est la monarchie représentative. Or, c'est là, nous l'avons dit, consacrer en quelque sorte une politique exclusive et violente ; puisque
tout autre régime, n'étant ni juste ni possible, cesse en
droit d'exister et doit nécessairement disparaître en fait.
D'ailleurs, nous n'avons rien à dire contre la logique
vigoureuse de l'auteur. Cette conséquence est naturelle :
il a établi un principe absolu ; il doit en faire découler
une politique exclusive. Mais parce que la nature est
très douce dans ses lois et très variée dans ses effets,
une politique exclusive doit nécessairement conduire à
l'abolition de l'œuvre même du créateur ; ainsi que
nous le ferons mieux voir plus loin. Nous ne pouvons
en douter : l'auteur a horreur d'une pareille conséquence...Et ce noble sentiment le disposera peut-être à
mieux accepter notre doctrine sur la possession du pouvoir, doctrine tout à fait opposée à cette conclusion. Car
nous avons démontré que toutes les formes du gouvernement sont justes et possibles quand elles sont l'épa-

nouissement de l'ordre général appliqué aux faits particuliers, que cette variété de formes fait la beauté de l'ordre moral, et garantit par là même la théorie philosophique qui donne l'explication de cette doctrine. D'ailleurs, comment cette théorie ne serait-elle pas bien accueillie de M. Ricci? N'avons-nous pas prouvé que, dans tout gouvernement légitime, le pouvoir suprême était tempéré par la force comme irrésistible des institutions naturelles ?

323. — En troisième lieu, toute philosophie politique est vraie qui, appliquée à l'histoire, l'explique sans la fausser par des sophismes. Est-ce là le caractère de la théorie que nous venons d'examiner? Que nous disent les faits ? Que le seul gouvernement juste et possible est le gouvernement constitutionnel? Si oui; alors point de régime plus facile à établir, plus précieux à conserver et plus difficile à détruire que la monarchie représentative. Voyons s'il en est ainsi : mais ne parlons pas de l'Angleterre, nous aurions trop à dire, et il suffit de noter ici que la monarchie britannique est sortie des faits à son origine et qu'aujourd'hui même elle diffère en beaucoup de points des gouvernements modernes... Ce qui est beaucoup plus favorable à notre doctrine qu'à celle de l'émancipation des peuples. — Eh bien ! sous ce rapport, toutes les constitutions qui nous sont données comme le fruit de la doctrine sur l'émancipation des peuples me paraissent répondre très peu à cette loi. Pour les établir, il faut recourir ordinairement à la violence opiniâtre des partis, lesquels, par la force de leur secret, de leur organisation et de leurs

intrigues, étouffent les réclamations de la majorité ou au moins d'une grande partie de la nation. Je n'en veux ici pour preuve que la loyauté même de Matthieu Ricci; car, j'en suis sûr, il ne sera jamais de ces factieux aveugles qui se persuadent que le peuple est toujours avec eux; parce que, quiconque ne pense pas comme eux est un excommunié, un ennemi de la patrie, un oppresseur du peuple, et par conséquent un homme qui ne fait plus partie du peuple. Avec nous et avec tout homme sincère, Ricci avouera franchement que la société est divisée dans ses opinions; que beaucoup désirent certaines libertés très odieuses à d'autres; que dans ces conditions aucun gouvernement ne pourra subsister s'il ne *comprime* pas les partis qui lui sont hostiles; et que cela sera légitime toutes les fois qu'une société légitime agira par l'autorité compétente et se servira de moyens conformes à la justice et à la loi. Or, à ce point de vue, les gouvernements représentatifs sont trahis par leurs fauteurs et leurs partisans, lorsqu'ils montrent par les faits et, ce qui est pis, professent formellement qu'il leur est impossible de se conserver sans recourir *à des mesures extraordinaires.* A ce propos, je ne puis passer sous silence l'étonnante simplicité du *Risorgimento* (Réveil). Cette feuille se pâme d'admiration pour le régime constitutionnel; or, dans son n° du 30 mars 1850, avec un sérieux qui tient du comique, elle adresse un long monitoire au député Siotto Sintor. Elle lui reproche d'avoir dévoilé, en plein parlement, les désordres du gouvernement en Sardaigne. « C'est là, s'écrie-t-elle, une chose déshonorante pour

nos gouvernants et qui ne devrait se dire que dans le
secret d'un cabinet et en tête à tête avec un ministre,
afin que les rétrogrades n'en abusent pas. » Contenez
vos rires, si vous le pouvez! Voilà les hommes qui ne
cessent d'exalter le gouvernement constitutionnel,
parce que, *grâce à la publicité de son administration*,
il rend les abus impossibles à ceux qui commandent. —
Et ces mêmes hommes, une fois au pouvoir, poussent
l'incohérence jusqu'à se plaindre de la publicité.

...L'incohérence!... Je pourrais dire bien plus, si la
politesse ne me retenait... Au moins ne me défend-elle
pas de dire qu'ils veulent soutenir leur gouvernement
par la dissimulation, la contradiction et la violence! Et
un régime qui a besoin de pareils étais serait aimé des
peuples? Pouvait-on avouer plus naïvement qu'il ne
s'appuie que sur la violence? — Ce qui débute par la violence se maintient rarement par la douceur... Le gouvernement représentatif compte en Espagne 40 années de
vie et autant de dissensions civiles; en France, soixante
années de vie, et soixante années de discordes; en Prusse,
trois ans de vie et trois ans de discordes... Partout
ailleurs, en Europe, les constitutions sont un héritage
antique, et elles n'ont rien à voir dans notre question;
ou bien elles ont été octroyées par quelque prince, ou
conquises par la nation. Et, dans ces deux cas, elles
sont en général le tourment des monarques et un ache-
minement vers la république. Ici, plusieurs de mes lecteurs me tourneront le dos, et me taxeront d'exagéra-
tion... Je demande donc la permission de faire lire la
même appréciation tracée par une plume dont on ne

contestera ni la science historique, ni l'expérience, ni l'attachement au gouvernement représentatif. Cette appréciation est de César Balbo, et elle m'est tombée sous les yeux pendant que je corrigeais les épreuves de mon ouvrage : « A peu d'exceptions près, dit-il, sur tout le continent, les gouvernements représentatifs ont été atteints, dès leur enfance et leur adolescence, d'un vice capital qui dure encore : *la division et la subdivision des partis...* Et de tous les vices que nous déplorons et déplorerons chez les peuples encore imparfaits, celui-là est peut-être le plus grand : c'est celui qui perpétue dans leur sein les révolutions périodiques, et les empêche de contracter l'habitude de l'obéissance aux lois ; c'est le mal de la France depuis soixante ans, de l'Espagne depuis quarante ans, sans citer d'autres nations moins importantes. »

Vous le voyez : ce grand publiciste ne trouve pas, sur tout le continent, un seul gouvernement représentatif qui soit encore parvenu à son état normal! Quoi d'étonnant si de pareils régimes sont tombés ou inclinent à la ruine? En Italie, le Piémont est seul à se maintenir ; mais on dirait que ce royaume, en luttant contre le principe catholique, a entrepris de démontrer que les gouvernements représentatifs sont inconciliables avec la religion et la justice.

Je suis loin de vouloir tirer une pareille conséquence? Le tableau sombre et sévère, mais trop vrai, que je viens de tracer n'a eu qu'un seul but : montrer combien l'histoire est loin de sanctionner la proposition nette et absolue de Matthieu Ricci sur *l'unique gouver-*

nement possible. Un régime établi par la conspiration, soutenu par la violence, et, après quelques années, mort ou mourant pourra peut-être, plus tard, nous fournir d'autres titres en sa faveur. Mais, à cette heure, il n'en a aucun pour s'appeler « la forme de gouvernement, uniquement juste, uniquement possible ».

324. — « On me dit, vous réprouvez donc tout gouvernement tempéré, toute forme du régime représentatif ? »

J'ai déjà répondu que non.... Et il serait vraiment déloyal de me proclamer l'ennemi des régimes tempérés, des garanties publiques et de la juste influence du peuple au moment même où je démontre que tout gouvernement est naturellement tempéré. Pour ma part, je suivrai le plus tôt possible le sage conseil de l'auteur : je rechercherai les défauts intrinsèques des constitutions modernes sans vouloir couper l'arbre par la racine. Mais les publicistes italiens voudront-ils en faire autant, par rapport à toutes les formes de gouvernements légitimes ? Moi aussi je reprendrai pour eux l'avis donné dans la lettre venue de Bologne. Je leur dirai, comme Ricci, en changeant quelques mots : « Ne vous élevez plus autant contre les autres *formes légitimes* de gouvernement (toutes justes, toutes possibles aujourd'hui comme dans le passé), par cette seule raison que quelques-uns de ces régimes ne sont pas sans inconvénient et sans tache. Faites plutôt une œuvre sage et chrétienne en recherchant quels vices les travaillent et quels seraient les *remèdes pleins de sagesse* (1)

______

(1) Notez ces mots : « remèdes pleins de sagesse. » Ils sont de Ricci

auxquels ils devraient recourir. » Enfin je les engagerai
à se désister une bonne fois de vouloir malhonnêtement déraciner l'arbre parce que se sont attachées
à son écorce quelques plantes parasites.

325. —Seule, cette étude sérieuse, impartiale, éclairée par la foi, animée par la charité, guidée par le respect de l'Église catholique, accompagnée de cet humble
sentiment que l'infaillibilité et l'impeccabilité ne sont
point le privilège de l'homme privé, seule, cette étude,
disons-nous, est capable de nous amener à réaliser
dans toute leur plénitude les grandes institutions de
la nature. Seule elle nous apprendra à les compléter
par des institutions positives, qui, découlant de faits, lois
ou coutumes antécédentes, non seulement ne contra-
rieront pas, mais aideront l'œuvre de la divine Providence dans l'ordre social.

lui-même. Il ne veut point pousser les hommes droits et honnêtes à
lancer contre les gouvernants des Philippiques démagogiques. Elles sont
entremêlées de protestations de respect et d'amour du bien public...
Mais elles enflamment la fureur des sujets, effrayent le pouvoir et contribuent ainsi non au vrai progrès, mais à la ruine des États!...

TABLE ALPHABÉTIQUE DES AUTEURS

CITÉS DANS CET OUVRAGE

TABLE ALPHABÉTIQUE DES IDÉES

PRINCIPALES TRAITÉES DANS CET OUVRAGE

A

G

J

K

L

M

N

O

P

TABLE GÉNÉRALE DES MATIÈRES

PREMIÈRE PARTIE
UNITÉ SOCIALE

TROISIÈME PARTIE

PRÉAMBULE

CHAPITRE PREMIER

Nature de l'autorité............. **140**

CHAPITRE II

Réalité de l'autorité.............. **145**

CHAPITRE III

Du possesseur de l'autorité............ **163**

CHAPITRE IV

Légitimité de la possession......... 203

Sommaire. — Le devoir de la dépendance politique peut aussi
avoir sa raison ou dans la volonté divine proprement révélée,
comme chez les Hébreux, ou dans le respect obligé des droits
des autres. — Ainsi, d'ordinaire, les liens de la famille sont la
vraie cause qui oblige les individus à dépendre de tel ou tel
gouvernement. — Puis d'autres droits peuvent encore devenir des titres légitimes à la supériorité politique; par ex.: le
droit de l'offensé, supérieur, par suite du délit, au droit de
l'offenseur peut se transformer en droit de conquête; le droit
de la conscience justifie les croisades contre les musulmans.
— Le droit de propriété sur un grand domaine indépendant
peut être, pour le maître, le titre du droit d'autorité sur ses
colons. — Et cette possession de l'autorité constitue si bien
un droit de propriété (non pas des hommes, mais du commandement) qu'il peut être aliéné, usurpé, revendiqué ; —
cédé seul sans le domaine territorial ou gardé seul sans le
domaine (féodalité). Il a encore cette ressemblance avec
beaucoup d'autres droits qu'en dehors des cas de révolution
ou de conquête subite, etc., il se forme lentement sous l'action de la Providence. mais de façon qu'un jour il apparaît
ferme et irrécusable. Exemple: Ligue hanséatique, souveraineté pontificale, etc. — Cette théorie qui, en dehors d'une
élection parfois légitime soutient que souvent aussi le possesseur de l'autorité est déterminé par un fait positif et quelquefois même matériel dans ses principaux caractères,
cette théorie est pareille à celle qui fait dépendre de la génération l'autorité des parents sur leurs enfants. — Dans ces
deux ordres naturels, la famille et la société, Dieu est l'auteur de l'autorité. — Enfin, elle s'harmonise avec d'autres
vérités universelles de la plus haute importance, par ex.
dans l'ordre civil, avec celle du droit de propriété, commun
dans sa possibilité ou puissance à tous les hommes; mais
déterminé et restreint dans la personne du possesseur par
un acte positif; etc. — en philosophie avec la doctrine sur
la *puissance et l'acte*, théorie scolastique, que la Réforme
a d'instinct et en naissant poursuivie de sa haine. 203-266

QUATRIÈME PARTIE

SUR L'ÉMANCIPATION DES PEUPLES ADULTES

CHAPITRE PREMIER

Sommaire. — *Présupposé* à examiner : les facultés de l'enfant sont-elles un objet d'occupation, comme l'affirme Matthieu Ricci ? — Conséquence qu'il en tire pour les *peuples enfants* : — C'est le sujet des chapitres suivants.........

CHAPITRE II

Sommaire. — On peut entendre par un *peuple enfant :* ou un peuple qui passe de la vie domestique à la vie civile; ou un peuple qui n'a pas encore cultivé les arts et les sciences; ou un peuple qui se contente d'un gouvernement simple et patriarcal. — Or, dans aucun de ces sens, on ne peut inférer de *l'enfance d'un peuple* le droit à l'émancipation. Car ce peuple se compose d'hommes adultes; il se prive librement des arts et des sciences, et il a le sentiment de ses droits et de son unité nationale......................

CHAPITRE III

Sommaire. —Rien ne détermine chez un peuple des périodes régulières de civilisation... puisque sa vie dépend du libre arbitre. — Pourtant la théorie de Matthieu Ricci est *vraie* par un côté; c'est-à-dire en raison du développement organique que prend naturellement une société. Car naturellement elle se développe au point de vue du nombre, au point de vue des intérêts et parce que tout être tend à la perfection... donc la société a une union plus étendue... Le catholicisme, idéal de cette union. — De plus, toute grande société étant organique, et tout organe ayant sa raison d'être particulière, le peuple tend naturellement à une plus grande influence sur le gouvernement. — Cette influence est secourable aux gouvernants. — C'est un principe d'information, de réaction et réorganisation... — en particulier, de réorganisation du droit

FIN

Poitiers, Imp. Blais et Roy, rue Victor-Hugo, 7.

Documents manquants (pages, cahiers...)

NF Z 43-120-13